西北政法大学 | 学术著作出版资助成果

哲学省级重点学科资助成果

生命回归与人格重建

李二曲 理学思想研究

俞秀玲 ◎ 著

人民出版社

|目 录|

前 言

　　每个时代都有一种反映该时代精神的主流思潮，作为李二曲生活的明末清初时期，同样也不例外。这一时期的主流思潮主要表现为明清实学思潮。

　　在中国传统哲学的发展中，其主流思想的演变是一个不断吸纳，融合各家各派思想观点的过程。早在春秋战国时期，经过孔子的开创及其改造，以及孟子、荀子后来的总结汇融，儒学开始走向勃兴。到了汉代时期，大儒董仲舒重新对儒家思想进行改造，提出了"罢黜百家，独尊儒术"的思想主张，由此而适应了当时政治在思想方面加强中央集权的需要，从而使得儒家思想成为中国传统文化思想的正统思想。随着儒学新形态的变化，儒家思想在与佛老之道的纷争与合流中有了新的发展变化：程朱理学应运而生。继之，明代的王阳明又以心学的形态将理学发展到了又一个新的思想阶段，从而成为中国儒学发展的重要历史发展时期。然而，明末清初之际，中国思想历史的发展发生了巨变。可以说，明清之际是中国的又一个重要的社会转型发展时期，此时，各种社会矛盾蜂拥而起，专制统治腐朽，明王朝的灭亡，对士大夫阶层是一个极其沉重的打击，亡国之痛使士大夫阶层认真反思，他们开始对中国社会的痼疾及其明朝灭亡的原因从思想上、文化上进行深刻的反省并进一步著书立说。以程朱理学为标准的科举考试制度使得当时的思想界呈现出因循守旧、陈腐不化的学术风气；同时，西学东渐，西方的科技、文明开始传入中国，人们的视野大大开阔，思想界又一次出现了"诸子百家，百家齐鸣"的文化思潮与现象，由此而成为真正推动我国历史车轮的一部分。

　　明清时期是中国社会渐趋衰落的转型时期，也是中国历史上继春秋战国、魏晋南北朝之后的又一次思想活跃的转型时期。此时，中国进入了思想裂变的剧烈大动荡时期，专制统治腐朽，各种社会矛盾蜂拥而起，激发了时代的巨变并推动了社会各种思想、学术等方面的变革，由此而涌现出了许多足以代表这一时代思潮的著名思想家，如李二曲、颜元、黄宗羲、顾炎武、王夫之等一些著名的进步思想家，思想家们对正统儒学进行了多方面的批判与修正，儒学正统的权威性受到了前所未有的冲击。这些思想家或对理学与心学融会贯通而加以吸收，如理学家李二曲；或对理学、心学思想进行批判性的吸收摄取，如实学家颜元、黄宗羲、顾炎武、王夫之等，正是由于他们的批判继承和有机融摄，才开创并建构了具有当时时代特色的明清实学思想体系，随着这一思想体系的建构，一批思想革新者、著名的思想家应运而生，"百家争鸣，百花齐放"的思想局面焕然一新，他们批判继承了传统的儒学体系，使我国传统文化重新焕发了生机。

　　李二曲正是生活在这样一个明清易代之际的时代学人，当时之际，农民起义风起云涌，李自成起义军在逐渐壮大中直捣王权，并最终使明王朝迅速走向了土崩瓦解，明政权在明崇祯皇帝自缢于煤山的结局中而走向了终结。然而，吴三桂一怒为红颜而起，并引诱清兵入关直捣王权，从此，山河易色。就这样，明政权在山河易色中而走向了消亡。正是明王朝的灭亡使得士大夫阶层痛定思痛，它对知识阶层来说无异于"来头一棒"的痛击。亡国之痛使当时的知识精英开始对当时社会的痼疾以及明朝灭亡的原因进行深刻地思想反省，他们著书立说、百家争鸣，进入对理学末流的深度批判和清算吸收，这就是李二曲当时生活的时代背景和缩影。

　　当时的清朝统治者极力推崇程朱理学，猛烈攻击阳明心学，同时在广大学者中也极力贬低阳明学。在这种情况下，李二曲却反其道而为之，他认为阳明学和朱子学正是"明体适用之学"，同时指出，阳明学有"明体"的作用，而朱子学有"适用"的意义，所以"必也，以致良知明本体，以主敬穷理、存养省察为工夫。由一念之微致慎，从视听言动加修，庶内外兼尽，姚江、考亭之旨不偏废，下学上达，一以贯之矣"。李二曲认为，只有这样，才能"明体适用"。李二曲还提出，为学能否以"明体适用"为根本，直接关系到儒学的明晦问题，其作用与意义在于"治乱世"而"醒民心"。正因为如此，李二曲为学主张兼采朱（熹）、陆（九渊）两派，认为"朱之教人，循循有序"，"中正平实，极便初学"，而"陆之教人，一洗支离锢蔽之陋，在儒者中最为儆切"。李二曲折衷二者，主张兼取其长；同时，李二曲还重视实学，提倡"全体大用"之学，他不仅主张要读有用之书，同时也主张学以致用，注重实行。他曾经指出，走路一定要脚踏实地，千万不要踩空了步子。如果一个人治学只知道空谈理论而轻视实干实行，那就会如同走路踩空了步子一样的后果。李二曲这种重实行而不尚空谈的为学作风，正是其实学思想的一个重要特点。

李二曲是明清之际的一位颇有成就的思想家，他一生读书、教书、著书，治学的一个显著特点就是强调一个"实"字。他注重实修实证，强调"悔过自新"。同时非常重视实学、实用之学。李二曲认为只有把这两方面的书都读通了，才能做到有德有才、德才兼备。

李二曲不仅反对学术上的门户之见，同时，还反对"真理只能由圣人垄断，凡人不能有所发现"的传统观点，他以许多出身微贱的古人和明代学人为例，强调指出，只要愿意用心钻研，不论圣贤抑或普通人，都可以在学问上有所成就。李二曲的这一思想具有解放思想，勇于探索真理的价值指导意义，在今天看来，确实难能可贵，值得提倡。

本书正是鉴于这样的学术思潮背景，针对李二曲的理学思想进行研究。李二曲的理学思想有一个由程朱而陆王的转向，但他主张破门户之见，兼采程朱、陆王而归宗孔孟。笔者将李二曲的理学思想置于明清实学的思潮背景之下，既研究其思想产生发展的历程、历史思潮原因及其意义，又对其灵明光体从渊源、存养与适用等角度进行了深入论述，以期揭示李二曲"全体大用"的思想主旨，同时，在此基础上进一步论证了李二曲"儒学乃体用兼备的'大人之学'"的观点，并由此对李二曲的社会教化思想从宗旨、内涵及其方法等方面进行了解读，从而揭示了李二曲社会教化思想的现代价值及其意义。本书最终将李二曲置于明末清初的实学思潮中，通过对李二曲哲学与明末清初的实学家颜元、顾炎武、黄宗羲以及王夫之等大儒的学脉关系进行明晰的梳理，还李二曲一个适时的历史定位和价值评判。通过对李二曲思想的详细论证，我们可以发现，李二曲是明清转型之际仅次于颜元、顾炎武、黄宗羲、王夫之的伟大思想家，他不仅继承了张载关学"以躬行礼教为本"的"崇儒"宗旨和实学学风，同时还复盛了作为关中理学的儒学，从而将关学精神宏扬开来，等等。这些研究将有助于我们理解如此"天崩地解"的大变局对一个真正的儒家学者在心灵上的影响，更有助于我们有效地利用二曲精神为我们今天人文价值方向的调整和精神伦理资源的建设服务。

《二曲集》作为李二曲的代表作，它是一部具有其独特的思想内容和学术价值的教育哲学名著。本书对于李二曲理学思想的研究正是基于该著作而展开研究的。

引 论

李二曲（1627—1705 年），名颙，字中孚，今陕西周至人。取《汉书》"山曲曰盩，水曲曰厔"二语，自署为"二曲土室病夫"，学者称为二曲先生，另有"多惭夫"等自称之号，是清初著名学者和思想家，与吴中顾炎武、富平李因笃、华山王宏撰学术交往甚密，同容城孙奇逢、余姚黄宗羲一并"高名当时"，时论以为"三大名儒"[①]。当时或以"海内真儒"、"博学鸿儒"、"理学渊源"标榜；或以"关中大儒"、"一代龙门"、"躬行君子"称颂。

哲学家的生平往往很平淡，尽管他们的思想可以"极高明"，并产生震撼人的力量，但其哲学的沉思却常常伴随着宁静单一的书斋生活。作为二曲也不例外，他固然有过中年以后（约 6 年）的各地巡回讲学之举，但其病中摄道的沉思与晚年荆扉反锁的哲学沉思却占据了他生活的大部。从早年哲学问题的朦胧萌发，到晚岁的杜门治学，二曲的哲学心路历程与其曲折清苦的人生感悟处处融合在一起。

[①] 关于三大儒之说法，学界争论不一，亦有四大儒、五大儒之说。"清初时最有名望的三个大儒是：孙奇逢、黄宗羲、李颙。到了清末，人们讲清初三大儒，就改成了黄宗羲、顾炎武、王夫之。章太炎讲清初五大儒：孙奇逢、黄宗羲、顾炎武、王夫之、颜元。梁启超则推崇四人：黄宗羲、顾炎武、王夫之、颜元"，此说法参见张岱年：《中国哲学史史料学》，生活·读书·新知三联书店 1982 年版，第 180 页。关于这一说法，亦可参见何冠彪：《明清人物与著述》，香港教育图书公司 1996 年版，第 50、55、59 及 62 页。

一、早年心路历程

二曲起自孤根，家无一椽寸土之产，既无家学，又无师承，但上接关学六百年之统，寒饿清苦之中，却严守张载以来关学学者"以躬行礼教为本"的实学学风，艰苦力学，"自拔流俗，以昌明关学为己任"。二曲小时候因贫不能早学，九岁始入小学，然而就是在这样小的年龄，二曲提出了令塾师甚为发蒙的问题。据《历年纪略》卷首记载："先生家世甚微，贫不能早学。九岁，始入小学。从师发蒙，读《三字经》，私问学长云：'性既本善，如何又说相近？'学长无以答……"九岁的二曲就已经提出了有关人性的问题，这与王阳明十一岁时问塾师"何谓第一等事？"（见《阳明年谱》"宪宗成化十八年"条）及象山"自三、四岁时思天地何所穷际？"（见《象山年谱》"高宗绍兴二十一年"条）的问题同等重要。尽管他们提出来的问题，说辞各有不同，但是问题的核心却完全一致。从这里可以看出，二曲作为思想家和哲人的性格与品性，这一品性注定他可以与陆象山、王阳明前后相互辉映。然而年幼的二曲，其境遇之艰苦却令人难以想象，即使破落户的象山也胜其百倍。学仅二旬，二曲便因病而辍学，后来随舅父读《大学》、《中庸》，然而二曲旧疾时发，因而作辍不常。父亲李可从，字信吾，"为人慷慨有志略，喜谈兵，而以勇力著里中"①，人称"李壮士"（同上）。明崇祯十四年（1641年），二曲之父从军前往河南襄城镇压李自成农民起义军，不幸战败，二曲之父与同行五千人阵亡，这是二曲少时生活中的最大变故，此时二曲只有十六岁。按照当时邻里的安排及亲友的善意建议，二曲母子只有两条路可走：母亲改嫁，抑或二曲自己到县庭当衙役，但对于种种忠告和建议，二曲母子并未采纳，而是走上了与众不同的"路途"。就这样，母子二人走上了"突常无烟"而时常饥寒交迫、茕茕在疚的穷困之路。

接下来的几年对二曲的整个人生来说非常关键，它不但决定了二曲的人

---

① （清）李颙撰，陈俊民点校：《二曲集》，卷二十五《家乘·周至李氏家传》，中华书局1996年版，第325页。以下凡引该著作，只标明卷次、页码。

生志向，而且确定了二曲大致的为学路径和方向。二曲矢志于读书，然而因为穷困却无钱就学，而乡间塾师，包括其舅父亲戚等"知不能具束修"（卷四十五《历年纪略》，第557页），都将二曲拒之塾外，二曲并没有因此而放弃对学问的追求。在前清时期，人们认为大凡有志之士，最出息的正途应该是求取功名，这在当时是一种时髦和潮流，更何况是穷困潦倒的寒门弟子二曲！对于二曲来说，求取功名是唯一让自己和母亲翻身的出路，而日日为生活所迫的二曲母亲——彭太夫人，其教子求取功名利禄以摆脱生活的窘境，在二曲当时的生活环境下亦可说是教子有方而绝不为过。然而二曲母子的想法，却与常人大异其趣，在二曲看来，天下第一等事乃读书学圣贤，而非攻取科第之名，这与王阳明幼时的想法完全一致，阳明出身于书香世家，然而后来还是走入科第一途。二曲则不然，他并没有被当时的社会世俗所羁绊，相反走上了"异途"之路（当然，二曲的这一为学指向自然包含其民族大义的成分在里面），这是二曲和王阳明两位圣贤的差异之处。二曲母亲不顾眼前的生活困顿与窘迫，她大力支持二曲一意完成其学为圣人——完人——理想人的志向和宏愿，这种伟大的母性在中国古代历史上亦不多见，正如时人所比拟的：周至之有李母，犹邹邑之有孟母，可以先后媲美，实非过誉。在母亲彭氏"无师遂不可学耶？古人皆吾师也"（卷二十五《家乘·李母彭氏传》，第331页）的激励下，二曲利用拾薪采蔬之暇，取旧时所读《四书》，借助亲友贻送的字典《海篇》，逢人便问字正句，由此而"识字渐广，书理渐通，熟读精思，意义日融"（附录三《年谱·二曲先生年谱》，第627页）。从此，二曲向学之心遂定，并经常向人借经书以读。年十七时，二曲借读《冯少墟集》，"恍然悟圣学渊源，乃一心究心经史，求其要领"（《关学续编》卷一本传）。年十九时，"壁经既治，乃借《易》以读。……始借读《春秋公羊》、《左氏》、《性理大全》、《伊洛渊源录》，见周程张朱言行，掩卷叹曰：'此吾儒正宗，学而不如此，非夫也！'至是步趋遂定，向往日笃"（同上）。与很多著名的理学家，如二程、朱子、阳明等初昧所向并不时地留连于释道不同，二曲在读书之初就矢志于道学，这一不平常的现象，常被后人所艳羡和称颂。世人把二曲的所取成就或归功于彭氏夫人的教养，或归功于二曲的天分。但是，由于现存的与李氏家世有关的资料中，关于彭氏夫人的早期生活、经历以及知识背景、二曲在悟道前的致学经历等方面的资料甚为缺乏，所以母教与天分这二者在二曲选择人生路径时，究竟起了多大的影响作用还很难定论。然而有一点可以断定：二曲的父母都非读书人，亦非书香门第。在无师点拨的情况下，二曲能选择治学，又于学问中选择了道学，就不得不令人惊讶。自唐宋以来，在儒家学术发展的过程中，就已道分多途，虽然理学家力辟儒学新途，然而文章、训诂之学，尤其是能博取功名利禄的举子之业，从来就与道学并存，并且时时有凌驾于道学之势。在明清易代之际，这样的格局不仅仍然存在，而且因肩负学术误国的恶名，道学势力更显不振。因此，无论从社会大环境，还是个人生活的小环境着手，我们都很难完满地诠释二曲在早年就矢志于道学的各种缘由。

然而这并不意味着山穷水尽，没有任何可以利用和研究的线索。据《年谱》记载，"入夏，偶得周钟制义全部，见其发理透畅，言及忠孝节义则慷慨悲壮，遂流连玩摹，每一篇成，见者惊叹。既而闻钟失节不终，亟裂毁付火，以为文人之不足信，文名之不足重如此，自是以后绝口不道文艺。人有勉以应试者，校而不答"（附录三《年谱·二曲先生年谱》，第627页）。这一典型事件对二曲影响很大，从此，他对知行不一的社会现实有了最初的戒心，也从此对时文、文艺提起了足够的戒心（这种戒心直到他去世之时亦未能消除）。

在确定了为学路径与方向，同时又得到了母亲的大力支持以后，二曲的学业开始突飞猛进地向前发展了。据《历年纪略》记载，仅从顺治二年（1645年）至十年（1653年），即二曲十九至二十七岁期间，二曲博览群书，自经史子集以至百家释道、"西洋教典，外域异书"等无所不览、无所不知。后来，二曲自述其早年的学术经历，他说："以余之不敏，初昧所向，于经史子集，旁及二氏《两藏》，以至九流百技、稗官小说，靡不泛涉"（卷十五《富平答问》，第126页），在不到十年的时间，二曲已经博览群籍，靡不泛涉。但二曲并不只是以此为主，他还以"撰述辨订"（卷十九《题跋·圣学指南小引》，第225页）为事。所谓"撰述辨订"，即指二曲三十岁以前在博览群籍的过程中同时进行的两项工作，即，在著述方面，二曲先后著有《帝学宏纲》、《经筵僭拟》、《时务急著》等，此时的二曲亲眼目睹战乱所造成的民间疾苦，并深痛于"道学而无用，乃木石而衣冠耳"的流弊，他主张"学须开物成务，康济群生"；在辨订方面，除了在阅《道藏》、《释藏》以及西洋外典时随时随处"核其真实，驳其荒唐"、"以严吾道之防"外，他还著有《易说》、《象数蠡测》、《十三经纠缪》、《二十一史纠缪》等。二曲倾慕王阳明"通变不迁，文武兼资"的"有用道学"，因而青年时代的他主要究心于经济、兵法，凡"政体所关，靡不规划"。其中，二曲又特别注重经济（经世济用之学）与军事两个方面，并主张文武合一，倡导出将入相，期于当身当世展布事功以进行自我教育，在这一点上，二曲以阳明作为他效法的主要角色和对象。此时的二曲俨然王者师，同时又以经学家、史学家和理学家的姿态崭露头角。从二曲此时所接触的大量书籍来看，他此时的为学路向几乎受程朱理学思想的影响，并在治学方面具有显著的特点：注重经世致用之学与国防军事结合的事功之学，二曲主张理学与经济并重，正因为如此，铸成了二曲当时（三十岁）所强调的"有用道学"。很显然，刚步入壮年的二曲，尽管著述丰富，但是于个人的生命心灵、人生的核心层的学问了无关涉，按照二曲的说法，就是"学未见道"。

值得思考的是，既然二曲阅读量出奇得广，为何连一本陆王心学方面的书也没有？

陆王思想在晚明风靡天下，清初虽然少衰，但绝不会沦落到毫无影响的地步。当然，《年谱》不可能把二曲所看过的书牍全部记录在册，但是从二曲自作的《悔过自新》小引中所记载的："兹幸天诱厥衷，静中有悟，谨识其意于册，仍引证以前言往行，聊代韦弦，私用儆醒"（卷一《悔过自新说序·小引》，第2页）来看，陆王最喜静坐一着，但并不能由此就可以证明二曲受到了陆王的影响，程朱又何尝不言静坐！在程朱思想体系中，静坐之功比比皆是。然而值得注意的是，二曲在《悔过自新》说中所引的诸多例子中，除去与程朱有密切联系的一些理学家之外，还有王学之流，包括阳明与近溪等。可以看出，尽管在《年谱》中未涉及到与陆王派相关的代表人物及其事迹，但此时博览群书的二曲至少应该已经读过《传习录》、《近溪子集》，由此可见，尽管此时的二曲走的是程朱理学的路线，但是他对陆王心学并不完全陌生，这为我们理解二曲在三十一岁以后整个为学风格的转变提供了契机。当然，作为二曲，之所以在此时主要以博览群书为主，这与他的学生身份，而非学者身份也有很大的关系，作为初学者，二曲无暇对其所读内容进行选择性或者融会贯通式的阅读，更何况二曲是在窘境中借书以读。从这种意义上来讲，二曲此时的读书和学习是相当被动的，是一种不成熟的读书，这为后来二曲治学思想的转向提供了契机。不得不承认的是，只有在理性认识日渐成熟之时，二曲才会对自己以前所读的东西、积淀的知识进行反思，这种反思不仅是思想成熟的标志，同时也潜伏着思想背离的危险。

二、中岁病中悟道

自顺治十三年（1656 年），即二曲三十岁以后，他在思想追求、读书为学等方面都开始有了新的转变，这一转变促使他重新认识自己以前的进学理路，这一进学理路得归因于顺治十四年（1657 年），即二曲三十一岁时的一次"突变"契机。

据《年谱》记载：

> 夏秋之交，患病静摄，深有感于"默坐澄心"之说，于是一味切己自反，以心观心。久之，觉灵机天趣，流盎满前，彻首彻尾，本自光明。太息曰："学所以明性而已，性明则见道，道见则心化，心化则物理俱融，跃鱼非鸟，莫非天机；易简广大，本无欠缺，守约施博，无俟外索。若专靠闻见为活计，凭耳目作把柄，犹种树而不培根，枝枝叶叶外头寻，惑也久矣"。（附录三《年谱·二曲先生年谱》，第 634 页）

在《锡山语要》中：

> 后染危疾，卧床不谈《易》者半载，所可以倚者，唯此一念炯炯而已，其余种种理象繁说，俱属葛藤，无一可倚。自是闭口结舌，对人不复语及。盖以《易》固学者之所当务，而其当务之急，或更有切于此也。

（卷五《锡山语要》，第 41 页）

因这次"患病静摄"的机缘，二曲不能作博览的工夫，只好收敛身心从事静养（静坐或静卧），他"深有感于'默坐澄心'说"，即"所可以倚者，唯此炯炯一念而已"；而"理象繁说，俱属葛藤，无一可倚"，则表明了二曲此时面临的一个治学难题：学本为安身立命，求人所以为人，而此刻读是读了，学也是学了，却于自家身心的建树了无大用。学得大堆书本的知识，个人却完全不能受用，心灵还是处于"飘荡"之中，这对于己身又有何用？此时的二曲认为"学所以明性而已，明性则见道，道见则心化"。于是二曲摒去一切，时时返观默识，涵养本源，并焚尽以前所著原稿，专阅洛、关、闽及河、会、姚、泾论学要语，并以此聊以印心。这就是二曲"见道"的心路历程。在二曲直接面对生死问题时，程朱理学思想却显得如此软弱式微，以至于根本就不能给人以任何支持，这对二曲尤疑是一个很大的打击和刺激。

在此时的二曲心中，所谓的"撰述辨订"，只不过是一种"急本缓末"，一种"学之肤"而已，因为它只关乎痛痒，而无关乎个人心灵的慰藉，或者干脆说，二曲认为这种"学之肤"之计纯粹就是"学无头脑"。任何有足够自省能力的人几乎都会自悔少作，相反，很少有人会采取二曲这样决绝的态度。对此行为如果仅以雅意林泉来进行诠释，显然是缺乏足够说服力的。对于此，更深层的原因既在于二曲三十一岁以后整个为学方向发生了根本性的转变，这一转变使得二曲对其早期的治学路径和方向极为不满，由此，二曲产生了强烈的悔过欲望，并作出了如此强烈而又与众不同的焚书行为。

此时，二曲放弃程朱理学而予以思想上的转向，几乎是必然的事情。二曲在其以后的讲学中，每每以了生死大事为言，究其起因，也不能不追溯及此。

然而，幸运的是，二曲在尽焚其前期所著之撰述著作时，并非将所有著作都付之以炬。《二曲集》中现存的《悔过自新说》、《周至答问》等著作都为我们研究二曲早期的思想提供了捷径。

经过这次病中"突变"的契机之后，二曲即致力于"切己自反"的明性之学的探讨，他或课徒乡里，或外出讲学，二曲不断完善其"悔过自新"学说，并在此基础上，开始了"明体适用"学说的构建。从此，他针对当时学术界"所习惟在于词章，所志惟在于名利"的积弊，慨然以"明学术，正人心"为己任，进行了长期不懈的努力。二曲四处讲学，足迹遍布关内，远涉中州、江南，尽管时遭群小嫉逅，常蒙讪招毁，但其社会声誉却越来越高，"不惟士绅忘贵忘年，千里就正，即农工杂技，亦皆仰若祥麟瑞凤，争以识面为快"（卷四十五《历年纪略》，第593页）。尤其是康熙九年末、十年初的常州之行及其讲学，使得江南知识界为之倾倒，"上自府僚绅衿，下至公贾似庶，每会无虑数千人，旁及缁流羽士，亦环拥拱听"（卷十《南行述》，第78页），"诧为江作百年来未有之盛事"（同上，第75页）。经过数月的江南讲学活动，二曲以"性气二本"为基础的"悔过自新"之说更加纯熟，从而蜚声大江南北，享誉天下。

然而，需要注意的是，二曲尽焚自己前期的"辨订著述"，是不是就意味着二曲彻底转入了陆王心学，而放弃了程朱理学？

由前述二曲的"辨订著述"之丰，可知二曲受程朱理学思想的影响之深。二曲在前期并未对程朱理学思想的局限性作出过充分的自觉反省，但对陆王心学方面的典籍也并非甚为陌生，二曲还是有所涉猎，再加上病中静坐之法，无疑对二曲中年的转向起了决定性的作用。

在二曲生病以前，他已经开始静坐，这在其《悔过自新说》中可以得到充分的证明："吾既留意此学，复悠悠忽忽，日复一日，与未学者同为驰逐，终不得力，故须静坐。静坐一著，乃古人下工之始基"（卷一《悔过自新说》，第6页）。由此看出，二曲对静坐之功相当重视。事实上，就连"悔过自新"这一思想也是二曲在长期的静坐中悟得并提出的。在《悔过自新说·小引》中亦可得到进一步的证明：

　　余小子童年丧怙，三党无依，加以屡罹变故，饥寒坎壈，动与四邻，既失蒙养之益，又乏受学之资。由是耳目所逮，罔非俗物，熏炙渐久，心志颇移。有百慝以丛身，无一善而可录，负天地生成之德，孤慈亲家门之望。每一念及，惘然自失！兹诱厥衷，静中有悟，谨识其意于册，仍引证以前言往行，聊代……弦，私用儆醒。既已失之于始，犹获

慎之于终；……（卷一《悔过自新说·小引》，第2页）

甚至，我们可以推得更远。在《云霞逸人传》中：

　　云霞逸人，……冬夏峰首，一布衲终身不易，气韵闲旷，望之如图画中人。……覃精《五千言》。余年未弱冠，即重其幽贞。自是每游楼观，必造其室，相与静对，和风拂坐，清气洗人。……其隐操雅致，殆与明初雪庵和尚同揆，而"遗民"之称，又宛一宋末高士郑思肖也。棲楼观二十载，人终莫能窥其际。（卷二十《传·云霞逸人传》，第242页）

"年未弱冠"，即指二曲此时还不到二十岁。从文中"隐操雅致，殆与明初雪庵和尚同揆，而'遗民'之称，又宛一宋末高士郑思肖也"之述可以看出，云霞逸人倒未必真是方外之人，但很显然，他对道家思想及其修行颇有领会。二曲与云霞逸人"相与静坐"，其实很可能就是"相对静坐"，所以，由此可以得出结论，二曲在早期很有可能就是从云霞逸人那里学会静坐的。静坐在程朱和陆王的工夫中都占有很重要的地位，但对于理学与心学来说，其意义又大异其趣。在理学，静坐在很大的程度上只是一种安定个我的手段和途径，是为了便于个我更有效地进行认识活动，而对于心学来说，静坐的目的则最主要在于体验未发。阳明就是一个通过静坐而促成治学之转向的代表人物。他早年受朱学影响甚深，以为"圣人可学而至"，但他面临着物与吾心不能合一的困惑，而龙场之悟则是阳明学术生涯的有机转折点。阳明之大悟是经过长时间"日夜端居澄默，以求静一"的静坐而产生的，作为二曲，与阳明悟道之经历又殊途同归。当然，需要注意的是，并非静坐就可以悟"道"，但静坐是悟"道"的必备条件和因素。"悟"或者"不悟"作为必备的条件和因素，实际上就是心学与理学之分的因素。由此，我们可以得出一个结论：静坐在心学中占有的位置多么重要！

　　对于二曲来说，这一静坐的工夫同等重要。既然二曲有长期静坐的历史和基础，所以当他如阳明一样面临生死考验的极端境况时，就很有可能在极端境况下获取某种强烈的心理暗示和体验，这一心理暗示和体验的强度或许正足以让二曲超越之前的读书体会和理解而有所会于心，这为二曲治学路径的转向打下了伏笔。当然，尽管这一体验在现存的二曲资料中并没有明确的记载，但却可以从二曲在"悟道"后对"心"体的描述中间接地找到依据，根据二曲对"心"体的描述，我们可以看到的是，也正是亲自经历了悟道的体验，二曲才有可能有如此精辟的描述。

前述提到，二曲在其"悔过自新"说的基础上提出了其"明体适用"说，这其实就是二曲当初"为有用道学"理想的延伸，这不仅是二曲早年的理想，也是贯穿于二曲整个人生中的理想追求。

二曲愈来愈蜚声大江南北，然而对于二曲来说，声名越是传播，他心中却越是不安和愧悔。二曲认为这不但与身心无关，而且还有碍于静修，有造物之嫌，"祸斯将至，自是敛迹罕出"。当此之际，我们并不能看到二曲对朱子学的正面评述。在二曲应邀讲学于同州时，门人录其语为《学髓》。这是标志着二曲理学思想趋向于完全成熟的一部作品。二曲高足王心敬在《二曲集·小引》中谓其为二曲"传心要典"：

> 比至，多士拥侍，请益踵接：志淹博者，则以淹博质；志经济者，则以经济质。先生为之衷经史之谬，酌事机之宜，聆者震惧踊跃，自谓有得；然急末缓本，是谓学之肤，非学之骨也。既而志道德者，以进修质，先生谆谆迪以惩忿窒欲，穷理集义，昼有存，宵有养，瞬息有考程，聆者咸戚戚然动于中，自谓得所从入。然治病于标，可谓得学之骨，非学之髓也。是湖白君以向上一机请，先生欣然告以安身立命之旨，脱去支离，直探原本，言约而道大，词显而理精，白君题曰《学髓》。诚哉，其为学髓矣。（卷二《学髓·序》，第 14 页）

作为二曲得意弟子之一，心敬对二曲的思想把握应该是相当准确的。他对二曲思想理路进境的分析在某种意义上正好显示了二曲为学理路的几个阶段。第一阶段即为前述所析二曲"志淹博"、"志经济"，这是二曲三十岁以前的学术取向。其中，《易说》、《十三经纠缪》、《二十一史商榷》等标志着二曲"衷经史之谬"，倾于"志淹博"；而《帝学宏纲》、《经世蠡测》等则表示二曲"志经济"。然而，在此时的二曲心中，这只不过是"学之肤"而已，因为它是"急本缓末"，按照二曲的说法，这种人"学无头脑"。第二阶段则为"惩忿窒欲，穷理集义"，此为"志道德者"之所为，也正是二曲思想开始转向之时，大致相当于"悔过自新"思想的倾向。在二曲看来，这种人虽已略知向里一着，然而不知道"悔过自新"的最终目的在于"明体"。如果不能明体，就不能知心体本无一物，则即使"志道德"，也是有意而为，此为私欲，属于"治病于标"，当然这比第一阶段尚好一些，但只能谓之为"学之骨"。第三阶段则为二曲所指"向上一机"，此时个我才可能找到安身立命之地。在二曲看来，这是为学的最高阶段和境界，二曲谓之为"学髓"。尤其在二曲48—52岁时，他在《富平答问》中将这几层为学理路表述得更为清楚，此时，二曲的思想已经达到了更为纯熟的境况：

> 然世之从考亭者，多辟姚江，而竟至讳言上达，惟以闻见渊博、辩订精密为学问之极，则又矫枉失直，劳罔一生，而究无关乎性灵，亦非所以善学考亭也。即有稍知向里者，又只以克伐怨欲不行为究竟，大本大原，类多茫然。必以致良知明本体，以主敬穷理、存养省察为工夫，由一念之微致慎，从视听言动加修，庶内外兼尽，姚江考亭之旨，不至偏废，下学上达，一以贯之矣。（卷十五《富平答问》，第129页）

三、晚年荆扉反锁

由于讲学于大江南北，二曲声名大起。于康熙十二年、十七年，他两度被陕西地方当局所荐举，二曲被迫出应博学鸿儒考试。就连起兵反清的吴三桂乱军，也慕名而试图拉拢他。对清廷的征召，二曲执意不从，绝食相抗，"情急势迫，几至自刿"（卷十七《又答秦灯岩》，第187页）。对吴三桂乱军的拉拢，他以迁居数百里外的富平县来抗议和表示坚决不同流合污。此举使得二曲名望更高。顾炎武赠诗谓其"从容怀白刃，决绝却华辀"。

鸿飞冥冥，弋人何慕焉？二曲不愿为清政府所弋获而选择了回避，或者说逃避。

经历荐举风波的冲击，二曲深以不能藏身敛迹为悔。于是，在康熙十三年甲寅四十八岁时，二曲由富平返乡后，便营建恶室一处（此"恶室"又名"土室"），二曲日处其中，荆扉反锁而杜门不出。只有在好友顾炎武远道来访、好友惠含真来看望他的时候，二曲才启关相见。他隐身恶室，写了谢世文来表明自己谢绝世事的坚决态度：

> 常闻古人有预作圹穴以为他日藏骨之所者。仆窃有志而未逮。又岂能靦颜入世，晤对宾客，絜长论短，上下千载也耶？但使病瘝之躯，获免酬应之劳，宴息一室，孤寂待尽，则仆也受赐多矣。（卷十九《题跋·谢世言》，第 231 页）

由此可见，这个恶室等于他的生圹。二曲身处其中而荆扉反锁，并断绝酬应以未死待尽。二曲又在一篇《自矢》文中说："宴息土室，坐已待尽。……誓于此生，断不操笔"（卷十九《题跋·自矢》，第 232 页）。二曲决意不再从事撰写"序、记、志、铭一切酬应之作"。

晚年的二曲，力脱名网，一心务实，"虽居恒绝口弗及世事，而世道人心未尝一日忘怀"（卷二十八《司牧宝鉴·小引》，第 369 页）。二曲说："吾辈须为天地立心，为生民立命，穷则阐往圣之绝诣以正人心，达则开万世之太平以泽斯世，岂可自私自隘其襟期"（同上，第 368 页）。康熙四十二年，清圣祖西巡之时指名召见二曲。二曲行事一如既往，他以老病为由拒不出门，其子慎言在代父面见圣上时说："臣父少无师承，百家之书，靡不观览。及壮，则一归于圣经贤传，不复泛滥涉猎。晚年，非《六经》四子、《性理》、《通鉴》及儒先语录，不轻入目。其教门弟子，亦以此相劝勉"（卷二十四《义林·墓表》，第 313 页）。二曲之子所言正表明二曲晚年是以儒家的圣贤经典之籍作为治学的根本。两年之后，二曲即在其恶室中悄然而辞世。

可见，二曲并不是深闭恶室而不闻不问世事，或者说"雅意林泉，无复世念"而"消洒自得，志在石隐"的彻底隐遁之士，二曲的"心性"思想仍同时代、民族同博共振。二曲多次说"学人无志于当世则已，苟有志于当世……"（卷十二《匡时要务》，第104页），二曲时时希冀"拨乱反正"、"旋乾转坤"，等待"机应变作"的到来。

二曲立节操而名冠清流，其人其学不仅得到了崇尚气节的陕西仁人志士的推崇，同时还受到了朝廷上下大臣、学士的嘉许和赞美：

> 其《反身录》一书，皆发明《四书》之理，真堪羽翼《朱注》，有功于圣贤之学。盖其书大旨，欲人明体适用，反身实践，人人能反身实践，则人人皆可为君子，世世可跻于唐虞。此书流行，有裨于圣治不浅。至《二曲》一书，乃其平日讲学语录，及所著文字，亦皆醇正昌明，不愧儒者。（卷四十六《潜确录》，第598页）

馆臣虽然评论的是《反身录》，但是如果提到二曲之学就是"明体适用，反身实践"八字，大体说来，亦未尝不可。而二曲的高足王心敬在《二曲集》初次刊行（即康熙甲戌版）时，曾于序文中说："二曲先生独以《大学》明心止善之旨为标准。其言曰：'真知乃有实行；实行乃为真知。有真本体，乃有真工夫；有真工夫，乃为真本体。体用一原，天人无二'"（《小引》，第1页）。心敬是就《大学》中的"明明德、亲民、止于至善"三句话，来融贯其师二曲讲学的警语以统括二曲之学的。此时的二曲已经六十八岁，而心敬的论断定被二曲所认可。此后"（王）心敬论学，以明新止至善为归"[①]，足见二曲重视之程度。

由此可见，二曲志趣不在做官，而在"明学术，正人心"。二曲以昌明圣学为己任。

二曲为学一生，所留下的著述只有《二曲集》、《四书反身录》二种。其中，绝大部分多系友人或其弟子对其讲学问答及生平学行的记录而非二曲亲自手笔。宋明以来以讲学语录入集而为书已蔚然成风，这点无可非议，然而为取盈卷帙而混入他人文字，确实有违著书体例，难怪乾隆年间修《四库全书》之时，有学人讥之为"殊为疣赘"（《四库全书总目提要》卷

---

① 《清史·儒林传·二曲本传》。

一百八十一，《集部·别集类存目》）。近世更有甚者，有学人将《二曲集》、《四书反身录》两种本子合而为一，同时以之前未结集刊行的《恶室录感》、《司牧宝鉴》以及二曲门人所辑刊的《历年纪略》、《潜确录》等统名之为《二曲集》。如此做法虽然便于后世学人以及读者检核，但是主从不分，颠倒和混淆了二曲思想的主次，实不可取。

第一章
二曲学崛起的思潮背景

　　中国传统文化主流思想的演变是一个不断吸纳、融合各种思想流派观点的过程。早在春秋战国时期，经孔子的开创改造以及孟子、荀子后来的总结改造，儒学开始勃兴；汉代时期的大儒董仲舒对儒学重新加以改造，适应了当时政权在政治上和思想上加强中央集权的需要，由此而使得儒家思想成为中国传统文化的正统思想；随着儒学新形态的变化，程朱理学应运而生，继之，明代的王阳明又以心学的形态将理学发展到了新的思想阶段，从而成为中国儒学发展的重要时期；然而，明末清初，中国历史的发展发生了巨变。可以说，明清之际是中国又一重要的社会转型期，此时，各种社会矛盾蜂拥而起，专制统治腐朽，明王朝的灭亡对士大夫阶层是一个极其沉重的打击，亡国之痛促使他们认真反思，开始对中国社会的痼疾和明朝灭亡的原因进行反省并著书立说；以程朱理学为标准的科举考试制度使思想界呈现出因循守旧、陈腐不化的习气；西学东渐中近代科技开始传入，从而开阔了人们的眼界。

　　由此，中国进入思想裂变的剧烈动荡时期。各种矛盾的凸显，激发了时代的巨变并推动了社会各种思想、学术等的变革，由此而涌现出了许多足以代表这一时代思潮的著名学者，如李二曲、颜元、黄宗羲、顾炎武、王夫之等一些著名的进步思想家，他们或对理学与心学融会贯通而吸收，如理学家李二曲；或对理学、心学进行批判性的吸收，如实学家颜元、黄宗羲、顾炎武、王夫之等，正是由于他们的融摄和批判继承，才构建起了具有时代特色的新思想体系，并带动了一批思想革新者，从而创造出思想活跃的新时代局面。

一、风雨飘摇与明清易代

二曲生活的时代正值明清易代之际，各种社会矛盾蜂拥而起，专制统治腐朽，农民起义风起云涌，李自成起义军逐渐壮大，并最终使明王朝走向崩溃瓦解，明崇祯皇帝于1644年4月25日自缢于煤山，就这样，一个鲜活的王朝在一段白绫中走向了终结。然而，吴三桂一怒为红颜而诱引清兵入关，从此，山河易色。明王朝的灭亡对士大夫阶层是一个极其沉重的打击，亡国之痛使他们开始对中国社会的痼疾和明朝灭亡的原因进行深刻反省，他们著书立说，进入对理学末流的吸收和清算中。这就是二曲当时生活的时代缩影。

二曲生于明天启七年（1627年），卒于清康熙四十四年（1705年），他出身贫寒，家计艰难，靠打柴换米或替人抄书勉强度日。因无钱进私塾读书，便立志刻苦自学，终日手不释卷。然而，由于他的天资聪明和勤学苦练，最终，二曲博览经史子集，穷究天文地理之书，深入钻研濂洛关闽等各派理学家的思想，并有独特的思想创新和发展而最终自成一家之言。由此，二曲名扬北方，饮誉江南，成为轰动一时的知名学者。

然而不幸的是，二曲出生于明末时期，此时正是国难当头的乱世时期，他在异族的铁蹄统治下艰难度日，本着民族大义的情怀，二曲力拒出仕，在书斋以及游走讲学中度过了自己的大部分学术时光。由此可见，二曲是名正言顺的明朝"遗少"（或称之为"遗民"），在这样的乱世之中，他饱受战乱之苦，其父亲也因为战乱而死于军事战争中，连尸骨都不曾找到。就是这样一位"遗少"，他既有故国之思，又带着浓浓的旧君之念，怀着对明朝亡国的遗恨而对清人的入关及其政权统治极为不满。二曲无意于功名，更不愿意仕清。他埋头钻研于学问聊以自慰。

在康熙十二年（1673年）时，在陕西总督鄂善三次诚意聘请之下，二曲终于肯出山。他应邀到关中书院讲学，带着民族的遗恨他致力于学术的传播之中，后来，鄂善又以"隐逸"的身份和名义力荐他入仕做官。然而，当清廷专门派信使以及专员到陕西二曲所居之地邀、催他进京入仕时，二曲冒着生命的危险而坚辞不出。

在后来的岁月中，二曲迁居陕西富平，和当时著名之学人李因笃交往甚密，他潜心于学术研究之中，然而，当二曲力拒入仕之邀时，这并不意味着他可以逃离清廷关注的命运。在康熙十七年（1678 年）时，清廷礼部再次以"海内真儒"力荐二曲，清廷时任皇帝的康熙爷也派使者专门登门拜请二曲入仕，大义凛然的二曲本着民族大义的情怀而以绝食和自刃相对抗……二曲的这种民族气节精神深受当时士人的赞颂，由此，二曲博得了更高的学术和人格声望。

在康熙十八年（1679 年）时，二曲由陕西富平返回家乡周至，从此闭门坐斋，一心向学，他谢绝所有来客来访，拒绝与世人的任何来往（只有学术好友顾炎武等名士来访时，二曲才愿意与友人一见）。

在康熙四十二年（1703 年）之时，时任康熙爷西巡到陕，专门传旨召见二曲，此时已有病卧床、七十七岁高龄的二曲不愿拜见康熙爷，于是派其子李慎言带着他毕生的研究著作《四书反身录》、《二曲集》去拜见康熙爷。也正是二曲的民族气节精神和他在文人士林所树立的德高望重的声望，康熙爷放弃了对二曲的威逼利诱，康熙爷亲笔书写"志操高洁"赠与二曲，时人皆争相传颂，二曲博得了更好的声望。

于康熙四十四年（1705 年），二曲病逝于周至宅，时年七十八岁。

作为二曲，本着心性良知、恪守民族大义以及强烈的爱国情怀，他自始至终对异族的统治力拒，从而避世于官门。二曲的这一做法，实质上正是强烈的爱国主义情感和民族大义精神以及知识分子气节和良知的鲜明展露。

二、理学式微与实学勃兴

风雨飘摇，明清易代，这对于注重民族气节的二曲来说，无异于家门的最大不幸。

对于文学家来说，山河之异色乃"国家不幸诗家幸"，同样地，对于思想家来说，国家不幸不仅是国家民族最大的耻辱和磨难，同时也是思想家进行慎思和争鸣的时期。

春秋战国时期，战乱纷繁。正是这样一个纷繁的战乱时期造就了大批思想空前活跃的思想家，他们接踵而至，在中国的历史舞台上上演了一场"诸子百家，百家争鸣"的文化剧，从而书写了中国古典思想史上的辉煌篇章。作为明末清初的这样一个大动荡时期也是如此。明清之际是中国思想史上继春秋战国之后的又一个"诸子百家，百家争鸣"的辉煌时期，时论以为"三大名儒"的三儒之一，同容城孙奇逢、余姚黄宗羲一并"高名当时"的二曲就是其中的一员。二曲作为清初著名的学者和思想家，他与吴中的顾炎武、富平的李因笃、华山的王宏撰学术交往甚密，足以与先秦诸子相媲美。

发展到明末清初时期，宋明理学的末流思想已有走向僵化之势，尤其王学末流，更被学术界批判为禅风余劲。经历了几百年的发展流变，宋明理学已经是病痛百出，程朱理学的末流埋没于世俗功利和训诂辞章之中，而王学末流则流于高谈阔论、疏脱礼法以及脱离实际的空谈之中，王学昔日所主张的体证功夫、"事上磨练"都荡然无存，在清初时局动荡、矛盾激化以及世风日下的思潮背景中，理学末流更凸显其萎靡之势。作为明末清初具有民族气节的思想家，面对宋明以来儒学"经世致用"传统的日趋淡化以及功利之风等的盛行，二曲清醒地认识到了宋明理学末流所出现的各种障壁，他独树一帜奋起重建儒学。二曲以复兴儒学"经世致用"的传统学风为己任，致力于以孔孟之元典精神来对传统儒学重新进行阐释的努力之中。

在二曲致力于儒学传统重构的努力时，还涌现了一批致力于挖掘儒学实学内蕴的实干家，如颜元、黄宗羲、顾炎武、王夫之等，他们力图重建儒学，以实学之风来重新挖掘传统儒学所固有的经世致用的实学精神，由此实学崛起。明清实学是中国传统儒学发展的另外一种形态，它蕴含着与以往的传统价值观不同的新的价值取向。在实学思潮中，思想家们批判理学的空谈性理，强调治国安邦，主张实行实用和事功趋利，认为理学末流所强调的主体道德修养于事无补，由此王夫之等或探究实功实用而切用于世，或独辟蹊径研究吸收排斥理学诸家，或通于质测研究而各领风骚、各显风采。

明末，由于阳明末流后学的盛行，士林学风出现了"束书不观，游谈无根"的异化状态，空疏之风已达到极点：他们或打机锋弄，或隐语不语，几近狂禅。在有感于明亡的耻辱和悲痛之后，是这些实学家的反思和批判，一些学者起而力倡"实学"。何谓"实学"？所谓"实学"，按照实学家颜元的观点，实学就是以"实习、实讲、实行、实用之学"为基础而致力于传统儒学的经世致用之学，必须针对时政提出各种各样"匡时济民"的社会改革方案，而贯穿"实学"的一个基本理念和思想核心就是先秦原儒经世致用的"淑世"精神。在实学家看来，所谓经世致用，就是主张学人的学术研究应当以当世当时的社会现实作为基础背景，致力于学术研究和现实政治的有机结合之中，也就是说，学术研究是为政治来服务的。实学家的这种新的价值观，主要体现在其"本末轻重之辩"和新旧"四民"之辩以及"公私义利之辩"三个方面，其主要以注重崇实黜虚、废虚求实以及"实事求是"作为鲜明的特征，以"经世致用"作为治学的宗旨，实学家的诸种努力在中国思想史上、文化史上书写了崭新的一页，具有划时代的学术影响意义，同时，明清实学家所完成的价值观念的转变，也为明清时期中国资本主义的萌芽开辟了道路，为近代先进的中国人接受西方资本主义的挑战提供了强大的思想基础和武器。

然而，需要注意的是，各位实学家在其学术研究上却各有千秋，作为二曲，正是处于这样一个学术背景之中，他也身体力行，积极投身于"实学"的探索和实践之中，并成为"实学"的中坚力量而被学术界称为"清初三大儒"之一。二曲提出"悔过自新"之说来推挽世风、挽救人心，他以"修己"、"治平"、"性命"以及"明体适用"为发展方向，试图重新恢复和构建传统儒学。二曲的治学目标在于"提醒天下人心"，关怀人生，昌明学术，康济群利，匡正时弊，他的这一努力活跃了传统儒学的命脉，复归了孔孟原典的思想要旨，并以孔孟元典重建了清代的儒学，表现出十足的"原儒"精神。在二曲这里，他把贵族儒学转化为平民儒学，把空谈心性的儒学转化为康济群生、明体适用的儒学，二曲的这一努力在中国文化史上、思想史上都是值得肯定的，它具有重要的价值及启迪意义。

第二章
虚明寂定的灵明光体论

如果说二曲治学，三十岁以前走的是程朱理学路线，尤其是朱子路线，那么他三十岁以后，则走的是陆王心学路线，治学工夫甚似阳明，而"理学经济，相为表里"的重事功的主张，又与陆九渊（又名陆象山）极为相似，这一转向是二曲治学过程中的极大转变，也正是由于这一转向才形成了二曲在清初诸儒中的特殊地位。宋明理学的核心思想——心性本体（又可称之为灵光四射的"灵明本体"或"自性本体"）在二曲理学中开始展露，发挥出其应有的地位和作用。

在中国传统哲学的发展过程中，心性本体是中国传统儒、释、道三家思想的核心观念，而关于心性本体的称谓，一直以来有很多不同的称呼和叫法。在构筑儒家道统方面，宋明理学家不仅融合了佛老之道，同时还以儒家思想为根基，将儒、释、道三家进行融合，开辟了儒家道统的新天地。经过宋明理学家的努力，先秦孔孟心性学以及其后的原典《大学》、《中庸》中并不很凸显的形上观念，经理学家"出入于佛老，而返于六经"的融铸，已经被挖掘并传承，同时还得到了更广泛、更深刻的诠释。宋明理学家对心性本体有诸多称谓，如周敦颐称其为"太极"，邵雍称其为"先天"，二程称其为"天理"，朱熹称其为"理"，陆九渊称其为"本心"，王阳明称其为"良知"，不管称谓如何，其所揭举的宗旨无非是本体的异名或以心性本体为主要内容的观念范畴，而其所以能获得此形上本体的方法则被称之为修养工夫，如"敬"、"静"、"涵养省察"、"收摄保任"等。作为二曲，则折衷前人的观点，他并未标立任何新名。二曲或直接采用他人的说法，如"天理"、"良知"、"本心"、"太极"、"太虚"、"理"等；或从本体的各种体性上言之，如"光体"、"灵原"、"本真"、"本面"等；或从心性角度来论说，如"本性"、"性体"、"性灵"、"心光"、"心体"、"道心"等；亦有从强调本体主宰"物"、"我"讲的，如"真我"、"主人"、"头脑"、"主宰"等。二曲对这些名言的运用信手拈来，随心所欲，他并不囿于一家之说，尤其以"灵明光体"来进行说辞的居多。由于程朱理学与陆王心学长期的门户之争，这一既内在又超越的形上观念反而晦暗不明。在明末清初的实学思潮高涨之际，中国传统哲学又到了一个总结反思的时代，在这一轰轰烈烈的思潮中，二曲拔地而起，他以其兼融"理学"与"实学"思想的"明体适用"之学而倡导关中，以其上学与下达的兼举之学而盛誉当时。而"灵明光体"正是二曲在经过淹博之学和病中"突变"的悟道之后所着手确立和阐述的一个中心范畴。二曲对这一形上的灵明光体的描绘非常精当和细腻。

二曲学说，甚至整个宋明理学都是以此形而上的灵明光体作为核心的，不管是明性见道，还是后来思想境界的登峰造极，都是以此灵明光体作为核心思想的，这一概念随着工夫的不断践履和体证而"翻腾变化"，而其他的一切知识或者学问，都是围绕着这一核心思想来进行，并受其控制和指引。而当此"翻腾变化"终止时，则万象寂然，仍旧摄于声臭俱无的灵明本体中，这一灵明光体就是宋明理学家所强调的"体"，而它显发出来的种种功用，与一切知识学问相结合时就可以经世济用，它被宋明理学家称之为"用"。总而言之，宋明理学思想就是一种体用之学，是以灵明光体为核心而进行运行的生命学问。这一生命学问在二曲思想逐步凝练并形成时又最为彰显突出。二曲不仅治学功力深厚，同时又擅长于摹拟前人，他能"吐人不敢吐之隐，泄人不敢泄之秘"，所以灵明本体发展到二曲这里，其阐释已经甚为精透。

一、理学与心学的兼融：灵明光体之渊源

提及灵明光体，首先必须探讨其作用与发用的问题，即体与作用或"体

用"。这里有必要先辨明本体一词的来源问题。本体功夫思想（包括本体功夫范畴和本体功夫理论）是在宋明理学时期出现的一种独特的哲学思想，它的产生，自然与当时的社会政治背景分不开。然而，它之所以能产生，又有它源远流长的学术理论渊源。其中，本体功夫范畴与体用范畴相连，是宋明理学家把体用范畴应用到认识论、方法论和伦理学领域的必然产物。而本体功夫理论则与中国传统的儒家心性学说有关，它是儒家心性思想发展演变到宋明时期的必然结果。此外，本体功夫思想还与佛老之道有着紧密的联系，它是在佛老之道的相互排斥和融合过程中逐步形成的。

本体功夫范畴再往前追溯，则是从体用范畴发展而来的，它是体用范畴发展到一定阶段，即渗透到认识论、方法论，特别是伦理道德修养领域以后产生的。

早在先秦时体用范畴便已出现。这正如清初学者顾炎武所说：先秦"经传之文，言体言用者多矣。"（《与李中孚手札》）他举例说："《易》曰：'阴阳合德，而刚柔有体'。又曰：'显诸仁，藏诸用'。此天地之体用也。""《记》曰：'礼，时为大，顺次之，体次之'。又曰：'降兴上下之神，而凝是精粗之体'。曰：'无体之礼，上下和同'。有子曰：'礼之用，和为贵'。此人事之体用也。"（同上）就《中庸》、《易传》而论，《易传》较《中庸》的思想似乎更为突出。虽然看似没有创立本体一词，但却从此有了体与用观念的出现。如，"阴阳合德，而刚柔有体"，又说："显诸仁，藏诸用。"由此也能看出来，体用一词连属为义又是以后的事。但创体与用两个观念，则是从《易传》开始的，这一点毫无疑问。在二曲生活时期，二曲曾为体用一词的来源与好友顾炎武有过三次辩论。亭林（指顾炎武）认为"体用二字出于佛书"，对此，二曲则不以为然，他以《易传》中所说"天地之体用"，以及《礼记》"无体之礼，上下和同"和《论语》中有子所说"礼之用，和为贵"作为"人事之体用"，二曲认为体用出于儒书之证。不仅如此，二曲还将宋明理学中的体用观念解析为"天地之体用"与"人事之体用"两个方面。他把一直以来的理、境层面夹杂混淆的体用问题作出了明晰的梳理和论证。二曲认为体用二字出自儒家经典，但二曲体用一词结合在一起使用则实始于王弼之诠释《老子》。也就是王弼所说的"虽贵以无为用，不能舍无以为体也"①。然而王弼又注《周易》一书，从中可以看出其创体用一词，应源自《易传》思想的启迪。在这一点上二曲似乎有所忽略，并未深究。由王弼开辟的这一路径，玄学成为佛学会通老庄的中介桥梁，发展到隋唐佛学时期，体用范畴大力发展，有兴盛之势。正因为如此，所以后来发展到二曲时期，二曲指出，"若佛书，如《四十二章经》、《金光明经》，西域元来之书，亦何尝有体用二字？晋宋以下，演之为论，始有此字。彼之窃我，非我之窃彼也，岂得援儒入于墨乎？"（卷十六《书牍引·书一·答顾宁人先生第一书》，第149页）。从这里可以看出，儒、释、道三家思想在此时的确是相互融摄、相互影响和相互渗透的。二曲又进一步考察西来副书，即《楞严》、《楞伽》、《圆觉》、《金刚》等佛教诸经，其中并未发现体用二字；如果要说有的话，则是从中国人的佛书开始的，如惠能解《金刚经》，"一为金者，性之体；刚者，性之用"，又说《法宝坛经》的"定体惠用"，等等。由此，二曲断定中国佛书开创体用观念应始于六祖禅师惠能。但是，需要注意的是，六祖惠能并不识字，所以王弼之说应该对他没有多少影响。而惠能所开创的体用观念，一直以来在中国的人文思想里的确含有颠扑不破的真理，已如前篇所说，体用关系的境界之说应该是从惠能这里开始的。而此后的澄观所开创的"体用一源"之说则又是禅宗思想的进一步发展。后来，北宋五子之一的程颐（又名程伊川）在"出入于佛老，而返于六经"的尝试和努力中将其吸收并融摄，同时将其作为理学思想的核心。对于这些，二曲并未做深入的剖析和诠释，他只注重体用二字，并用来解经作传："始于朱子，一见于《中庸》未发节，再见于费隐章及《论语》一贯忠恕章。其文集、语类二编所载，尤不一而足。"（《答顾宁人先生第二书》）然而，如果单言本体一词，则又始于六祖惠能之诠释《金刚经》，"金者，性之体"，这才是本体一词的真正起源。华严宗称其为"性体"，"自性清净，性体遍照，无幽不烛，故曰圆明"。②然而，隋唐佛学盛行之时，佛学家正式使用本体一词则是从"真如本体"开始的。有人认为，本体一词

---

① 《老子注》第38章。

② 转引自冯友兰：《中国哲学史》，华东师范大学出版社2000年版，第736页。

创于刘勰《文心雕龙》，是文学与哲学的紧密关联①。这一本体观念后来直接影响到宋明理学，首见张载《正蒙·太和篇》："太虚无形，气之本体。"而朱熹沿用，如朱熹释《大学》"明德"思想为"明德者，人之所得乎天，而虚灵不昧，以具众理，而应万事者也。但为气禀所拘，人欲所蔽，则有时而昏，然其'本体'之明，则有未尝息者"。（朱熹《大学章句》）在朱子以前，程颢（又名程明道）、程颐（程伊川）说得最多的是"天理"，偶尔也会言及"道体"，实际上，不管是天理还是道体，其内涵、意义与本体的意义异名而同实，殊途而同归。就是与朱熹同时代的陆九渊（又名陆象山）也并没有正式使用本体之名，象山更多的是以"心之体"或"此理"来解说心性本体。实际上，如果我们去深究的话，会发现象山所提及和惯用的关于本体的概念，究其涵义仍是关于本体的解说，它与本体无殊。象山之后，阳明倡良知之学，在良知的阐述中多使用本体一词："良知本体"、"心之本体"或"人之本体"等不一而论。作为二曲，他在折衷程朱、陆王二派思想的基础上使用"灵明光体"来对本体进行诠释和解说，这一解说在其书札、语录中随处可见，如"作得工夫，才算本体"，"有真工夫，乃为真本体"等，类似的阐述很多，由此可见二曲重视本体观念的程度。灵明本体成为二曲以及宋明哲学的核心②。也就是说，不管是周濂溪开创的"太极"和"诚"，邵康节主张的"先天"，还是张载所言及的"太和"、"太虚"，二程重视的"天理"，朱熹反复强调的"本体"，陆象山开创的"本心"，王阳明挖掘的"良知"，尽管这些宋明理学家所开创和提出的关于本体的言说互异，他们只是在用语上各自本于儒家的典籍著作而取其适当的"名号"对心性本体进行称谓（当然，唯有朱子有些例外），但是他们所用的工夫和阐述的理境都是围绕着"灵明光体"来展开论证的。由此可见，体用二字的来源以及创立，经过了魏晋玄学、隋唐佛学以及宋明儒的融摄发展演变衍生出本体观念，这一点足以说明儒、道、佛三家形上哲学的共通共融之处。而二曲所阐述的"灵明本体"，正如二曲所说，它是"人生本原"，是人性的根源，二曲

---

① 转引自林继平：《李二曲研究》，台湾商务印书馆1999年版，第195页。

② 同上，第196页。

又称之为"悟性"、"见性"或"明性"，二曲认为它是生命心灵的中心和观点之所在。

至于体用并用和对举，在先秦的典籍文献中也有相关的记载，如《荀子·富国》中说："万物于人，同宇而异体，无宜而有用，数也；人伦并处，同求而异道，同欲而异知，生也"等。然而，体用范畴以真正的哲学姿态出现是在魏晋时期，这个时候体用范畴通过玄学家王弼的诠释和论证大放光彩。魏晋之后，体用范畴经过各个时期和不同学术派别的斗争、交融，蕴含了本来涵义和基本涵义这两个层次的丰富内涵。体用范畴的本来涵义即指"体"、"用"之本义，"体"是指主体、实体，"用"是指作用、功用。主体、实体是独立自存的东西，而作用、功用则必须依赖于"体"，是不能离开"体"而独立自存的。在长期的历史发展长河中，人起初就是通过生活实践形成的关于事物的体、用观念的。这时的"体"一般是指有形质的可以感觉得到的具体事物，亦即主体和实体；"用"则是指该事物的实际作用、功用，或者说，就是指它的用处。这是人在最初的、本来的意义上所使用的体用范畴的涵义。然而，随着体用范畴的广泛运用，体用范畴被赋予了更加复杂多样的内涵。但在宋明理学以前，体用范畴主要有两种基本的涵义：其一，"体"指形体、形质、实体和物质；"用"指功能、效用、作用和属性。这方面最具代表性的是唐朝崔憬所说的"凡天地万物，皆有形质，就形质之中，有体有用。体者，即形质也；用者，即形质之妙用也"①。其二，"体"指本体、本质；"用"指表现、现象。在这方面比较典型的就是上文所提到的王弼"虽贵以无为用，不能舍无以为体也"的说法。这里所谓"体"，不是指某一个具体事物有形质的物质实体，而是指万物的共同本质和存在根据、世界的最高本体或本原；所谓"用"，不是指物质实体本身所固有的作用、功能、属性，而是指世界的最高本体或本原所派生出来的现实世界的一切物质现象和精神现象。这是从谈一物的体用关系发展到讲整个宇宙的体用关系，属于本体论的领域。在这一领域内，不管是唯心主义哲学家还是唯物主义哲学家，尽管他们对"体"和"用"的内涵作了不同的性质规定，对两者的关系都作

---

① 《周易探玄》，李鼎祚《周易集解》引。

了不同的说明，但是只要是从本体和现象的关系，亦即本体意义上来了解和使用体用范畴，体用范畴的有些基本特征也还是学人所一致认定的。这些被统一认定的基本特征是：第一，他们都把"体"看作是内在的心性所外显的基础，而把"用"看作是外在的明显的表现。第二，他们都把"体"看作是恒常存在的、不变的东西，而把"用"看作是流动的、可变的东西。

至于本体和功夫二词，则出现较晚。"本体"一词，在先秦时，尚未出现，但是在先秦思想中已经孕育有"本根"和"本心"两层意思。《左传·文公七年》中有"公族公室之枝叶也，若去之，则本根无所庇荫矣。葛藟犹能庇其本根，故君子以为比"，《庄子·知北游》中有"惽然若亡而存，油然不形而神，万物畜而不知，此之谓本根"之说。这里的"本根"就是本原、本体的意思，而孟子在批评"不辨礼义而受之"的万钟时则说万钟"乡（向）为身死而不受，今为宫室之美为之；乡为身死而不受，今为妻妾之奉为之；乡为身死而不受，今为识穷乏者得我而为之。是亦不可以已乎！此之谓失其本心"，① 这样的"本心"，就是指心的本然状态，也就是"本体之心"。一直到唐朝才由禅宗大师慧海首次明确提出"本体"一词。他说："净者本体屯，名者亦用也，从本体起迹，从迹用归本体，体用不二，本迹非殊。"（《大珠禅师语录》卷下）在中国传统哲学中，"功夫"一词，亦被写作"工夫"，它出现在汉代以后，主要有三层意思：其一，指做工程所费的精力。《三国志·董卓传》裴松之注引华峤《汉书》，说"陇西取材，功夫不难"。其二，指做事所费时间和精力。《三国志·曹芳传》中有"昨出已见治道，得雨当复更始，徒弃功夫"。其三，指造诣、功力和素养。《南齐书·王僧虔传》中有"宋文帝书，自云可比王子敬。时议者云：'天然胜羊欣，工夫少于欣'"之语。本体功夫范畴中的"功夫"包括以上三层意思，但主要是取"功夫"的第三层意思。在这里用"功夫"，而不用"工夫"，也就是为了突出"功夫"所包含的功能、功底，以及用功、练功等涵义，而"工夫"则往往偏重"闲空时间"之意。

到了宋明以后，体用范畴被广泛地运用于认识论、方法论和伦理学等领

----

① 《孟子·告子上》。

域来说明人们各类知识的获取，尤其是伦理道德的修养和心境的涵养问题，正因为体用范畴的这一广泛运用，体用范畴便演化出更多的引申义，其中主要体现在认识论、方法论和伦理学等领域。从伦理学角度来看，由于"体用"范畴在先秦发源时，与"本用"、"体履"范畴密切相关，很容易把"本"和"体"连在一起作为对宇宙万物的统一的基础的探求。此外，在中国古典的哲学文献和各类著作中，"本体"还有"本然状态"之意。为了使心、性恢复到善的本然状态，就必然需要"功夫"范畴的"加入"来对心性的修养进行补足，并与"本体"范畴相对应，从而形成新的范畴来对心性进行诠释和论证。由此，当体用范畴被运用到伦理学领域时，"体"就变成了道德本体，而"用"则成为改善、实现道德本体的修养途径和方法，即所谓"功夫"。正因为如此，宋明理学家大多把"本体"解析为本然、原来之意，如张载"太虚无形，气之本体；其聚其散，变化之客形尔"（《正蒙·太和》）中的"本体"即指主体的本然状态，后来"本体"专指"心"的被先天赋予的至善的本然状态，宋明理学家还同时把"功夫"诠释为道德践履或者精神修养，如陆象山的"易简功夫"等，这一功夫专指实现"本体"必备的功底基础和手段、方法。如此，则体用范畴就等同于本体功夫范畴，"体用合一"不仅与"本体功夫合一"融通，而且还要求生命个体通过"践履笃行"来体验或者体证"体"，通过"体认反证"来追求真知，以便"由体成用，由用识体"而成德、成圣。

所以，由上述可知，本体功夫的范畴概念虽然早在先秦、两汉时期就已经出现，然而把本体与功夫对举并用，并作为宋明理学，尤其是心学学派的重要思想范畴来表述个我对各类知识的获取，特别是伦理道德的修养和心境境界的涵养方面，则是在体用范畴广泛运用于认识论、方法论和伦理学之后，是在陆王心学，特别是在阳明学派出现之时①。

搞清楚了本体的来源问题，还有必要辨明二曲关于"灵明光体"的概念与宋明儒之间的渊源关系。

二曲提出"明体适用"学说，并开出了"明体类"与"适用类"的书籍。

---

① 屠承先：《论本体工夫思想的理论渊源》，《中国哲学史》1997年第3期，第76—78页。

其中，二曲特别推举出了心学一系的几个代表人物的著作来作为"明体中之明体"。明体适用思想是二曲对整个儒家思想内涵的概括，宋明时期儒家的思想自然也不能例外。不同学派、不同思想家在不同的历史发展阶段的侧重点不同，他们或者发展了"体"的某些方面，或者拓展了"用"的某些方面。但是就"体"而言，二曲认为，理学总体上是以"明体"来作为其思想核心的，程朱理学家在理学中"持以工夫为主的立场"，而陆王心学家则"持以本体为主的立场"①。尽管都以"明体"标宗，但朱子学注重如何来践履、修养的工夫，而王学一脉则注重于对本体的描述。二曲在折衷程朱、陆王二派关于心性本体的描述的基础上使用"灵明光体"来对本体进行诠释和解说，这一解说在二曲的各类书札、语录中比比皆是，二曲重视心灵本体观念的程度可见一斑。灵明光体成为二曲以及宋明理学的思想核心，二曲认为它是"人生本原"，是人性的根源，二曲又称之为"悟性"、"见性"或"明性"。

每一时期的某一种特殊思想的提出与流行，一般都是针对该特殊时期的某种"病症"下砭。而随着这种思想的流传久远，则往往会被后世之人片面地推致极端而产生新的弊端和不足，他们或强调在事事物物的"下达"工夫中用力而致力于"用"的方面，因而犯有"支离"破碎之流弊，抑或强调从心性本体上用功而忽视"下达"的工夫而片面地致力于"内圣"之功，因而会导致犯有"空疏"之弊端，这些弊端会导致本体和工夫之间的严重脱离和偏失。然而，要克服这样的分离歧途，就必须在本体功夫的论证中将其有机地结合起来才不失为先秦原儒经世致用的淑世之道。二曲在明末清初这样一个总结、反思的时代，在后来者总是能比前代的学人更自觉意识到工夫、本体偏执的"弊端"时代思潮中，仍步心学一脉的后尘。这一点必须注意到。

---

① （宋）陆九渊著，王佃力等译注：《象山语录》，上海古籍出版社 1992 年版，第 40 页。

二、虚明寂定：灵明光体之内涵

宋明理学家在儒家道统的传统方面，工夫一系的语词说得居多，而关于本体方面则多语焉不详。二曲一反宋明诸儒的教法，他"吐人不敢吐之隐，泄人不敢泄之秘。"（卷十六《书一·答张敦庵》，第 139 页）。二曲对灵明本体概念范畴的分析精透明朗，他对理境的解析豁然易晓，为前代学人所不及。前人对本体之内涵之因说之甚少，二曲认为，"先哲口口相授，止传工夫，未尝轻及本体，务使人一味刻苦实诣，力到功深，自左右逢原。"（同上，第 145 页）可见，前人如此说法其中必有苦衷，一则可能因为工夫造诣的深浅不同，二则正如二曲所言，"恐后人误落言诠"，所以要求学人的解析务必"惟尽其所当然，而其所以然之实，果力到功深，夫固有不言而喻者矣。"（卷三十五《四书反身录·论语上·子罕篇》，第 466 页）

二曲以本体观念概括和总结了儒家的经典四书及宋明理学家的思想核心点。他指出，"《大学》之'致知'，致此也；《孟子》之'必有事'，有事乎此也。以至濂溪之'立极'、程门之'识仁'、朱之'主敬穷理'、陆之'先立乎其大'、阳明之'良'、甘泉之'认'，无非恢复乎此也。"（卷二《学髓》，第 21 页）这说明，前人所标立的种种称谓，大多都是以此本体观念为其基本内涵，而各种名言上的差异，都不外乎入门路径的不同，所倡宗旨的不一，正因为如此，才形成了后来的学人在学术思想上的分歧和差异。所以，把握、搞清本体范畴，学人在关于本体上的名言分歧都会迎刃而解。

二曲三十一岁"患病静摄"，在静悟的工夫中做澄心之功，正如《历年纪略》中所述："夏秋之交，患病静摄，深有感于'默坐澄心'之说，于是一味切己自反，以心观心。久之，觉灵机天趣，流盎满前，彻首彻尾，本自光明……"（卷四十五《历年纪略》，第 562 页）二曲这一见道的工夫同于高景逸赴谪见道、阳明的龙场悟道的工夫。那么二曲等所谓的"见道"到底是指什么？到底见了什么？实际上，"见道"是自我心性本体的展露，是个我心灵在心性本体的觉悟之下的一种飞跃和提升，是向人性本体的复归。这一心性本体复归是着实需要下一番"万死"之功的。二曲专门对他"见道"时的灵明光体（即心性本体）进行了梳理。

二曲以"虚明寂定为本面"（卷二《学髓》，第 20 页），实际上指出了灵明光体的几大特性。

（一）空灵性

依据《历年纪略》顺治十四年条的记载，二曲在初次见道时首先发现的一奇异征兆便是"……觉灵机天趣，流盎满前"，特别冠一"觉"字，表明二曲当时所"见道"的实际境况的确如此，而对这一境况的描述，按照理学家的说法，即为一片空灵的流盎感觉，二曲的"见道"工夫是从李延平默坐澄心的工夫入门，从自己的心灵深处体验并感受，从而去体认超越而内在的生命实体，在其功力既久的情况下，自然而然地"静极明生"，展露出一片光明洒脱的"世界"。这片光明的世界绝非一湖死水或者死寂一般，而是富于觉解的、灵性的、感知的，因为这一境界的自觉性和超越内在性，所以这一"见道"的境界富于灵觉和感知，也正因为其灵觉的特性而能"灵机天趣，流盎满前"，这种天趣盎然会有流贯冲塞和浑化无迹之功，但是，需要注意的是，这一境况的出现是个我自然而然的心性展现，更是二曲自我心性的展露，是二曲灵明光体的外现，它绝非外在的人力所使然，这一境况的展露更是二曲所描述的活泼泼的"鸟飞鱼跃"之境。

对灵明光体的描述，二曲在《学髓》中明确指出："水澄则珠自现，心澄则性自朗。故必以静坐为基，三柱为程，斋戒为工夫，虚明寂定为本面，静而虚明寂定，是谓'未发之中'……"（同上，第 20—21 页）本面的意思是指本来面目，是物之形体的呈现，所以"性自朗"的意思也即朗现性之面目。那么如何才能达致虚明寂定？对此，二曲又说："即此是景，更有何景。虚若太空，明若秋月，寂若夜半，定若山岳，则几矣。然亦就景言景耳。若著于景，则必认识神为本面，障缘益甚，本觉益昧"（同上）他认为，人若能做到澄心，则人性之本来面目就会自然朗现，若能无间动静时时保此本面，那么就会达致中和。然而，当我们提到性质本面的时候，我们往往会习惯性地认为性就是实体，而把性之本面看成固定的可以描述的形状，这是不可取的。虚明寂定中的"虚"即指本体无滞无着，毫无沾染，虚若太空而不落于任何形状和方所。对此，二曲在《子罕篇》中又明确指出：

> 夫子惟其"空空"，是以大而能化，心同太虚；颜子惟其"屡空"，是以未达一间，若无若虚。后儒见不及此，因释氏谈空，遂讳言空，并《论语》之明明言及于空者，亦必曲为训解，以避其嫌。是释能空其五蕴，而儒不能空其所知；释能上达，而儒仅下达也？本以辟释而反尊释，崇儒而反卑儒，弗思甚矣！夫"空"之处于释者固可避，而处于夫子之口者则不可避；"空库"、"空幻"、"真空"、"无相空"、"无所空"之说可辟，而"空空"，"屡空"之说可辟。彼释氏空其心而并空其理，吾儒则空其心而未尝空其理；释氏纲纪伦常一切皆空，吾儒则纲纪伦常一切皆实：得失判若霄壤，岂可因噎废食。（卷三十五《论语上·子罕篇》，第468页）

当有人问二曲，"天命之性，三教同否"？二曲答曰："同而异。在天为于穆不已之命，人禀之为纯粹至善之性，直觑原本，不落思想，不堕方所，以臻无声无臭之妙，是则同；……以彼真参实悟，其有见处，非不皎洁，而达之于用，犹无星之戥，无寸之尺，七到八颠，回视儒者真实作用，何啻霄壤！"（卷三《两庠汇语》，第30页）这里，二曲肯定地指出，在以自性本体为基础的形而上学方面，儒、释、道三家在思想上并无任何差别，二曲此见比他的关学前辈冯从吾来说更少了门户之见和偏颇；但是如果从"上学"的本体开出"下达"的事功这个层面来观证的话，并非佛道两家所能为，只有儒家的经世致用之学才能把"上学"与"下达"贯通，才能从"至虚"的本体开出"至实"的适用等《大学》里面所讲到的齐家治国平天下的事业，从而实现原儒所倡导的淑世之学的宗旨。

二曲关于灵明光体的这一空灵特性的描述在《答张澹庵书》中也有相关的记载，"……久之，自虚室生白，天趣流盎。……"（卷十六《书一·答张澹庵·第四书》，第145页）其中，"天趣流盎"即对上述《历年纪略》中"灵机天趣，流盎满前"的阐述和浓缩。然而，需要注意的是，二曲关于灵明光体的空灵性所体现的空灵境况的阐释与佛教禅宗所阐述的空灵境界所指是否一样？众所周知，佛教禅宗的空灵境界指向不仅影响了唐代以后的文学、艺术等的意境内涵和指向，同时更向空灵的境界方向延伸和发展。但是，值得注意的是，二曲所阐释的虚明寂定的灵明光体所展现和指向的境界是一种实境，禅宗指向是意境，全凭个人的想象力意构而成，是一意象的、虚悬的空灵境界，而后者则是由工夫修养和践履所证成，是个我的工夫展露和自我内心的体验，是自然而然地呈现，受前者的启迪和影响。所以，佛教禅宗和二曲所阐述的空灵境界在性质方面迥然有别。

二曲关于灵明光体"虚若太空"的比拟实际上与陈白沙"虚圆不测之神"的描述、王阳明"孤月湛虚明"的陈述、朱子"虚灵不昧之本体"的界定、张载"太虚"境界的阐释、禅宗六祖刻画本体的"虚空"之喻，以及庄子的"唯道集虚"的想象等有着共同的特征，这实际上也是二曲"虚明寂定"的灵明光体之所本。

（二）光明性

在关于虚明寂定的灵明光体的描述中，二曲指出此灵明光体还有"明若秋月"之特征。此处之"明"有两种说法，一指通过静坐获得的一种神秘的光明体验。在《历年纪略》丁酉年记中二曲指出，"患病静摄，深有感于'默坐澄心'之说，于是一味切己自反，以心观心，久之，觉灵机天趣，流盎满前，彻首彻尾，本自光明"（附录三《年谱·二曲先生年谱》，第634页），又在《答张澹庵四》中说，"学须屏耳目……一味养虚，以心观心，务使一念不生。久之，自虚室生白，天趣流盎，彻首彻尾，涣然莹然"（卷十六《书一·答张澹庵》，第145页），"虚室生白"出自《庄子·人间世》，司马彪释曰："室，喻心，心能空虚，则纯独生"，这一解说意味着只要心能虚空，则白生而道集。无论莹然还是本自光明，都可显光明之象。二曲用"性如朗月"（同上）、"明若秋月"（卷二《学髓》，第21页）等来做喻说明灵明光体宛如皓月的特性，二曲认为见之则如"见性"。此外，二曲还用"本心之明，皎如白日"、"秋阳"等来形容此灵明光体的强度，并借道家的"虚室生白"、"粹然洞豁"等来叙述其颜色和亮度；用"日"、"月"以及"明镜"、"大圆镜"、"朗鉴"等来做喻说明此灵明光体的形态展露。二曲通过转述阳明弟子蒋道林通过长时间的默坐澄心，甚至常达昼夜、不就枕席而出现了"一片虚白，炯炯见前"（卷四十二《四书反身录·孟子下》，第 530 页）之境来阐释自己"见道"时的情景。

在宋明理学家中，有过这种体验的人不少，他们无不重视这一光明境界。朱子释《大学》之"明德"为"虚灵不昧之体"，即谓此灵明光体能无幽不烛，故谓之灵，朱熹认为此灵明光体经常如此而缉熙不断，是一种"不昧"的状态；象山认为此灵明光体"此心至灵"、"此理至明"，甚至还"此心同，此理同"，当然，很明显地可以看出，象山这是在为此灵明光体立论，这在陆象山的语录、书札中比比皆是，但阳明在答复其门人弟子之问陆学时，明确批评象山为"如细看，有粗处"，他认为象山之释未免粗枝大叶。阳明用"昭灵不昧之本体"来对朱注进行批注和修正，阳明易"虚"为"昭"，直接点明此本体的光明之义，似乎看起来比朱子更为鲜明。值此之时，我们应该可以理解阳明"人人有个圆圈在，莫向蒲团坐死灰"一语的涵义；高景逸在"为学次第"中自述其见道情景时说，"……又如电光一闪，透体通明，遂与大化融合无际，更无天人内外之隔"[1]，其中所谓"如电光一闪"正是对灵明光体的如实阐述。此"光明广大之实"（卷九《东行述》，第 64 页）如"镜之照"（卷六《传心录》，第 47 页）、"如镜中象"（卷二十九《四书反身录·大学》，第 403 页）、"如鉴照物"（同上，第 408 页），除此以外，还具有"明无不照"（卷三十三《四书反身录·论语上》，第 447 页）之功用，而"止如水"（卷六《传心录》，第 45 页）、"澄水"（卷十六《书一》，第 145 页）、"清水"（卷三十一《四书反身录·论语上》，第 437 页）又论证了灵明光体"湛"、"澄"、"澈"等"空净不染"（同上，第 428 页）、"洁净透脱"（卷六《传心录》，第 46 页）的特性。

"明"之另一解义指灵明光体晓事并知善知恶的能力，即觉。二曲在《书一·答张敦庵》中说，"炯炯不昧之良"，又说此性"明无不烛"（卷二《学髓》

---

① （明）高攀龙撰：《高子遗书》卷三，上海古籍出版社 1993 年版，第 31 页。

第 18 页），并沉溺于文字知见"令自己心光不得透露"（卷三十《四书反身录·中庸》，第 418 页），如此陈述是为了点明辨别是非的能力。此处的明若秋月，即上文所提到的"明无不烛"之意，它指良知本体无所不知并知无不尽。然而，需要注意的是，由于"明"有可能受到气质所遮蔽而出现昏昧状态，二曲认为，想要复明本体，就必须空其心。在二曲看来，虚与明都是灵明光体所具有的先天性质。

（三）寂静性

二曲认为灵明光体具有"虚明寂定"之性，同时也包含了寂静与不动的特性。其中"寂若夜半，定若山狱"是以实境为喻，二曲认为寂即是静，即是不动，此处的静指灵明光体之静，而所谓"寂若夜半"则是形容动或静无声无臭的状态。对于这一点，心学家阳明曾指出，"人心自是不息。虽在睡梦，此心亦是流动。如天地之化，本无一息之停。然其化生万物，各得其所，却亦自静也。此心虽是流行不息，然其一循天理，却亦自静也"[1]，阳明又说："按濂溪自注'主静'，云'无欲故静'，而于《通书》云'无欲则静虚动直'，是主静之说，实兼动静。'定之以中正仁义'，即所谓'太极'，而'主静'者，即所谓'无极'矣"[2]，在阳明这里，他认为灵明光体之静是由无欲状态而产生的静虚动直，即使此心流行不息，只要它循于天理就是静。二曲对静的理解也是如此，他说："告子有志心学，只为不达心体，故差入硬把捉一途去。今之学者茫不知心为何物，见先达言'主静'亦主静，至有轻视一切伦理为繁文琐节，而瞑目跏坐于暗室屋漏之中，以为道即在是者，不知此与告子何异？"（卷四十三《反身续录·孟子上·公孙丑》，第 542 页）二曲对告子与"今之学者"的批评，就在于他不清楚一点，那就是，如果随任心体之流行，那么无论动静就只是静的道理。二曲有时又称此寂为"无心"，他说："行乎其所无事则无心矣。其未发也，虚而静，其感而通也，

---

① （明）王守仁撰，吴光等编校：《王阳明全集》（下），上海古籍出版社 1992 年版，第 1174 页。

② 同上，第 1183 页。

廓然大公，物来顺应。如是，则虽酬酢万变，而此中寂然莹然，未尝与之俱驰，非无心而何。"（卷六《传心录》，第45页）。二曲认为，虽然酬酢万变，但是此心只是行所无事并不为所动，它不与之俱驰，所以就只是个静，只是个寂。宋明理学家一致认为，寂静一词本源自于老庄，此后《易传》的"寂然不动"更明白点出本体的这一特性。他们认为《大学》是就工夫立论的，并在工夫论的基础上提出"六字"方针，即"知、定、静、安、虑、得"。《大学》也强调"静"功的重要性，在此之后，佛教哲学也常常以寂静来诠释本体，如华严宗"举随缘而会寂"等说法。然而灵明光体的寂静状态又并非死寂一般，而是"寂然不动，感而遂通天下之故"。对灵明光体，宋明理学家还用禅宗"活泼泼地"、用《中庸》"鸟飞鱼跃"等说法来对灵明光体富于流动、变通的特点进行描述。而二曲在病中摄道时所描绘的"跃鱼飞鸟，莫非天机"（卷四十五《历年纪略》，第562页）这一境状即是指灵明光体的这一特性。当然，灵明光体的流动性这一特性的说法和描述从周濂溪时期就已经开始出现了。

对灵明光体含有不动特性的描写还可用"定若山狱"来进行描述。"定"指心体不为情迁、不为境移，动静随时出现而无不中理，这是源于程颢《定性书》的用法。"定"与"寂"内涵相近，所以二曲常把二者连用。论其区别，大约是"寂"更多地着眼于心体的自身状态，而"定"则是就心体流行时主体与外物的关系而言的。"定"需要贯于动静之中。二曲在《四书反身录》中说："平日读《中庸》，亦知心要平常，然平常不平常，不在言说，临境便见。能素位而行，便是平常，一或原外，心便失常；心一失常，平常安在"（卷三十《四书反身录·中庸》，第420页）。二曲认为能素位而行则便是平常，而任心体自然流行变化则即是"定"，"定"则不为外物所动，若为所动，则非"定"，即非平常，所以说"一或原外，心便失常，平常安在"。静时平常易，究竟平常与否，须以"境"来检验，若能临境不夺，便是真平常，即是真定。如何能定？"止其所而不动，本体常现，自无出位之妄"（卷十五《富平答问》，第131页），"所"是事理之当然。如果能明复本体，则能止于事理之当然而不"原外"，并能自然不动，不动则"定"。尽管此灵明光体含有不动之特性，但是它如本体寂静的特性一样，还是流于动性。这种流动的性格，又演变出变易和变动的特性来。关于这一说法，阳明的诠释似乎更为精辟。在《传习录》中，曾有："问曰：'此知恐是无方体的？最难捉摸。'先生曰：'良知'即是易。'其为道也屡迁：变动不居，周流六虚，上下无常，刚柔相易，不可为典要，惟变所适'。此知如何捉摸得？见得透时，便是圣人。"（《传习录·下》）这里，阳明针对灵明光体提出了个人的见解，他以本体来诠释"易"，认为"良知即是易"，这是对"致良知"的本体之说。这里，阳明认为良知本体是"易"之本体，其实，在宋明理学家这里，这一诠释是他们的共同见解。

（四）无形质性

在前述关于灵明光体的特征描述中，二曲以"虚明寂定"来对其进行定性，认为灵明光体具有空灵性与光明性的特质。关于"虚"，二曲曾以"虚若太空"来进行诠释，他认为"虚"是灵明光体的特性之一，同时二曲又以太空来比拟灵明光体，他认为这一灵明光体既无形体，同时也无质量，而这一特性正是"无形无质"。

在宋明理学家这里，理学家大多都是以"易无方而神无体"的言辞来形容灵明光体的，通过这一描述，他们认为此灵明光体既没有方所，也没有形体可以比拟。如果对这一描述加以概括性的诠释，则为"无方无体"，宋明理学家以这一惯用的常用术语来定性。同时，宋明理学家还擅长用《中庸》中"无声无臭"的说法来比拟和描述该灵明光体，这一描述正凸显了灵明光体的无质量、无形质。在这一点上，六祖惠能曾以"虚空"为喻，认为该本体"无虚空之量"，虚空的无穷无际仍然有一个量，此量即为无穷际之量。当然，类似的描述在北宋五子的程颢（明道先生）这里也有论述，他说："天地之大也，人犹有所憾。"那么，在程颢这里，他憾的是什么？宇宙天地无穷大，即便尽天地宇宙之量，也未必能如实地描述出此灵明光体的无穷大。在朱熹的《中庸集注》中，朱熹以"语大，天下莫能载焉"、"直大无外"来诠释该灵明光体的无形质性和无穷无际性，这一诠释可谓贴切真实。

（五）超认识性

在《学髓》中，二曲指出：

> 人人俱有此灵原，良知良能，随感而应，日用不知，遂失其正。骑驴觅驴，是以谓之百姓。学之如何？亦惟求日用之所不知者而知之耳。（一友问）曰："知后何如？"（二曲）曰："知后则返于无知。"未达，曰："不识不知，顺帝之则。"（卷二《学髓》，第18页）

"灵原"一词其实就是灵明光体的另一说法，它是本体之异名。这一灵明光体是每一个人所具有的，然而问题的关键就在于，一般情况下，我们不知道自己有此"灵原"。而在这里，二曲所要做的工作就是：通过自己的诠释，教人先从认识本原入手，让我们确知有此"灵原"，并知道"灵原"的可贵性，二曲认为，只有这样才能从工夫上去致力。这里有一个问题就在于：对此灵原本体的认识，究竟可以达到怎样的程度才算是认识到此本体？对于这一点，二曲曾引李延平批评苏轼兄弟的故事来作例证。在李延平批评苏轼兄弟时，他说："二苏聪明过人。（说：）'天地间道理，不过只是如此'。有时见到，皆渠聪明之发也。但见到处，却有病。"（卷十六《书一·答王心敬书第一书》，第159页）李延平认为王心敬的确聪明过人，他对此本体的卜度很有道理，所以，这里二曲专门以李延平批评苏轼兄弟的故事来引以为戒。二曲有意教人如何从知入手，他说"识得本体，好做工夫"，所谓知者，只是知其大概和门径而已，工夫既久，则一旦本体展露，就会返于"无知"或"不识不知"的状态。此灵明光体是不容思考、不容认识的，所以二曲认为它是不识、不知。对于这样的灵明本体，如果一味地去进行思考和认识，则永远没有"见道"的可能性，除非卜度揣测和无端之臆断。二曲认为这里的灵明光体不是靠思想、认识而来的，它是"动静一原，含众妙而有余，超言思而迥出"（卷二《学髓》，第21页）。也就是说，在二曲这里，它超乎认识，超越思想，更超乎了语言，正因为灵明光体的这一特性，二曲才在《学髓》中说："……不倚见闻觉知，不落方所思想，始可言心。"（卷二《学髓》，第22页）在二曲这里，所谓"心"的说法，其实是灵明光体的另一种名称，它是本体之代名。二曲认为此灵明本体已超乎心物和意识形态，所以灵明光体是超认识的，而在心物和意识形态之内的事理则都是可以认识的。

（六）超时空性

作为灵明光体，二曲认为它"塞天地，贯古今，无须臾之或息"（同上，第18页），此灵明光体已经超越了空间的限制，又因其变动不居和生生不息的特性而呈现出其超越时间的特性。二曲认为此灵明光体其量无穷而弥漫宇宙。这一境况在其《南行述》中有相关的记载："一士问格物。曰：'身心意知，家国天下，皆物也。而以知为主。炯炯于心目之间，具众理，应万事，与天地合其德，与日月合其明，通乎昼夜而知，即首章所谓明德也。格物，格此而已……。'"在二曲看来，此灵明光体通乎昼夜而让人以知，一念炯炯而藏于人之"心目之间"，它其实就是人的灵知。正因为如此，此灵明光体含有深刻而玄妙的形上哲理，它以其无限光明的特性而展现出来，所以此灵明光体能"应万事，与天地合其德，与日月合其明"，并能"通乎昼夜而知"。对于人类来说，由于我们生活在一定的时空中，所以可以不经意地并经常地感受到时空的存在和限制，由此而产生时空观念。

然而，对灵明光体的超时空性，我们需要注意的是，与其不同，在我们所处的时空和环境中，我们对任何事物的探究和思考都可以进行纵深思考和认识，不管对方出于什么样的状态，对它的研究和探查都具有可深性和可究性，即便是以理性的方式来对事物进行时空上的考察和探索，那么我们也能理解时空的相对性和可变性，因为它并未超越人的经验认知范畴，仍在时空的范围和限制中，并在人的意识形态操控范围之内，所以它还是具有可识性与可理解性的。但是，作为灵明光体，有着与上述状况完全不同的情况。在我们的经验、感知世界中，我们所能了解的是昼夜分明及其形成的物理原因，但是如果我们把昼夜贯通来做整体了解和观照，并对灵明光体的"光明"本义及其二曲悟道时对灵明光体的理解和表述予以了解的话，就能理解为何二曲将灵明光体所能展露的光明的强度以及状态描述为"昼夜昭莹如大圆镜"（卷十六《答张澹庵书》，第161页）了。"通乎昼夜而知"的问题是个形而上的哲理问题，正因为如此，二曲认为此灵明光体的超时空性无穷大，是一光明真体，它可以朗照乾坤，并超越时空的范围和限制，鉴于此，我们可以理解二曲所描述的灵明光体的自然而然的呈现状态和无昼夜状况。

　　在二曲这里，并不仅仅局限于谈昼夜问题，由灵明光体的无昼夜问题又衍化出个我的死生问题。对于此问题，心学大儒王阳明在萧惠问死生之道时给了相关的解答，"知昼夜，即知死生"。这里，阳明给出的解说甚为精当，然而，这一说法却并非每个芸芸众生都能了悟。对于阳明的这一诠释，二曲进行了更为警醒而又豁然开朗的阐发，他说："屏缘涤虑，独觑本真。……湛湛澄澄，内外无物，往复无际。动静一原。合众妙而有余，超言思而迥出。此一念万年之真面目也。至此，则无圣凡可言，无生死可了。……"（卷二《学髓》，第21页）二曲自述死生问题为"湛湛澄澄，内外无物，往复无际，动静一原"，并在晚年引高景逸"心如太虚，本无生死"（《书三·柬惠含真·第四书，第204页）之说法，又说"无生死可了"（卷二《学髓》，第21页）来说明常住此"虚静光明"（卷十八《书三·示惠海》，第204页）的本体界，这一境况正是二曲此前关于灵明光体缉熙不断的描述，正因为生生不息，所以在生死问题上，其实质就是昼夜之感的缺失和不存在，即无昼夜之感，因而也无生死问题的困扰。

　　关于这一问题，其实也是宋明理学家一直以来所主张和论证的超现实人生境界，它是人生最终的旨归，也是理学家所津津乐道的"孔颜之乐"。

（七）神不可测性

　　按照二曲的叙述，此灵明光体还具有神不可测性。在《学髓》中，二曲说："无声无臭，不睹不闻。虚而灵，寂而神。量无不包，明无不烛，顺应无不咸宜。"（卷二《学髓》，第18页）此外，二曲又以"舍众妙而有余，超言思而迥出"（同上）之话语以及陈白沙之"去耳目支离之用，以全虚圆不测之神"之说来说明此灵明光体"虚灵不昧"或"昭灵不昧"的神不可测性。二曲认为此灵明光体神妙富有无限灵知，而此灵知即源自其慧光之作用，此慧光能明无不烛而神妙莫测。在灵明光体的神不可测性这方面，其实宋明理学家多具有类似的经历并持有同样的观点，如陆象山治荆门时种种神妙事迹的出现；王阳明于其早年时期在其阳明洞中所体会到的神秘的"先知"经验，尽管之后阳明便秘而不宣而不再就此"泄密"，但是却与二曲具有殊途同归之疑，时时透露此灵明光体之神不可测的特性。作为二曲，他独享遐龄，功力之深厚精醇并不比象山、阳明弱。

从南怀瑾先生所记录的前清禅宗居士的故事中亦可窥见一斑：

> 张钰居士，字凤麓，广西人。因父母皆参学禅宗，八岁即有入处。前清时，随父宦游，后为某县令主幕。……旋出任川南某县令，有仁政。一日坐堂审案，吏报夷人反，兵已临南门。士曰："无恐，我已有却敌策矣"。即亲出率勇卒与夷人战，败之，追逐数十里。众返城，而士犹坐堂问案未辍，人警为神。自显神通后，不肯留任，即辞官退去。晚年，隐于署之新都桂湖畔，茅屋三椽，破斧啜粥，优游卒岁①。

这里提到的张钰居士是清末民初人，他参禅既久，在败击攻城之敌后坦然坐堂，然而人人敬之为神，认为张钰居士自显神通。尽管后来张钰居士不肯留任而辞官退去，然而他败敌的秘诀却无人知道。南怀瑾先生记其生平事迹，亦皆确凿有据，可以说，张钰居士败敌之招就是境界中体用关系的一种体现，是以其个人的造化修养悟得的明慧之光，这也算是灵明光体神不可测而神通妙用的另一神证。

（八）统摄性

关于灵明光体的"统摄性"特征，按照二曲的理解和说法，"统摄"又

---

① 南怀瑾：《禅海蠡测语译》，东方出版社 2014 年版，第 109 页。

可以理解为"主宰"、"头脑"或者"主脑"、"道德"、"良知"等，二曲是从操作、控制的角度来对本体进行诠释的。他说："心体本虚，物物而不物于物，随物而驰，驰于彼则不在此，有所在斯有所不在。"（卷二十九《四书反身录·大学》，第408页）在这里，"物物"即指"载物"，是指本体对形下的驾驭和统摄，也就是说，道德是在经济事功等外在的知识和事物之上的，正是通过该"头脑"而使形下之物发挥其正面作用和功效，作为"头脑"本身，又是经过工夫的践履和凝铸而提升"头脑"的深度，这个深度就是境界，是道德的展现，也是"统摄"的真正内涵。正如陆象山在对人所具有的道德良知，即人所具有的内在心性本体所展现出来的功能进行描述时所说的，"我无事时只似个全无知无能的人，及事方出来，又却似个无所不知无所不能之人"[①]。这个论断正是象山所主张的"先立乎其大"的观点，象山非常重视"尊德性"的问题，他认为只有尊得德性，才能成就功夫，从而提升境界。

也可以说，灵明光体所具有的"统摄性"特征，是从本体与工夫的相互关系中衍化和派生出来的一个特性。对此特性，有人称之为"即体摄用"，二曲认为"识得未发真体，则变动云为，无适非不睹不闻之所统摄而运用"（卷十九《题跋·杂著》，第226页），与"即体摄用"的提法同出一辙。二曲又说，"大本立而达道行，以之经世载物，犹水之有源，千流万派，自时出而无穷"（卷十五《富平答问》，第135页），摆在这里的一个问题是，为什么"大本立而达道行"？怎样才能以体摄用？二曲主要是以"化"、"忘"、"消"、"空"、"无"的方法来达到即体摄用，他认为只有"事功节义，一一出之至性，率自平常，而胸中绝无事功节义之见，方是真事功、真节义"（卷三十《四书反身录·中庸》，第419页），由此看来，"真事功、真节义"的实现是通过"胸中绝无事功节义之见"来实现的，只有做到这一点，那么我们再去做学问或者从事讲学，及其他的一些功用之事，才能做到"以身发明"、以身践履。

---

① （宋）陆九渊著，王佃力等译注：《象山语录》，山东友谊出版社2001年版，第40页。

三、孔颜之乐：灵明光体之实质

既然宋明理学家，乃至二曲都如此重视灵明光体，那么灵明光体的实质又是什么？在二曲看来，本体（二曲又称之为灵明光体），是一种"口欲言而辞丧，心欲缘而虑亡"（卷三十《中庸》，第425页）的状态，所以，二曲认为对本体之境的表述"悟超言外，因言可以悟道；识囿言中，则眼言反有以障道"（卷三十一《四书反身录·论语上》，第434页）。也就是说，在二曲这里，它认为言语仅仅是达致灵明光体的一种手段和工具，也是一座桥梁，但若以手段或者工具来认知灵明光体，则会成为"过河负桥"，是"识神"（卷二《学髓》，第21页），是"见相"（同上，第18页），是认"义子"为"真子"的行为，二曲指出，"闻见知识之知，终属蟟蛉"（卷二十九《四书反身录·大学》，第406页），不然就会"认贼作子"（卷十六《书一·答张敦庵》，第145页），反而落得"言诠"（卷三十九《四书反身录·论语下》，第509页）和"反成理障"（卷二《学髓》，第21页）。二曲认为灵明光体具有如上特征，所以它一定会"虚若太空，明若秋月，寂若夜半，定若山岳"。

前述我们讲到，灵明光体具有超认识性和超经验性，那么又如何在逐步"证验"工夫的基础上去把握它？在这个问题上，宋明理学家大多都是从德性之知（即为本体之知）与闻见之知两个方面来进行梳理和区分的。从张载提出的"德性之知"与"闻见之知"，朱陆关于"道问学"与"尊德性"的论争，无不是围绕着这个问题来展开。作为二曲，他对灵明光体的理解是这样的，他说："良知之'知'与知识之'知'，分别迥然。所谓良知之'知'，知善知恶，知是知非，念头起处，炯炯不昧者是也。知识之'知'有四：或从意见生出，或靠才识得来，或以客气用事，或因尘情染著。四者，皆非本来所固有，皆足以为虚明之障。"（卷十一《东林书院会语》，第99页）对德性之知（本体之知），二曲有时直接称之为本体，"'能'乃本体之作用"（卷四十二《孟子下》，第529页），并沿用前人的"知体"（卷二《学髓》，第18页）之说用来认识和把握此本体。二曲认为后天的知识之"知"，即"见闻之知"却不在该本体之中，甚至会执着不化而可能成为"虚明之障"，而这一认识会阻碍对灵明光体的认识，正因为如此，所以二曲指出，"知识日增"，而"固有之良，愈不可问"（卷四十二《四书反身录·孟子下》，第525页）。

在二曲这里，"德性之知"与"闻见之知"这两种"知识"泾渭分明、互不相容。所以二曲认为对灵明光体的认识，正是"知识尽捐"的"忘知"处（卷三十六《四书反身录·论语下》，第467页），此种学问，"非闻见"（卷四十二《四书反身录·孟子下》，第526页）可得，此种真知，"非从外入"（卷三十四《四书反身录·论语上》，第459页）。也只有闻见"舍却"（卷三十九《四书反身录·论语下》，第496页）并"泯知见"（卷四十二《四书反身录·孟子下》，第520页），才有进一步"认识"和觉解灵明光体的可能性和契机。二曲的这一主张与王学末流忽略读书、废置见闻之知略有不同。二曲认为"学固亦不废闻见"（卷十三《关中书院会约》，第115页），"因言可以悟道"。正因为如此，二曲才向人们推荐大量的"明体"方面的著作，主张从本体和工夫两个方面入手来同时并进，以达"明体"。二曲认为，尽管见闻之知不在灵明光体之中，但却"司乎闻见择识者也"（卷三十四《四书反身录·论语上》，第460页）。也就是说，在本体向外发用后，它主宰着外在的见知之用，由此而保证灵明光体向"善"的方向发展而不至于成为"济恶之资"，以留后患而害人害己。在生命个体内心深处意识和觉悟到灵明光体之后，它又反过来可以促进见闻之知的认识和突破性进展。故而二曲又指出，"悟门既开，见地自新"（卷三十《四书反身录·中庸》，第423页），悟性到了，所开辟的境地一定是不一般的，毕竟"推测之知，与悟后之知，自不可同日而语"（卷三十三《四书反身录·论语上》，第447页）。二曲把这一认识灵明光体的途径以二程"学也者，使人求于内也。不求于内而求于外，非圣人之学也"（卷十六《书一·答友求批文选》，第148页）来加以引证。这一方法是孔孟"求诸于己"、"万物皆备于我"思维方法的传承，是先秦儒家"为己之学"的进一步发展。它强调体认中"悟"的飞跃。因为"悟"有突发性、飞跃性和整体性，按照王龙溪之说，"悟"有"解悟"、"证悟"、"彻悟"之分，而见闻之知则诉诸各个"局部感官"，对于认识"全体"、"大全"（卷十六《书一》，第

162、163 页）来说，似乎有些"五马分尸"，所以，只能抓住一些局部的特征。故而，在二曲这里，唯有灵明光体这一观念才是其整个思想的核心，它的确立是由其特定的实证功夫所达致。在某种意义上来说，我们认识灵明光体的捷径和契机就在于此。

可以这么说，儒家"内圣"的核心和"外王"的基础即在于认识、获致乃至于在日用常为事上"磨练"该灵明光体。在二曲看来，圣人的境界达致就是在内外、动静状态中以"虚明寂定"的灵明光体来作为方向引导的。如果忽略了灵明光体的这一性质和功能，而仅仅关注其形下道德或者一些事功之见，那么我们就会重新陷入先秦原儒的道德论思路，无法理解先秦儒家所出现的思想困境，从而，也很难正确理解和阐释宋明理学中的一些困惑问题。灵明光体作为外王的"适用"事业发展的基础和核心，其功效乃至意义不可忽略。按照宋明理学家关于本体功用的理解和说法，灵明光体其功用就是宋明理学家津津乐道的"受用"，是生命个体精神生活的一种高度觉悟和享受，这与当今我们世人所趋向的工具理性张扬下的物欲生活享受相反，现代人的这种享乐是一种"附物之乐"，是陆象山所说的"附物"，它受边际效用的限制，所以是有条件制约的物欲之乐，随经济的发展会有膨胀之势，并随时、空、物的变化而趋于变化，从精神的受用和境界的感召角度来说，这种物欲之乐并非真正意义上的"享乐"和受用，它是一种"行尸走肉"，而不是真乐。二曲所讲到的灵明光体之乐无须任何条件的附丽，是构筑在本体之上的内在精神享受和乐趣，它是人在物欲之上的一种真乐，是人精神境界的超越，是无穷的至乐。

自始至终，儒家的君子人格追求都是以道德的快乐主义作为其终极追求的。在儒家的价值观中，君子不是为物欲的享受而苟活，而行尸走肉，君子之活主要是为了追求道德精神和境界的完美，它以理义、礼义悦己心和个我之心。在这一点上，宋明理学家自有其一套价值观。如，周濂溪教二程寻孔颜乐处的故事等无不在此，他们把"孔颜之乐"作为毕生的追求。那么孔子、颜回有什么"乐"处？《论语》中记载孔子生活的一面，如"饭疏食，饮水，曲肱而枕之，乐亦在其中矣；不义而富且贵，于我如浮云"①，认为孔子"饭疏食，饮水，曲肱而枕之"，但是仍然"乐亦在其中"，又有孔子赞美颜回之语，"圣哉！回也。一箪食，一瓢饮，在陋巷，人不堪其忧，回也不改其乐。贤哉！回也"②，孔子称道颜回尽管"一箪食，一瓢饮"，然而他却能身"在陋巷"而"不改其乐"。颜回穷困潦倒的物质生活，按照我们当今世人的物质生活标准来看，这种生活只有磨难和痛苦，绝无快乐可言，这种生活是人生活的窘迫状态。然而，当年的孔子、颜回并不以此为苦，反而乐在其中，其中的缘由何在？对此，二曲有自己的理解和看法，他说："学苟真实用力，操存久则自觉身心爽泰，当其未与物接，必有湛然虚明时，即从此收摄保任，勿致汩没；驯至常虚常明，浩然无涯，所谓'夜深人复静，此境对谁言？'乐莫乐于此。孔曰'乐在其中'，颜曰'不改其乐'，皆是此等景况也"（卷四《靖江语要》，第36页）。所谓夜深人静，主要是描述此灵明本体的"寂"的特性。二曲认为，此静寂的本体界唯独由自己的观照证悟才能有所了悟，他人却无从知晓，"学苟真实用力"，则"操存久则自觉身心爽泰"，所以，"当其未与物接，必有湛然虚明时"，此时如果"收摄保任"，就一定能"勿致汩没；驯至常虚常明，浩然无涯"，所以，二曲认为孔颜之乐的实质就在于此，是"夜深人复静，此境对谁言"的状态，人生之乐莫在于此！对此，二曲还进一步指出，在"力到功深"之时，此乐便自然而然地产生"不期悦而自悦"（卷三十一《四书反身录·论语上》，第426页）的内在之乐，它不受外在条件的制约，是一种"真悦"（卷四十二《四书反身录·孟子下》，第525页）。只有"快然自以为得"（同上，第529页），达致"无入而不得"的境界，方可"作世间快活大自在人"（卷十六《书一·答王心敬》，第159页）。此精神受用即为先秦儒家所重视的为己之学宗旨之所在。对此乐的享受，王阳明界定其为"真己"，刘蕺山与阳明同出一辙，二曲则在前人的基础上加以补正，谓之为"真我"。在原儒看来，做人是做事的前提，为己是为人的基础，只有切实做好"为己之学"，

---

① 《论语·述而》。
② 《论语·雍也》。

才能做好"为人之学"。而为人之学的偏重，其成就的最大限度就是为人的生活谋福祉。二曲正是按照这一方向来提出和建构发展自己的思想学说的。那么，二曲所谓的"乐莫在于此"之乐究竟有何乐的受用？此乐让个我身心爽泰，轻灵快适。这就是孔颜之乐之所在。任何窘迫的物质生活都会让孔颜困不倒地。孔颜以坚强的毅力和自信对此乐长期保持，而此坚强的毅力与自信，需要个体的高强度自控性，如果个体做不到这一点，那么其心境的感受一定是痛苦不堪而难以长久坚持下去的，如果这样，那么还有什么人生快乐可言？所以孔颜之乐是需要耐力和工夫的乐，是一种长久之乐，它将指导个我的生命和生活，它是一种君子之乐。这种"乐"正是宋明理学家所关注的灵明本体的无穷受用和价值意义。

二曲在宋明理学家的基础上对这一境界进行进一步阐发，认为孔颜之乐最具深度的意义以及其乐的实际感受就是生命灵魂深处的个我体验，它是个我境界的提升，是一种为己之学。没有形上道德修养的为己之学作为根基，则个我的为人之学就变成了利己之学。"为人"只是一种手段而已，"利己"才是真正的目的。反之，如果注重为己之学的修养，再去处为人之学，则个我的生命心灵无需依傍于任何外在的附属物质条件，都会令个我受用，如此才能拓展开来服务于大众，并用此精神影响大众，乃至整个社会。社会风气的好转才能日趋渐显。

总之，灵明光体是二曲对宋明理学家所关注的本体的另一说法，它作为儒家所倡导的经世致用的外王事业的基石，是儒家自始至终的理想宗旨。对于这一宗旨的实现，二曲具有一套特定的践履工夫和实现的途径、方法，二曲正是通过这些实现途径来证实其灵明光体的境界指向。这一指向与我们今天自然科学的实证似乎类似，然而，不同的是，自然科学的使命在于以探求自然真理为鹄的，尽物之性以知自然之性，其可贵处就在于它的客观性和普遍性；而二曲哲学的指向和使命则在于尽人性以知己而知人，成己而成人，它是以探求人生的价值作为鹄的。个我生命价值和意义的实现是靠宋明理学家所倡导的实证工夫来证验和觉解的，只有通过实心实政的工夫，才能真正理解古圣先贤所说的"慎密"、"下万死工夫"（卷十九《题跋》，第230页）的真谛。自然科学缺乏对生命体悟的论证，作为西方哲学也是如此，它不仅缺乏对这一灵明光体的描述，甚至对个我生命境界的旨归无所顾及，更别说触及（自然科学和西方哲学的这一特性，宋明理学家看来只是一种生命的气质之性和见闻之知，它无济于人生的了悟和提升）。

| 第三章 |

独辟蹊径的知体论

从晚明起，在对时政与王学末流之流弊的反思大潮中，诸学者开始了对时代主流思潮——阳明说的批判以挽狂澜。作为李二曲也不例外，他也加入了时代思潮的反思之列。二曲兼采朱子之学，并在教法与教义等方面对阳明学进行了补充和阐释，二曲深恶门户之争，故而其所做的阐释几乎是十分温和、不露锋芒、静悄悄的批判和融摄方式[①]。

一、超摄朱陆：知体论之形成

作为程朱理学，其学理的深入过程是把认知主体与对象予以明确地划分，并在此基础上就已知之理来求未知之理，将形上学与形下学纳入知识范畴，于次第中融通人理、事理与物理，从而建构其本体与功夫相统一的思想系统，这是朱熹在理学上的一大突出的贡献。然而，值得注意的是，程朱的论证和认识多是从"道问学"入手，他主张在万物之自性中去认识天理，他对所谓的"虚灵不昧"灵明光体的认识，走的是泛观博览而约于内的路线，由此而影响不真，没能直接劈入人之灵明光体。由此可见，程朱理学自身还是有无可弥缝的矛盾和缺失。

---

① 　陈俊民：《张载哲学思想及关学学派》，人民出版社 1986 年版，第 27 页。

与程朱理学相反的是，陆王心学学派更偏重于"尊德性"，他们主张通过观照此"灵昭不昧"的灵明光体，由个人的践履而完成实证过程，由此与形下学结合，这构成了后来王阳明的"立体达用"思想。心学家的如此做法把儒家仁的观念发挥到万物一体的极致。经过陆象山、王阳明前后相继地开拓与发展，宋明理学所展现出来的空灵慧境就是灵明光体之境（这一点似乎与禅宗的风格相一致）。这是陆王思想的卓绝贡献之处。然而需要留意的是，在德性认识方面，陆王心学过于强调"尊德性"，他们主张通过"心即理"来达致对万物的认识，这便导致认识主体与认识对象的夹杂混淆，甚至，陆王更偏重于个我的道德价值，而忽略了知识的功能作用以及万物的客观存在，由此而导致陆王心学的种种严重缺失和不足以及片面性。

作为二曲，面对程朱理学与陆王心学的各自片面与缺失，他所面临的任务便是如何摄取调和这二派的既有学术成就，并弥补二者的学术缺失。二曲并不囿于两派的学术观点差异，而是综摄二派，并弥缝其缺失，从而矫救其偏，开创程朱、陆王二派之外的认识路线，即独具特色的二曲路线，也是理学家的第三条认识论路线。对此，二曲说：

> 必以致良知明本体，以主敬穷理、存养省察为工夫，由一念之微致慎，从视听言动加修，庶内外兼尽，姚江考亭之旨，不至偏废，下学上达，一以贯之矣。（卷十五《富平答问》，第 129 页）

这是二曲所向往和倡导的哲学，其真正底蕴是理学的，也是儒学的。二曲在阐述其思想时也是采取这一温和的批判方式的。

二曲超摄程朱、陆王在德性上的认识局限，他单刀直入，径探本源，从德性认识的主体直接入手，并观照此认识主体所具有的特殊功能与内在智慧，提出"知体"之说，从而创立"知体论"。也就是说，二曲是以"知体"来阐述其德性认识论思想的。

二曲说：

> 知体本全，不全不足以为知，仁者见之以为仁，知（智）者见之以

为知。见相一立，执著未化，终属半镜。（卷二《学髓》，第 18 页）

二曲这里所谓的知体，简言之，即为二曲所说的形而上的灵明光体，二曲特称之为"知体"，二曲认为此"知体"如大圆镜一般，将一切无量的智慧、道德的泉源以及知识主体等涵蕴于其中，如若"执著未化"，则"终属半镜"。正如二曲所描述：

一内外，融微显。已应非后，未应非先。活泼泼地，本自圆周，有所起伏，自室大全。（同上）

二曲认为知体即为"人生本原图"，它"无声无臭"、"廓然无对"并"寂而能照，应而互寂"。作为二曲，他与陆王心学的认识仍有异同。二者均将此"人生本原"命名为本体，但关于"理"的阐说却有甚大出入。陆象山把此澄澈之圆体称之为心（亦名之为理），并得出"宇宙便是吾心，吾心即是宇宙"的结论，象山认为"此心至灵，此理至明"，灵与明都具有形而上的意义，是对本体的阐释，所以，在陆象山这里，心与理之间可等而视之，故而象山称之为"心即理"。后来的心学大儒王阳明继承了象山的这一思想，阳明也主张"心即理"。作为二曲，他却不赞同此种说法，他认为陆王对理的阐释与程朱一样，深受华严宗哲学思想的影响，他们将理定性为形而上，由此，二曲认为陆王对理的界说甚为有限。二曲在"人生本原图"中以"无故起念"才"无风兴波"从而有"理"，以及"欲"等概念来对理进行重新阐释，这便将理落于形而下的境界。二曲认为形而上之理是形而下的种种观念、概念的集合体。

关于"性"的看法，二曲与阳明持一致观点，他认为所谓心即为性，而"明心"或"明性"即为见道。二曲以对理的重新界定使"性即理"的认识论论断被否定，这无形中是对程朱理学的一种回应和质疑以及改造。在二曲的认识论界说中，理、欲便成为其道德认识论体系中的两个重要概念。"知体"是其道德认识论构成的核心支柱，它是可谓之"心"或谓之为"性"的形而上理念，这样的界定和阐述使得二曲关于德性认识论的看法便与程朱、陆王的"性即理"之说以及"心即理"的认识范畴有了一定的区别，从而具有二曲自己独特的学术特性。

二、圆融微显：知体论之内蕴

二曲超摄程朱理学和陆王心学而创立"知体"，这是二曲与理学家学术思想的不同之处。然而，需要注意的是，二曲创立的"知体"与其经常提到的"灵明光体"在本质上并无实质上的差别。但是，在二曲看来，灵明光体是以其无方无体、不落形质的形而上特性出现，而知体则是以其探究人生究竟及其绝对的实在乃至宇宙万化根源的认识论意义上来讲的，它可以更直接地认识和把握此灵明光体，从而为人证知和诠释，由此而更加具体、细腻。作为二曲，他主张专门在"知"的层面上发挥其功能作用。

在《学髓》中，二曲说：

> 一内外，融微显。已应非后，未应非先。活泼泼地，本自周圆。有所起伏，自窒大全。（卷二《学髓》，第18页）

> 无声无臭，不睹不闻。虚而灵，寂而神，量无不包，明无不烛，顺应无不咸宜。若无故起念，便是无风兴波。即所起皆善，发而为言，见而为行，可则可法，事业煊卓，百世尸祝，究非行所无事。有为之为，君子不兴也。（同上，第18—19页）

正是由于二曲重视知体，关注知体所具有的明慧之光的作用，所以万物才能"一内外，融微显"，从而主观与客观混合为一体而无内外之隔，而隐微的人之心体与外在之事物也因为此知体明慧之光的"朗照"而消解于形，这一切的变化都是由于知体发挥功用的缘故。对此，二曲又说，"已应非后，未应非先"，这是就体用与感应关系而言。二曲认为，如果论存在的体用关系，那么其应事接物自然有时间的先后顺序。然而，如果论境界的体用关系，则因其"寂而能照，应而恒寂"，所以在时间的间隔上是没有先后可言的。并不仅仅于此,二曲又以"活泼泼地"来形容此知体富于变动的特质。

作为能具明慧之光的知体,其又显何形态?二曲以"大全"来形容知体之形态。他指出,若以具体之物来摹拟,它"本自周圆",如无穷大的圆周一般而具有"虚而灵,寂而神,量无不包"并"明无不烛"等妙用。

二曲认为,正是由于此知体无限光明而具慧光,所以它"经纶参赞,赖此以为本"(卷二《学髓》,第18页),此知体就是知识的主体,其妙用之功可指导一切知识之用。在二曲看来,所谓经纶参赞即是做外王的平治事业,此事业须藉由此无限光明的知体之明慧之光的作用而完成。与二曲不同的是,朱子尽管在《补格物致知传》中将知识主体与知识对象二者划分得极为清楚,然而,不幸的是,朱子却将知识主体与知识对象加以混淆,二曲指出,"明德者,人之所得乎天,而虚灵不昧,以具众理,而应万事者也",他认为此知体自身具有人、事、物等纷纭复杂之理,只要觅理于心,就可穷究客观事物普遍之理。二曲以此无限光明的知体,即虚灵不昧之本体作为知识主体,这无疑是对二者作出的适度修正,从而将朱子"人心之灵,莫不有知"的提法加以深化。二曲亦更为重视客观事物之理则,故而对知识对象有了自己的明确界定,从而,在二曲这里,由于二曲的努力和探索,知识对象与知识主体混淆夹杂的程度有所减轻。

正是鉴于此,二曲指出,知识的来源有两个方面,一则直接导源于此知体自身,即源于此知识主体的超认识力;二则以人、事、物为对象,以"适用"为目的而穷究客观事物之理。下面就来看看二曲如何将知识对象与知识主体的界限划分区分开来。这最主要体现在二曲关于格物的思想论说中。

在二曲见道之前,关于格物说的材料现已不存,我们只能由二曲总体的为学倾向以及其对博览群书的强烈兴趣来判定二曲此时主要遵循的是朱子知识取向的格物说,二曲后来关于格物的材料主要体现在《四书反身录·大学》中。

自朱子作《补格物致知传》以来,关于格物之说几乎成了宋明理学中最为复杂的问题,且在理学与心学内部处于意见不统一的状态。

"格"、"物"不仅仅是理学家所倡导的工夫问题,同时它还牵涉对本体的性质、本体与工夫的关系以及体用之间关系的理解,需要注意的是,这一问题也牵涉到对《大学》格物、致知、诚意、正心四条目的理解。

下面我们来看看二曲如何对格物思想进行自己的阐释：

"格物"乃圣贤入门第一义，入门一差，毫厘千里，不可以不慎。"物"即身、心、意、知、家、国、天下；"格"者，格其诚、正、修、齐、治、平之则。《大学》本文分明说"物有本末，事有始终"，其用功先后之序，层次原自井然。"古之欲明明德于天下"与"物有本末"是一滚说。后儒不察，遂昧却"物有本末"之"物"，将"格物""物"字另认另解，纷纷若射覆，争若聚讼，竟成古今未了公案。今只遵圣经，依本文，认定为身、心、意、物、家、国、天下之"物"，从而格之，循序渐进，方获近道。"格物"二字，即《中庸》之"择善"，《论语》之"博文"，虞廷之"惟精"。"博文"原以"约礼"，"惟精"原以"执中"，"格物"原以"明善"。大人之学，原在"止至善"，故先格物以明善。善非他，乃天之所以与我者，即身、心、意、知之则，而家、国、天下之所以待理者也。本纯粹中正，本广大高明。涵而为"四德"，发而为"四端"，达而为"五常"。见之于日用，则忠信笃敬，九思九容，以至三千三百，莫非则也。如此是善，不如此是恶，明乎此，便是"知致"。知致则本心之明，皎如白日，善恶所在，自不能掩，为善去恶，自然不肯姑息，此便是"意诚"。以此正心则心正，以此修身则身修，以此治国则国治，以此平天下则天下平，即此便是"止至善"，便是"明明德于天下"。若舍却"至善"之善不格，身、心、意、知、家、国、天下之理不穷，而冒昧从事，欲物物而究之，入门之初，纷纷胶葛，坠于支离，此是博物，非是"格物"。即以身、心、意、知、家、国、天下言之，亦自有序，不能究其身、心、意、知，而骤及于家、国、天下之理，犹是缓本急末，昧其先后，尚不能近道，况外此乎？今须反其所习，舍去旧见，除《四书五经》之外，再勿泛涉，惟取《近思录》、《读书录》、高景逸《节要》、《王门宗旨》、《近溪语要》，沉潜涵泳，久自有得，方悟天之所以与我者，止此一"知"，知之所以为则者，止此"至善"。虚灵不昧，日用云为之际，逐事精察，研是非之几，析义利之介，在在处处，体认天理，则诚正之本立矣。夫然后由内而外，递及于修齐之法，治平之略。如《衍义》、《衍义补》、《文献通考》、《经济类书》、《吕氏实证录》及《会典》与《律令》，凡经世大猷，时务要着，一一深究细考，酌古准今，务尽机宜，可措诸行，庶有体有用、天德王道一以贯之矣。夫是之谓"大学"，夫是之谓"格物"。否则，误以博物为"格物"，纵博尽羲皇以来所以之书，格尽宇宙以内所有之物，总之是务外逐末。昔人谓"自笑从前颠倒见，枝枝叶叶外头寻"，此类是也。（卷二十九《四书反身录·大学》，第 404 页）

除此以外，在二曲《锡山语要》中也有关于格物的集中阐述：

"格物"二字，诸说纷纭，犹若聚讼，吾人生于其后，不妨就资之所近取益，不必屋上起屋，再添葛藤。格物，犹言穷理也。物格知至，理已明也。物即是身、心、意、知、家、国、天下之物，皆当有以格之，然有序焉。由知、意、心、身，深究密诣，循序渐进，本立然后家、国、天下可得而言矣。否则，后其所先，而先其所后，何由近道。格物，首要格为物不二之物。此物格则大本立，从而渐及于家国天下之物，方不外本内末，游衍驰骛。其格之方，须先扫除廓清，不使尘情客气、意见才识，一毫牵滞于胸中。夫然后学问思辨，务使精神志虑，全副尽归之理路。扫除廓清果力，则脱洒极而性光自朗；学问思辨果殷，则研几透而全体具呈。到此田地，如麻木者生，醉梦者醒，始悟我之所以为我，惟在此一知，天赋本面，一朝顿豁，此圣胎也。戒惧恐惧，保而勿失，则意自诚，心自正，齐治均平，于是乎出。有天德，自然有王道，夫焉有所倚。"万物皆备于我"，苟一物不格，则一物不备矣。故君子于学也，隐而幽独危微之介，显而人伦日用之常，以至于古今致治机猷，君子小人情伪，及礼、乐、兵、刑、赋、役、农、屯，皆当一一究极，而可效诸用，夫是之谓大人之学。盖大人所期，原自与小人异。小人于稼圃之外，无复关怀，大人则志在天下国家。苟一物不格，则一理未明，一理未明，则临事应物，又安能中窾中会，动协机宜。此不学无术，寇相所以见诮于张公也。……然则一一究极，非资于外乎？曰："非然也。致知以格物，格物以致知，改莫非良知之用也。格物穷理，贵有补于修齐治平。"（卷五《锡山语要》，第40页）

关于"格物"的理解，二曲并没有对"格"的含义作出明确的规定，相反，他只是从"格其诚、正、修、齐、治、平之则"及"格物，犹言穷理"的角度来进行阐释。二曲采用的基本上是朱子"穷"理的方法路线，二曲以身心意知及家国天下为物，二曲之心、意、知、物及家国天下与阳明以心为物、格物只是"格心"的看法亦不同。在二曲这里，格物包括心、意、知，而关于心、意、知，在《大学》里原来只有关于工夫的论述。那么，格物与此种工夫又是何种关系？如果我们经过仔细阅读和分析，就会发现，《大学》中关于"物格而后知至，知至而后意诚，意诚而后心正"的阐述中，其中"知至"、"意诚"与"心正"处于并列的位置上。而朱子的格物以格为穷，以物为物之理，格物是既物而穷其。在朱熹这里，物指一切事物，朱子这里的物不仅仅包括客观存在的物质实体，如山川草木、日月星辰，也包括人类的各种活动事为以及思虑想法等在内。心学家王阳明在治学早期即循朱子格物路线，但苦于不通，所以阳明在龙场悟道之后，遂转为以"格心"来解格物。在阳明这里，"格"为格其不正以归于正，格掉不正不善之念头杂虑。在阳明晚年时期，他在"格"中又加入了行的内容，即为，在实际活动中做"为善去恶"之功。在阳明晚年时期，他作《大学问》之时，已经将格物的范围扩大到与二曲大约一致的程度。与朱子、阳明相比，二曲并非漠视山川草木等物质实体，他只是将这些物局限在与他自己所关心的农业或者军事问题相关的一些事物上。也正是在这一格物的基础上，以"万物皆备于我、苟一物不格，则一物不备"为追求目标的二曲，才可能将注意力立置于《文献通考》等书籍的博览上。二曲的这一转向与朱子以物之理或事为物不同，同时也与阳明龙场悟道之后的格物看法不尽相同。于是，对"物"的理解的差异，同时也带来了关于"格物"说的论说差异。

在二曲的论述中，关于"知致"的阐述多次出现，其中"物格知至"之说法以及"知致"、"意诚"与"心正"在二曲这里是并列引用的。二曲这里的"知致"与"知至"是相同的。那么在二曲哲学中,"知致"与"知至"两方面,哪个是二曲所指向的终极境界? 在朱熹关于格物致知的论述中,他认为只有通过"今日格一物,明日格一物",以至最终"豁然贯通"方可谓之知至,而阳明则不同意朱子的观点,他认为"至极吾心之良知而实践之即谓知至"。不管朱子和阳明二人对"致知"范畴的理解有如何的差异,对于他们来说,"知至"都是"致知"的最终目标和所要达到的最终结果。而在二曲哲学中,二曲却认为"格知以立本"是为学工夫的第一步,"本立"而"知致","知致则本心之明,皎如白日,善恶所在,自不能掩,为善去恶,自然不肯姑息"。由此可以看出,二曲是以"知至"为终极境界指向的。

对于知致以后的工夫,二曲认为只要达致知致,则"戒慎恐惧,保而勿失,则意自诚,心自正",而"为善去恶,自然不肯姑息"便是意诚。正因为如此,所以二曲认为"以此正心则心正,以此修身则身修,以此治国则国治,以此平天下则天下平"。然而,需要注意的是,"戒慎恐惧,保而勿失"与"为善去恶"是两种不同的工夫。前者从本体着眼,本意在说明本体既明之后,只要保其不失,顺其本性使其自然发用流行,则恶不生。恶既不生,则意自诚,心自正;而后者则是从工夫着眼,本体既明,则善恶之辨自明,但这并不能保证产生的意念有善而无恶。由此,为善去恶就必然成为了践履的步骤之一,这一步骤是诚意工夫。此诚意功夫如果得力,则为意诚,而正心、修身、齐家、治国、平天下的功夫都与此相同。

然而,需要注意的是,即使二曲认可"有了本,不愁末"践履功夫,但是他并没有放松对"末"或"外"的考察,二曲对格物与博物这两方面又进行了区分。他说:

> 诚欲"日知",须日知乎内外本末之分,先内而后外,又本以及末,则得矣。(卷四十《四书反身录·论语下·子张篇》,第508页)

这是二曲对顾炎武不辨本末、内外之分的批评。二曲所谓的"日知"即指博物而非格物。二曲认为博学既是在未立本前的博览杂识,所以博物并非格物,而是博览全书的博约学法。在二曲这里,两者之间的意义是迥然不同的。在有人问"博学"之意时，二曲曰：

> ……若为明道存心而学，笃志不变，自然所问所思，莫非明道存心之实，如是则道明而心存，"仁在其中"矣。若止为博物宏通而学，志在问无不知，自然所问所思，惟以博物宏通为事；问既浮泛不切，思又间杂憧憧，如是则道晦而心放，虽欲仁，焉得仁？（卷三十九《四书反身录·论语下·卫灵公》，第496页）

二曲认为，若博物之问"浮泛不切，思又间杂憧憧"，则必定会务外逐末；若为"明道存心而学，笃志不变"，则只是在德业上操存。但是，如果能"博识以养心"（卷五《锡山语要》，第40页），且"博识能化"的话，则"愈博愈妙"。与此同时，二曲指出，如果学"内不足以明道存心，外不足以经世载物"，则只能为"杂学"，这一点是二曲非常反感和厌恶的。

> 问："家珍既知后，其他遂可不知乎？"先生曰："君子为学，贵博不贵杂，洞修己治人之机，达开物成务之略，如古之伊、傅、周、召，宋之韩、范、富、马，推其有足以辅世而泽民，而其流风余韵，犹师范来哲于无穷，此博学也；名物象数，无积不探，典故源流，纤微必察，如晋之张华、陆澄，明之升庵，眼弇周，呵之而不竭，测之而益深，见闻虽富致远则乖，此杂学也。自博杂之辨不明，士之翻故纸、泛穷索者，便侈然以博学自命，人亦翕然以博学归之，殊不知役有用之精神，亲无用之琐务，内不足以明道存心，外不足以经世载物，亦……"。（卷十五《富平答问》，第125—126页）

在二曲看来，格物为"先立其大"（卷四十二《四书反身录·孟子下·告子》，第527页）之学，它"足以经世载物"；博物则为"无血脉"之实践，是一种"只见其徒劳而已"；而杂学则是"学无本领"的支离葛藤，是"名物象数，无积不探，典故源流，纤微必察"。

二曲的格物说是自成体系的。二曲不仅极为重视此知体对工夫的指导作用，同时还相当重视明体之功，二曲常说，"学要识本体，然后好做工夫"（卷三十九《四书反身录·论语下·宪问篇》，第 492 页），"工夫不离本体，识得本体，然后可言工夫"（卷四十四《四书反身录·孟子下·公孙丑》，第 542 页）。当然，可以很明显地看出来，二曲与朱子、阳明关于格物的见解并不尽相同。在阳明的思想体系里，尽管阳明也认为"合着本体的，是工夫；作得工夫的，方识本体"①，但是阳明过分地强调"归体"。作为二曲，他更强调通过对程朱、陆王思想方法的融摄来形成其全体大用之学，正是在这样的思想主张之下，二曲走出了自己的独特治学路线，同时，该路线作为宋明理学的后续，也是理学的第三条路线。

三、形上还是形下：知体论之矛盾

自孔孟之道以来，中国古典的文化思想发展及其特质一直呈现为典型的德性、非知识特质。从认识上来看，古典文化多侧重于外在的事物进行知识性的、对象的、知性的探究，而对该事物内核以及原理结构甚少论及。这是中国传统文化和哲学的一大特征，它更偏于德性的感悟。作为二曲，对事物的理解似乎也跳不出此圈子。二曲以道德的主体和主体所拥有的圆而神的智慧以及知识对象的来源来理解和概述此知体。对于此知体的阐述，二曲在形式上主要是从明体和适用两个方面来显现其特性。不仅仅于此，二曲还采取"居敬穷理"的涵养方法，欲图将形上学与形下学一并融摄同一，以此完成其知体论学术系统。此可谓自荀子以来在认识上的又一大发展②。从这一意义上来说，二曲的知体论思想对中国人文思想的贡献尤其值得关注。

然而，尽管二曲的关于知体的阐述和理解具有合理性，但却因为其所固有的中国传统人文思想的特质，二曲思想仍然具有其局限性与缺失性。

在二曲看来，无论是先天的禀赋，抑或是后天的教养和功夫，人作为主

---

① （明）王守仁撰，吴光等编校：《王阳明全集》（下），上海古籍出版社 1992 年版，第 1167 页。

② 林继平：《李二曲研究》，台湾商务印书馆 1999 年版，第 273 页。

体都可以对外在的事物加以认识。然而，若"知体不全"，则"不足以为知"，且有可能出现"执着未化，终属半镜"之后果。二曲认为知识主体的建立就是知体的建立。二曲把知识主体安放于人生灵原这一本体上，并以此作为主体获得知识的源泉。那么，外在的一切事物和经验知识是否也赖此知体以获得？在二曲看来，此知体是经工夫证验而向上超拔并从而展露出来的直觉且圆而神的智慧本原，它超越了心物的活动范畴而具有超认识性，知体所具有的这一超认识性具有不可认识性。正如二曲在《学髓》中所阐述的：

> 人人具有此灵原，良知良能，随感而应。日用不知，遂失其正，骑驴觅驴，是以谓之百姓。学之如何？亦惟求日用之所不知者而知之耳。曰："知后何如"？曰："知后则返于无知未达，曰'不识不知，顺帝之则'"。（卷二《学髓》，第18页）

> 知体不全，不全不足以为知。仁者见之以为仁，知者见之以为知，见相一立，执着未化，终属半镜。（同上）

二曲又说：

> 此天所以与我者也。生时一物不曾带来，惟是此来；死时一物不能带去，惟是此去。故学人终日孜孜，惟事此为人生第一要务。动作食息，造次颠沛，一注乎此而深造之，以求自得，居安资深，左右逢原。安此，谓之安身；立此，谓之立命。（同上，第17—18页）

> 目赖此而明，耳赖此而聪，足赖此而重，手赖此而恭。四端五常，三百三千，经纶参赞，赖此以为本。本苟不立，徒以意见拟议，徇迹摹仿，则"袭"之与"集"、"行"之与"由"，毫厘之分，天渊之谬。（同上，第18页）

二曲认为人人具有此知体灵原，它是人所独具的一种良知良能，能随感而应，所以"目赖此而明，耳赖此而聪，足赖此而重，手赖此而恭"，生命个体的睿智、稳重、恭谨等资质特征与个性，以及仁义礼智信诸德的实质，社会生活中的各种繁杂礼仪规范和外王事业实现所需要的各种外在知识条件都是依赖此灵明光体（即知体），而现实的个我人生，如果剥去裹在外面的层层包装，那么最终剩下的只有此知体。在二曲看来，此知体即为无声无臭之"人生本原"。

二曲非常注重实证工夫的践履和体验，他提出"知体大全"的主张，认为此知体就是灵明光体的另一说法和称谓。这里需要关注的是，作为知体本身，它是无知的，而人作为主体，因为主体的灵明和睿智，所以主体皆有知。知体作为人生本原，它所展露的慧境完全超越了人本身的认知范畴和智慧。所以，认为此知体即为作为主体的人的聪明和外在知识，并将知识主体建构在形而上学的范畴之上，在某种意义上来说，是一种不合适的认识。且看二曲的《人生本原图》如何说法：

人 生 本 原 图

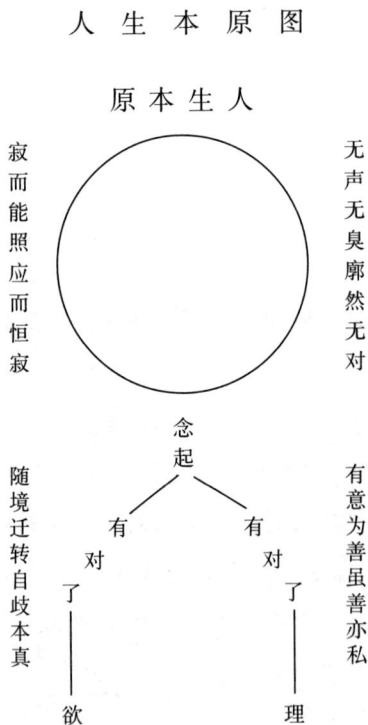

（卷二《学髓》，第17页）

根据二曲《人生本原图》的说法，在"念起"之后，只有"理"、"欲"这二者相互对立存在，二曲认为理、欲的存在直接导致了各种外相的产生，

"有意为善，虽善亦私"，所以他主张靠人的人生本原，即知体的道德作用，则一定会"寂而能照应而恒寂"，并"随境迁转，自歧本真"其中的各种欲念正是宋明理学家在论证道德观念时所排斥和回避的。如果我们以二曲《学髓》中的人生本原图作为基轴，并将此知识主体建构在形下学的范畴上，并就原图加以拓展和补充（如加入一些重要的心理思想因素），那么在知识主体的置放问题上或许会找到合适的出路。

二曲的人生本原图所展示出来的是一种以道德本根为基础的道德践履和道德判断，其中尽管夹杂有外在的知识范畴，但其实质却属于道德范畴。这一现象也是自宋明以来，各理学家对芸芸众生"理欲"交战的现象的关注，这种交战一直伴随着宋明诸儒，同时它也是中国传统人文思想特质的展现：中国文化重视道德心性，而忽略了知识范畴的拓展。作为二曲，尽管他建构了一套全体大用（又叫"明体适用"）的适用知识系统，但在知识主体的建构上，二曲仍然没有为知识主体找到适时的安放位置。这不仅是二曲哲学思想体系在知体论方面的缺失，同时，这一缺失也是中国传统哲学思想的偏病。在认识上，中国传统哲学关于知识主体的建构仍未彻底得到解决。

第四章

保任维体的存养论

任何一个著名的思想家，其思想凝铸的深度往往与其在一定的工夫修养阶段的亲身体验或者体证直接相关联，其中，不仅掺入了思想家的生活经历过程，同时也渗透了其切身的工夫存养过程。工夫存养的实证过程不是近乎玄虚而不切实际的"虚见"之功，"虚见"之功有"发得太早"之迹象，只有切身的实修实证之功才是真正的存养功夫。宋明时期的理学思想就是这样一套哲学思想体系，它是关乎于心性存养、实修实证的工夫体系，二曲就是其中一员。作为二曲，他的实修实证的方法与其工夫境界论是统一的。如果说二曲在三十一岁以前走的是程朱路线，尤其是朱子即物穷理的博物路线的话，那么二曲在病中"摄道"以后，则由朱子博物穷理的"道问学"路线转向了陆王"向内觅理"的"尊德性"的不同为学路径，二曲在治学路线和为学方法上进行了重大的调整，由此，二曲"为学次第"的实修实证工夫为其"明体适用"的功夫论体系打下了功夫基础，从而铸成了其思想体系的深度。本章主要从二曲成学的几个思想认识阶段的递进来阐释和剖析二曲如何一步步实现其保任维体的心性存养工夫。

一、默坐澄心　明性见道

由于中年"患病静摄"的机缘，二曲一直在家从事静养（静坐或静卧）

之功，在收敛身心而静养之时，李延平的"默坐澄心"的教法便在二曲脑海中不时浮现，这便为二曲实现其治学路径的转变提供了思想契机。在对二曲病中摄道进行详细的剖析之前，有必要重申二曲病中见道之前的一段经历。

二曲家世甚寒而贫不能早学。他九岁始入小学，但发蒙仅两旬便因病辍学。后来随其母舅读《大学》、《中庸》之书，然而，不幸的是，二曲旧疾时发而作辍不常。所以，此时本来生活已经很艰苦的他，却在如此艰难的时候又碰到了晴天霹雳：其父信吾公在战场上阵亡。从此，生活唯艰的二曲陷入了更加窘迫的困境。二曲母子"无一椽存土之产，所僦邑内小屋，房租不继，被逐，东移西涉，流离失所，葵末秋，始得一茅厦于邑西新庄堡，遂定居焉。……居恒糊口罕资，三党无一可倚，朝不谋夕，度日如年。乡人悯其危甚，劝之给事县庭，充门役，谓可以活母命，免沟壑，谢而拒之。……里中恶少以其不应役养母，目以为不孝"，此时二曲只有十六岁。随后的两三年对二曲的整个人生来说都非常的关键。这段时间不仅决定了二曲自己的人生志向，而且自此也决定了二曲以后的为学方向。

在二曲母子衣食无着而又无可奈何之际，二曲本欲学子平术籍聊以谋生，但一次偶然的事件却改变了二曲生活的状态。《年谱》中记载说，"将从其术，途经社学，闻诵书声有感，遂却步返，矢志读书。母欣然引送舅塾，拒不纳。邻村有教授者，知不能具束修，亦弗收，退而自伤者久之。于是取旧所读以糠秕野蔬，并日而食。先生拾薪采蔬之余，手不释卷，书理不解，则愤悱终日。亲友有贻以《篇海》者，遂随读随查，由是识字渐广，书理渐通，熟读精思，意义日融，然后递及于经。乡人闻而诧异，以为贫而至此，救死弗暇，乃近书册乎？"（附录三《年谱·二曲先生年谱》，第627页）从此以后，二曲向学之心遂定。在读书之志的强大愿望推使与彭孺夫人（二曲的母亲）的大力支持下，二曲并不因为多次遭遇挫折而半途而废或绝望，他以坚强的意志与顽强的生命力发奋图强，进行自我教育与学习，从他幼时所习之《大学》、《中庸》至《论语》、《孟子》，二曲逢人问字，后来日渐融通，正如二曲的高足王心敬先生在《观感录》中所述："七岁受书乡塾，贫不能竟学。从父商于山东，常衔《孝经》、《论语》、《大学》袖中，逢人质难……先生虽不得专攻于学，然默默参究，以经证悟，以悟释经，历有年所，人莫能窥其际也"，二曲友人亦赞之曰："不经师匠，自奋自成。"

在确定了为学方向之后，同时在其母的大力支持下，二曲的学业有了突飞猛进的发展和进步。此时的二曲（在三十一岁"病中摄道"之前）主要是以泛观博览为主，正如二曲后来自述其早年的学术经历时说："以余之不敏，初昧所向，于经史子集，旁及二氏《两藏》，以至九流百技，稗官小说，靡不泛涉"（卷十五《富平答问》，第126页），"他若西洋教典、外域异书，亦皆究起幻妄，随说纠正"，二曲还对经济（经世致用之学）与军事两个方面极为重视，此时的二曲还俨然一王师之才。从《帝学宏纲》、《经筵僭拟》到《经世蠡测》、《时务急著》等著述的完成乃至后来《十三经注疏纠谬》、《二十一史纠缪》、《易说》以及《象数蠡测》诸著作的完成，二曲都表现出一博学的经学家、史学家和理学家的学术气质和面貌。也正是由于二曲曾经有过"靡不泛涉"的早年治学经历，所以，在中年以后他竭力反对以辨订著述为己要务。但是，需要注意的是，在二曲后来的南下讲学过程中，每有以辨订训诂为问者，不管是关于儒学经典方面，还是释道二藏经典方面的疑问，二曲都无不使之餍足。就这样，经过几年的历练和苦读之后，二曲竟得邑令樊嶷的破格赏识。二曲"大志希贤"的抱负令樊令格外欣赏。樊令专门对二曲进行表扬和鼓励。此时的樊、李之交为官方与布衣的交往，对于年未弱冠的二曲来说真可谓经历中的不一般。

二曲广泛地博览群籍，凡经、史、子、集、释藏、道藏等千奇遁甲、稗官野史乃至西洋教典靡不浏览。就连在与以博学著称的顾亭林（明末清初的实学家之一）来访时，都对二曲的学术底蕴欣赏不已。博览群书即为两贤的默契处，然而，即便如此，亭林还是认为二曲在知识的广博上占了上风。

按照现代人的眼光和看法，如此博览群书且有学识，应该算是脱颖而出而高人一筹，作为二曲，应该算是在学术上卓有成就。然而，按照宋明理学家，尤其陆王心学家的治学标准或者目标来衡量，如果仅仅是停留在这种博览群书的享受上，那么它将与个人的心灵、精神甚无关涉。正因为如此，二曲在中年病中摄道之后对早年自己的苦学经历颇多悔悟，他把自己在此之前的学术进路视为学术进途中的败笔，且在后来的讲学教化中经常引以为例，二曲希望后学晚进能以此为戒，并时常以"初茫不知学，泛滥于群籍，汲汲以撰述辨订为事，自励励人，以为学在是矣。三十以后，始悟其非，深悔从前自误误人，罪何可言"（卷十九《题跋·杂著·圣学指南小引》，第 225 页）为悔悟。二曲将此前所著述之作"几原稿悉焚去"（卷十二《匡时要务·序》，第 103 页）。

按照现在学术界的治学状态，大多的治学之人都会以自己的著作"面世"而欣慰，怎么可能自悔少作？同时，很少有人会采取二曲这样决绝的态度：将自著之作付之一炬！二曲的这一"反常"做法，我们有必要进行深刻的思考：二曲如此激烈的行为究竟由何而起？

以今人看来，二曲如此之渊博，应该算是极为杰出的"青年才俊"[1] 和青年学者，然而，在二曲看来，纵然著述甚丰，但是如果对个人的心灵建树毫无作用的话，那么，这一切就是"学未见道"，按照宋明理学家的治学标准来看，二曲的治学依然是"徘徊在外而未入"。正如二曲中年以后所悔悟的：在三十岁以前其所治学的范围过于广博而有一炉共治之杂学之疑。二曲认为，这种治学方式既不符合今人博大中见精深之意，也远离了宋明理学家为己之学的内在要求：个人身心的受用。然而，值得注意的是，二曲早年的这段苦学经历并不是说就是白费功夫。从经世致用的角度来看，二曲后来所强调的"体用全学"（或"明体适用"之学），恰恰正是由于其早年的博学经历，才为其后来的治学与实证体验奠定了广博深厚的学历基础，在二曲后来的六十岁之时，他在《答陕西学台许孙荃书》中进一步提出了"理学经济，原相表里"（卷十七《书二·答许学宪第四书》，第 176 页）的基本主张，这一主张是二曲"有用道学"观点的进一步提法。同样的，早期的博览之功也为二曲后来的明体之功打下了深厚的学术基础。早期博览群书的"明理"工夫，使得二曲由"知解"而以"以理作意"，从而一步步走上对"明体"的摸索。

更何况，纵然二曲在其极为广博的博物中可以提炼出重事功的外在之学，然而这些博学学问，从严格的意义上来说，却无关于生命个体的身心受用，也就是说，这些博物知识对个我的生命、精神了无关涉，当一切外在的

---

[1]　林继平：《李二曲研究》，台湾商务印书馆 1999 年版，第 120 页。

功利外衣和种种身外附属物全被剥落之时，个我的人生依然空洞而一无所有。所以，这里二曲悔悟的主要原因即在于此：二曲不愿意苟且偷生，他认为笃学固然重要，但是学必须要为心灵的受用来做准备，否则一切都是徒劳而于己心无补。

然而，正如前述引论中所阐述的，二曲早年博览群书时的角色是学生而非学者，这就决定了作为初学者的他来不及对所读书籍进行选择性的阅读，或者进行深刻性的融汇贯通，更何况二曲是在窘迫境况下借书以读。也正是因为当时处于程朱理学末流与陆王心学末流的交汇中（程朱理学仍然是正统学术），所以很自然地，二曲首先注意到的是程朱理学，尤其朱学。所以，二曲中年以后的豁然省悟并非偶发，这段苦学经历为二曲中年以后的学术转向打下了基础，当机缘成熟之时则会发生"质"的飞跃。在二曲后来教人直接从心性入手，从"明体中之明体"类著作着眼时，正是他识"道"的体证经历见证，同时也凸显了二曲在博览群书的苦读中，其精神心灵的不断变化和成熟。自此，二曲由理学的博约逐渐转向理性的成熟而博中有约。正是因为这样的学术成熟和心理转向，二曲才对自己早期的治学过程进行反思，对早期的博物书籍及其行为进行深刻的反思，实际上，这样的反省在某种意义上来说，已经有背离原来思想的危险。所有这些，都导致了二曲中年病中摄道以后为学风格的彻底转向和改变。

以下我们来看看二曲在经历了早期思想的"淹博"历程后，又如何实现了中年治学路径的转向。可以确证的是，二曲在三十岁以前走的是程朱博约路线，他博览群书的功夫过程也完全是从文本表义上来进行理解，至于思想的贯通，在此时的二曲这里，似乎还达不到。然而，此种博约的治学路径却限制了二曲切身的体证工夫。正如儒者李延平的"默坐澄心"，邵康节的"以心观心"等体认方法，二曲并没有真正地去体认实践，而只是留恋于文本的表面字义理解，这便导致了读书的空疏与个我精神心灵的了无补益，正如二曲后来将此治学过程鞭辟为"口头圣贤"乃至"纸上道学"的说法，二曲认为这样的治学功夫只是空头的道学理论，它将仍无补于个我的体证和践履。这是二曲后来悔悟转向之后的经验之谈，二曲已经认识到了治学的真正动机和目的之所在。也正是在这种悔悟反省中，二曲在三十岁以后，才逐步靠近陆王治学的路径。转向后的二曲，其治学之功与王阳明甚为相似，其"理学经济，相为表里"的重事功主张，既迈向了陆王一途，同时又凸显了其精湛的道功，二曲进一步修正和发展了阳明之学，传承了阳明心学中的心性思想，并将该思想渗入融汇到清初实学中，从而成为实学发展的根基。也只有在此时，二曲所致力的灵明光体的灵光作用在二曲学中才逐步地透显出其作用来。然而，需要注意的是，如果我们想了解或者搞清楚二曲学的真实内涵，就必须从他三十一岁治学的转折点开始，也只有如此，才能进一步厘清二曲的思想内涵。

这个过程是二曲治学过程中的一大转变，也正是由于这一转向，为二曲在明末清初的诸儒中脱颖而出打下了学理基础。且看《历年纪略》中所载关于二曲摄道的详细阐述：

> 夏秋之交，患病静摄，深有感于"默坐澄心"之说，于是一味切己自反，以心观心。久之，觉灵机天趣，流盎满前，彻首彻尾，本自光明。太息曰："学，所以明性而已，性明则见道，道见则心化，心化则物理俱融。跃鱼飞鸟，莫非天机；易简广大，本无欠缺；守约施博，无俟外索。若专靠闻见为活计，凭耳目作把柄，犹种树而弗培厥根，枝枝叶叶外头寻，惑也久矣。"自是屏去一切，时时反观默识，涵养本源。间阅濂、洛、关、闽及河、会、姚、泾论学要语，聊以印心。其自题有云："余初茫不知学……自此鞭辟著里，与同人以反观默识相切砥。虽居恒不废群籍，而内外本末之辨，则析之甚明。不敢以有用之精神，为无用之汲汲矣"。（卷四十五《历年纪略》，第 562 页）

二曲在患病静养期间不能做博览之功，于是在打坐期间脑中浮现了李延平"默坐澄心"的场景，延平"默坐澄心"的这一场景与程朱的博览路线有所不同，"默坐澄心"是向自己的生命心灵处去追问、体认和求探索，即"一味切己自反"，按照清初实学家黄宗羲的说法，此功是"向内觅理"而非"向外找寻"。泛观博览之功是向书册中探求其中的道理，并进行自我的消解融化之功，这样，书中之理才能为我所用，即使能够为我所用，某些时候还仍只是外在的，它没有渗透到个我的心灵深处。在重工具理性的今天，当物质之风到处弥漫的时候，此种趋向更加明显。人们更趋向于追求外在的知识和物质享受，而于内在心灵之功则甚为荒废，甚至不屑一顾，人快成了社会的"行尸走肉"。而二曲正是不愿意沦落至此，所以于病中静摄的机缘，他意识到心灵之悟的重要性，于是，二曲由默坐澄心之功而进行了彻底地工夫转换："向内觅理"。这一转向促成了二曲治学方法上的一大转变。

那么，所谓默坐澄心，到底如何通过默坐以"澄心"？

我们且看二曲是如何对此默坐澄心、切己为学来作进一步的例证。在《答张澹庵书》中，二曲说：

> 吾人鞭辟著里，朝夕之所必有事，亦惟有事乎此而已。如鸡抱卵，如龙养珠，用志不分，乃凝于神。夫是之谓安身立命之实际。……故曰其要只在慎独。敬为高明诵之。（卷十六《书一·答张澹庵》，第164页）

在《靖江语要》中，二曲又说：

> 吾之教人，使其鞭心返观，重本轻末。久之自觉意思安闲，襟怀潇洒，一切外物，自不入虑。……顾学先要识本。本既得，则末自盛。譬之如水，水惟有源，随所在而名之，源初不知也。……学贵敦本。（卷四《靖江语要》，第33页）

二曲以宋明大儒邵康节"以心观心"的工夫来对默坐澄心进行解释。康节主张"以心观心"，其中，康节把心分为两心，一者为"澄心"之念，一者则为灵明澄澈的"心体"，对此两心又如何观法？康节主张通过精醇不杂的"澄心"之念来观照工夫，从而证验灵明澄澈的心体，这样，则心灵的通悟会自然而然地呈现，由此看来，在康节这里，"澄心"之念为"人心"，而灵明澄澈的"心体"则为"道心"。关于人心、道心之分，其实后来的程朱理学非常重视，朱子继承了《尚书·大禹谟》中关于道心、人心的论述："人心惟危，道心惟微，惟精惟一，允执厥中"，所谓道心，这里即指形而上的灵光四射的灵明光体，即知体，而人心则指个我危险的肉团之心。因病中静摄的机缘，二曲在以后的工夫中大多都是以这段"悟功"作为入门之功，二曲于读书、讲学中时时教人如此。

至于二曲所讲到的"鞭辟著里"之功，是宋明理学家津津乐道的常用的理学术语之一，它具有指示为学方向与为学工夫两方面的意义，同时，这一特质也是二曲后期治学的主要特色之一。二曲强调为学要"向里"以"立本"，而"鞭心返观"强调了二曲治学"向里"以"立本"的特色，在更多的时候，二曲是以"鞭辟著里"来替代"鞭心返观"，其实，二者意思近乎相同。二曲认为，"朝夕之所必有事"一定是"鞭辟著里"，这一工夫是"凝于神"的功夫，是"安身立命之实际"，是"慎独"，而此教法正是为仁使人"一切外物，自不入虑"，从而"譬之如水，水惟有源，随所在而名之，源初不知"，这样的做法，最终结果一定是"学贵敦本"而"安身立命"。二曲后来在治学中批评别人对阳明学的误解时说："其故有二：一则文字知见，义袭于外，原不曾鞭辟著里，真参实悟；一则自逞意见，立异好高，标榜门户，求伸己说"（卷三《两庠汇语》，第29页）。

关于二曲如何确定鞭辟著里这一治学方向，在下文中会专门进行分析。这里主要借"鞭辟著里"之功来理解二曲如何践履其"默坐澄心"之功。在二曲看来，"鞭辟著里"实际上就是"默坐澄心"、"以心观心"的另一说法，是就个我精神心灵的幽微处的尽力认同。当友人张澹庵问学时，二曲以"鞭辟著里"来教其如何在入门下手处"朝夕之所必有事，亦唯有事乎此而已"，在某种意义上来说，二曲的这一教法与阳明晚年教人从"致良知"思想入手的入门工夫颇为相似，如果再往前追根溯源，这与孟子"必有事焉"的思想又有异趣同功之妙。到这里，我们可以很明显地看出孟子思想在宋明理学思想中的地位。而作为二曲，他又在论证时将这一"鞭辟著里"的工夫喻为"如鸡抱卵，如龙养珠"，这实际上与理学家津津乐道的"主敬"之功又一脉相承，按二曲的说法，必须集中一念，才能体现出"敬"的心境。只要按照这项工夫"用力"下去，则定会"用志不分，其神凝"。尽管灵明光体被二曲极为看重，但是，不得不承认的是，本体最忌悬空言说，所以必须要求践履和体证之功，由此，二曲强调："学问全在心上用功，矩上操存。学焉而不在心上用功，便失之浮泛；用功而不在矩上操存，便无所持循"（卷三十一《四书反身录·论语上》，第 432 页）。二曲这里的"矩"，是指具体的礼仪规范，"心上用功"与"矩上操存"并非两种工夫，"心上用功"规定明心体为用功方向，而"矩上操存"则为具体的用功之实。至于如何操存，二曲提出了要求：

> 养之（心）之功奈何？
>
> 先生曰："终日乾乾，收摄保任，屏缘息虑，一切放下，令此心湛然若止水，朗然若明镜，则几矣"。（卷六《传心录》，第 45 页）
>
> 千古圣贤，皆从兢业中成。吾人不真实为己则已，苟真实为己，须终日乾乾，如涉春水。如是则天理常存，而此心不死。故区区尝谓尧舜十六字心传，须济以"战战兢兢，如临深渊，如履薄冰"十二字，工夫方有下落。（卷十《南行述》，第 75 页）

在二曲看来，所谓圣贤，就是"真实为己"而"从兢业中成"，这就要求圣贤必须"终日乾乾，如涉春水。如是则天理常存，而此心不死"。二曲从道德角度对人之存心立论进行判断，认为存心就是在心体上用功，而用功之实即为"须济以'战战兢兢，如临深渊，如履薄冰'十二字"，此时"工夫方有下落"。自北宋五子之一的周敦颐之后，"圣可学"观念开始深入人心。然而，值得注意的是，在程朱理学那里，圣贤与常人却依然两厢对立。成圣成贤与常人的真实为己其实是殊途而同归，与成圣成贤一样，常人"真实为己"也需要在心上常用功，而这种常用功的功夫最紧要的就是要按照二曲所说的：经常要"战战兢兢，如临深渊，如履薄冰"，才能成圣成贤，这一成圣成贤之功就是"操"功。也就是说，圣贤是常人长期努力并长期坚持道德修养所达到的一种自律结果，所以，在某种意义上来说，成圣成贤是直接对常人状态的一种超越与否定。二曲认为，如果能常"操"，则人心"不放"而常"惺惺"，由此而"天理"常存而即心体常存。可以明显地看出来，二曲这里所谈到的"操"与"存"，其内在的蕴义并不相同，"操"是工夫，而"存"则是由"操"直接得出的结果。如下对话便可说明这一点。

有人"问：'操则存'，然则操之法何如？曰：'其敬乎？敬则中恒惺惺，

即此便是心存'"(卷四十三《四书反身录·反身续录》,第525页)。在二曲哲学思想中,"操"总不外乎"敬"的工夫:

> 敬者,"乾乾惕厉"之谓也。一日十二时,时乾时惕,以至于念念不懈,刻刻常惺,则此心存而不放,然后可望善明而初复。(卷十一《东林书院会语》,第96页)
>
> 敢问下学立心之始,当以何者为主?
>
> 先生曰:"用功莫先于主敬。'敬'之一字,彻上彻下的工夫,千圣心传,总不外此。须当下发愤,拼一个你死我活,实实下一番苦功,犹如人履危桥,惟恐惟堕落,不敢稍懈,虽隐微幽独,无人指示,而在我之一念之好知恶,知是知非,炯然于心目。即十目十手,万耳万目之指示,莫过于此"。(卷六《传心录》,第46页)

二曲认为"用功莫先于主敬。'敬'之一字,彻上彻下的工夫,千圣心",只有通过用"敬"功来操存心志,才能让"此心存不放"之功,而"敬"又是什么?"敬者,'乾乾惕厉'之谓也。一日十二时,时乾时惕,以至于念念不懈,刻刻常惺",而"犹如人履危桥,惟恐惟堕落,不敢稍懈"实际上说的就是"战战兢兢,如临深渊,如履薄冰",其目的在于让人要专心一处,再无旁逸,从而保持人心的高度警觉状态。二曲指出,照此功用力下去,便可达"其神凝"的境界,如果持续用力则又可达致如下境界:

> ……夫天良之为天良非他,即各人心中一念独知之微。……此。……延平之体认天理,体认乎此也。而体认下手之实,惟在默坐澄心。盖心一澄,而虚明洞彻,无复尘情客气、意见识神为之障蔽。固有之良,自时时呈露而不昧矣。(卷十六《书一·答张澹庵第二书》,第144页)

二曲指出,所谓"天良"即指"各人心中一念独知之微",这是人的"本来真面目,圣学真血脉",与阳明的"致良知"甚同,同时又源自于孟子的"良知",与今天我们所谓的人的"良心"或者道德价值所指没有多大区别。这里,二曲指出，如果持续用力则会"明洞彻，无复尘情客气、意见识神为之障蔽。固有之良，自时时呈露而不昧"。

二曲之所以非常重视人的"本来真面目，圣学真血脉"，就在于早前从李延平"默坐澄心，体认天理"之处所得到的功夫启示："从一念独知之处"做起。他认为"默坐澄心"之功与"用志不分，乃凝与神"的工夫衔接起来才能"凝于神"，而此时的心地工夫却仍在"澄"（即浊水澄清之澄）或"观"（即以"一念观照真心"之观）的状态，工夫至此，则"一俟功力积久"，则水到渠成、瓜熟蒂落，而"自然其然"地呈露出"虚明洞彻"的灵明光体境界，这一境界的呈现启示就是"天理"的朗现和人良知的源泉，即二曲所阐述的"吾人之真面目，圣学之真血脉"。因为功力积久，所以便自然而然地"静极明生"而呈露出一片光明境界，它绝非死寂般，而是富于灵性、灵觉，并以其"灵觉"的特性而"天趣盎然，流贯充塞，浑化无迹"，这其实就是二曲所说的活泼泼的"鸟飞鱼跃"的场景和景象，除此以外，这一境界最主要的特性便是二曲所说的"……彻首彻尾，本自光明"而展露出的灵明光体的景象，而"虚明洞彻"则只是对这一景象的浑括概述。那么，何谓"虚"？在二曲看来，"虚"犹如"镜花水月"一般，只能观照其影像，而不能把握其实有，只能用心去体会，而不能用言语来说辞，即只可意会不可言传。至于"明"，则指空洞澄澈、了无障蔽的"不隔"或"不对碍"的无限光明状态，这一状态具有超越性，而它又以其"炯炯常觉，则主人翁在室"（卷十六《书一·答张澹庵第二书》，第145页）的灵觉境界出现。

二曲又就世俗常说的"天理良心"随机指点，他劝诫友人张澹庵从工夫入门。在《答张澹庵第四书》中，二曲描述得惟妙惟肖：

> ……以心观心，务使一念不生。久之，自"虚室生白"，天趣流盎。彻首彻尾，焕然莹然。性如朗月，心若澄水。身体轻松，浑是虚灵。秦镜朗月，不足以喻其明，江汉秋阳，不足以拟其皓。……（卷十六《书一·答张澹庵第四书》，第145页）

二曲在此处所描述的"彻首彻尾，焕然莹然"与前述"彻首彻尾，本自光明"实属同一义趣。只有见到这一境界如朗月一般，即所谓"性如朗月，心若澄水"，才可叫作"见性"，这一境界又如澄水一般，二曲谓之为"明心"，它是超越而内存的光明境界。就其光明特质而言，谓之性，而就其澄澈特质而言，则谓之为心，两者虽内涵指向有别，但境界无殊。正因为这一境界富于净洁光明的特性，所以二曲学中便有"江汉秋阳，不足以拟其皓"之说，而此时关于生命个体的真实心灵感觉，二曲以"身体轻松，浑是虚灵"、"虚明灵觉"的描述来进行传神式表述，这是二曲关于见道的最为浑括的概述，它所含有的种种特性都是二曲关于转向后"鞭辟著里"之功的阐述，这便是二曲见道时的情景。

在二曲看来，只有悟此才能谓之为"悟性"。明性见道是成学的始基，同时也是中国传统人文思想在学问上的一大展现特色，是儒家的内圣外王之学呈现的基本功夫。二曲苦学至此，由见道、闻道而逐步迈入圣域，从而逐步实现其欲达成"完人"的圣贤理想。

二、鞭辟著里　悔过自新

二曲的明性见道，实际上是宋明理学家一致致力和认同的心性本原过程。从陆象山"发明本心"、"先立乎其大者"的主张到王阳明的龙场悟道悟得"良知"，这都与二曲的明性见道功夫殊途而同归。尤其阳明教人要"静处体悟"，并"事上磨练"乃至他晚年提出的"致良知"思想，并时时强调"致良知为学问大头脑处"的功夫，与二曲明性见道，洞见本体之功甚为相似。二曲认为这项工夫是真功夫的第一阶段，即不达致明性见道，则不能称之为成学之由。二曲成学的真正起点就是从明性见道阶段开始的。那么此灵明光体又如何逐步呈露？二曲认为需要在动中与静中进行体悟与把握，它需要一定的心性定力支持，即二曲经常提到的"动亦定，静亦定"的功夫。二曲强调，只有于动静中渗透此灵明光体，才能达致最终的动静中合一。而对于此灵明光体的保任存养，二曲主要采用"静"功来涵养省察。

自见道之后，二曲犹如登壁上阶一般，一步一步往前跨，他逐步通过自身的切身体悟来完成自己的治学历程。

二曲于见道以后工夫的做法与思想的逐步形成，在其亲自口授，宝鸡门人李修所录的《授受纪要·肘后牌》中可见其端倪。

肘后牌

肘后牌者，佩日用常行之宜于肘后，藉以自警自励，且识之于不忘也。帝临汝，无二尔心，其可忽乎！上

恭默
提起　修九容
扩善端
放下
定寂明虚
赞参纶经
化
臭无声无

（卷十五《富平答问·附授受纪要·肘后牌》，第134页）

在此图表的基础上，二曲又加以文字说明，他说：

> 终日钦凛，对越上帝，笃恭渊默以思道。思之而得，则静以存其所得，动须察其所得。精神才觉放逸，即提起正念，念中互惺惺。思虑微觉纷杂，即一切放下，令万缘屏息。修九容以肃其外，扩善端以纯其内。内外交养，湛然无适。久则虚、明、寂、定，浑然太极，天下之大本立矣。大本立而达道行。以之经世载物，犹水之有源，千流万派，自时出而无穷。然须化而又化，令胸中空空洞洞，无声无臭。夫是之谓尽性至命之实学，未至于斯，便是自弃。千万努力，念兹念兹！（卷十五《富平答问·附授受纪要》，第135页）

由以上图表及文字可以看出，二曲之所以如此设计功夫图表，就在于为其当时及门弟子提供练功范式，以供及门弟子学习、借鉴。二曲以"恭默"作为起初的开始阶段，二曲认为在默坐澄心之功达致深厚之时，灵明光体则

会豁然开朗，即可显露，此之谓"见道"，即通过静时存养、动时省察，两面用力的保任存养工夫而达致"静存动察"，这一工夫是为了保持灵明光体的初现；而"提起""正念"则是在觉察到思虑纷杂、精神稍有松弛之时所要做的功夫，这一做法是为了使其"惺惺不昧"，从而"屏除万缘"；接着就是"修九容、扩善端"，所谓的"修九容"就是外在面貌气质的状态，它要求必须毕恭毕敬，肃然于色，"扩善端"就是指将内心善端扩展出去并运用到外在事物上，而这种扩展是通过内心"放下"的方式而内外交养（即：不为物欲所动、所惑），从而达致"虚明寂定"之境以保持此灵明光体，二曲认为这是功夫的第二阶段；灵明光体的保持使得心性本原的发展朝向善的一面，而"明体"就是为了立天下之大本：灵明光体的确立即为道德主体的确立，它的确立即显发为道德的功能与作用，此功能在与广博的外物之学和经济之学相结合以后，便可展现为一种道德化的事功之学，正如二曲所说的"以之经世载物，犹水之有源，千流万派，自时出而无穷"，这种"经世载物"即为二曲所说的"适用"之学，即"经纶参赞、明体适用"，这一阶段为第三阶段；然而，值得注意的是，"经纶参赞、明体适用"阶段，涉物太多，所以一旦经世实务，则不免"横梗胸次"而迷惑本心，由此，二曲认为还须运用"化"功，即：需要"化而又化，令胸中空空洞洞"，如此才能回复到心体无声无臭的"真体"阶段，从而达致二曲所追求的"超然罔滞"、"无声无臭"的境界，以持续"虚明寂定"的本然状态，二曲认为，这是功夫的第四阶段，也是最高阶段。在二曲看来，只有完成了这四个阶段，人作为道德主体所具备的以人为中心的"尽性至命之实学"才得以完成。这便是二曲对其见道后思想历程逐步升华状态的描述。

可以明晓的是，二曲以自己的亲身经历和体证，通过人生本原图而谆谆教诲以明义、明理，从而将本体与工夫相互融合并举，让人一目了然，真可谓简明扼要之至。

当然，也正是由于病中摄道的缘由和其中的启迪，二曲在见道以后于治学路径上、治学方法上才作出了极大的修正与转变，他说："自是屏去一切，时时返观默识，涵养本原，间阅濂、洛、关、闽及河、会、姚、泾论学要语，聊以印心"，这里的"返观"、"默识"就是原始孔孟所运用的治学方法，而"行有不得，反求诸己"则又与孔子曾经大力主张的"反身而诚"、"内省不疚"的内省方法有异曲同工之妙。二曲在孔孟的基础上直接将其内涵和意义予以加深。所谓"返观"，在二曲这里主要是指，不再穷究于外在事物的探索和书册的钻研，而回归内心，反观个人的生命心灵，以体悟、思考并直接认识精神性的"实体"我，即真我。二曲用以"保任"此真体的方法主要是"鞭辟著里"。在早年"茫不知学，泛滥于群籍，汲汲以撰述辨订为事"的博物过程中，二曲"三十年以后，始悟其非"，于是一味"鞭辟著里，与同人以返观默识相切砥"。

且看二曲如何就"鞭辟著里"提出自己的观点：

> 吾几既留意此学，复悠悠忽忽，日复一日，与未学者同为驰逐，终不得力，故须静坐。静坐一著，乃古人下工夫之始基，是故程子见人静坐，便以为善学，何者？天地之理，不翕聚则不能发散；吾人之学，不静极则不能超悟……中材之人，用功积久，静极明生，亦成了手……（卷一《悔过自新说》，第6页）

这是二曲悟道之后对工夫方法的简略说法，也是二曲三十一岁悟道以后体悟本体所用工夫，简单地来说，就是倡导"主静"。二曲说为学当"静以为之基，敬以为之本"，否则就会"不翕聚则不能发散；吾人之学，不静极则不能超悟"，对静与敬，二曲都极为重视。在宋明理学家的思想体系中，静的内涵和意义因语境、意境的变化而有所不同，有时特指"静坐"之功，有时却与动相对。一般地来讲，静有两种含义：时空中的物理位移变化；无欲状态。当然，在这里，二曲所指的静是第二种意思。从时空变化的意义上来讲，静与静坐是就物理位移而论，相互间存在着某种对应关系，而无欲则是指道德主体作为心性本体的自然而然状态，它不受外界物欲的沾染和诱惑而"无声无臭"。对静，二曲说，"进修之益，全贵静坐"（卷十五《富平答问》，第130页），"问得力之要。曰：其静乎"（卷二《学髓》，第19页）。有人对二曲的此种看法提出质疑：认为学须该动静，偏静则恐流于禅，……二曲则认为，"学固该动静，而动则必本于静。动之无妄，由于静之能纯；静而不纯，安保动而不妄。……今吾辈思虑纷拿，亦恐无静之可流"，"新建论'动静合一'，此盖就已成言。方学之始，摆弄欲动静合一，犹未驯之鹰，辄欲其去来如意，鲜不扬也，即新建之盛德大业，亦得力于龙场之三载静坐，静何可忽也"（卷二《学髓》，第19页）。在二曲这里，他并不反对"学该动静"，但二曲认为这是"学成之事"，在此之前则须有序，若无静为"动之基"，动必多妄，所以，以阳明的天资慧根，也须先有"龙场"三年的静坐悟道之功方能成其学；同时，若一味溺于静，固然会有流于禅之疑之弊，但当事人一般都是"思虑纷拿"，其病在于静太少而动太多之流弊。而且，二曲还大力驳斥时人对静坐误事的指责，"今之言静坐者，曷尝实实静坐；全贵一概放下，今之言'放下'者，曷尝实实放下。若果能屏息万缘，纤毫不挂，久之，则心虚理融，物来顺应，亦犹尘垢既去，而镜体常明，无所不照，何误之有！"（卷十五《富平答问》，第130页）二曲认为时人所指责的静坐误事是虚有其名而实无其实的谬妄无稽之说。

在二曲看来，真正的静坐之功是经过扎扎实实的工夫才能做到。且看二曲在《学髓》中关于静坐工夫与方法的精湛描述：

> 每日鸡鸣平旦，须整衣危坐，无思无虑，澄心反观，令此心湛然莹然，了无一物，唯一念炯炯，清明广大，得此头绪，收摄继续，日间应事，庶不散乱。古人云"一日之计在于寅"，此乃吾人用功最紧要处。但此绪凝之甚难，散之甚易，自朝至午，未免纷于应感，宜仍坐一番以凝之。迨晚，默坐返观：日间果内外莹彻，脱洒不扰否？务日日体认，时时收摄。（卷三十《四书反身录·中庸》，第417页）

二曲认为静坐之功的最为关键之处是"念起"。"无念之念"是人生本原、灵明光体的本然状态，而"无故起念"则促成了理欲交战的初始。明白了这一点，就会知晓为什么要存理克欲。二曲认为，遇境则竭力以澄心明性，工夫所至，则本体朗现，从而由外在的各种物欲而向上、向内超拔以达真体，由此而展露为下学而上达的实心实政路径而呈现灵明澄澈的真如心性。二曲认为，正是在这样的切身体证过程中，道德主体的心性才会一步步呈露"虚、明、寂、定"的境态。对此，二曲专门列表加以说明：

定　　寂　　明　　虚

定	寂	明	虚
	斋戒		
要务也。	其德之静坐	此神明	
戊亥香	中午香	昧爽香	
日闲语默动静，或清浊相乘。须坐一炷以验之，果内外莹彻脱酒不扰否？	自朝至午，未免纷于应感。急坐一炷，以续夜气。	一炷以凝之。	鸡鸣平旦，与此相近。起而应事，易于散乱。先坐

（卷二《学髓》，第20页）

  二曲悟道以后的基本工夫就是以静坐为主。从二曲在《学髓》中所列图示可以看出，他病中摄道时所用的"默坐澄心"、"以心观心"、"返观默识"以及"对镜澄心"等功夫，都不外静坐中的缜密工夫。"斋戒"的目的是为了"此神"之明，为了便于静坐之功的沉淀和扎实，二曲主张通过燃"戊亥香"、"中午香"、"昧爽香"的方式来有序进行，"戌亥香"是为了避免在"闲语默动静，或清浊相乘"时多带来的内心不定和混乱，所以，"须坐一炷以验之"，由此而"内外莹彻脱洒不扰"；燃"中午香"的目的是为了"免纷于应感"，故而"急坐一炷"以"续夜气"；"昧爽香"是因为在"鸡鸣平旦，起而应事"之际，"易于散乱"，所以"先坐一炷以凝之"。

关于静坐的功夫论述和要求，二曲在后来的《关中书院会约》中也有相关的记载："每日须黎明即起，整襟危坐少顷，以定夜气。屏缘息虑，以心观心，令昭昭之体，湛寂清明，了无一物，养未发之中，作应事之本"（卷十三《关中书院会约》，第116页）。二曲指出，"黎明即起，整襟危坐少顷"，目的是为了"定夜气"，所以此时必须"屏缘息虑，以心观心"，从而在"湛寂清明，了无一物"时养"未发之中"以"作应事之本"。二曲认为必须做到上述静功，才可学成德立之效。所以，其中的要求分别如下：其一，一日三坐。二曲对终日默坐而不应事是持反对态度的，他主张一日早、中、晚三坐，三坐功夫易于静摄之功的培养。而坐功时间的长短主要是以一炷香为界限，须"鄙怀俗度，对香便别，限之一炷，以维坐性，亦犹猢狲之树，狂牛之栓耳"（卷二《学髓》，第20页）。不仅仅如此，二曲还驳斥那些自认为每日早、中、晚三坐太多者，他说："吾人自少至长，全副精神俱用在外，每日动多于静，今欲追复元始，须且矫偏救蔽，静多于动，庶有入机。三度之坐，盖为有事不得坐，及无坐性者立。若夜能持久，则不在此限"（同上），二曲特别强调，每日三坐只是权法，能坐更长者不在此限。其二，晨坐、午坐只为续夜气。只有"每日须黎明即起，整襟危坐少顷"，才能"定夜气"，而中午之燃香默坐、屏缘息虑也为了"续夜气"。续夜气的目的即在于保持未发之中以应事。其三，晚坐以省察为主。此时的省察对象并不在于当下，而在于白天的视听言动以及所应之事。对此，二曲主张仍须"静坐，默检此日意念之邪正，言行之得失。苟一念稍差，一言一行之稍失，即焚香长跪，痛自责罚"（卷十三《关中书院会约》，第117页）。其四，收摄体认之功不得稍懈。二曲认为，对灵明光体的存养，须年年如此，日日如此，时时如此，只有这样才有学成德立之效。

事实上，二曲对于静坐之功，并无意于定指而又可以随时感应，他所要求的只是需要主体保持一种清醒警觉的状态，而不至于迷乱。在静坐而未至于体明性复时，心中的状态又该如何？有人质疑，"静坐不严理欲之辨，昏昏昧昧，未免无从下手。曰：静坐而不严理欲之辨，固不可；静坐而先横一理欲之辨于胸中，亦不可。心斋有曰：'只心有所向便是欲，有所见便是妄，既无所向，又无所见，便是无极而太极。良知一点，分分明明，停停当当，此神圣之所以经纶变化而无穷也'"（卷四《靖江语要》，第37页）。二曲认为随思随觉、随觉随敛，便是严理欲之辨，便是用功之实。如果能做到这样，则不必再横隔一理欲之辨的苛刻念头于胸中，否则，便是呆板苛刻的呆滞死念，只是对欲望的有意压制。如果这样，则会碍于心体的光明朗现和自然流行。所以，二曲强调指出，只有无意定指而又可以随时感应，才能使人保持一清醒警觉的状态，这才是真正的静坐之功，而该功又与敬功是一脉相承的。

作为静坐之功，二曲认为这只是明体复性、保任维体的必备手段，这势必导致在入手之初，因体尚未立，心尚无所主，故而闲思闲虑纷然而出而变现为外相分立之状。此时只有用体察之功且随思随觉、随觉随敛，才能放下一切而存有正念。在体定心明的情况下，在"无事时，湛寂凝定，廓然大公；有事时，物来顺应，弗逐境驰"的状态下，任心体自然流行，此时则思虑应感一并随体朗现，就会在物来顺应之时无思无虑、无牵无挂，由此，本体之静便廓然自现。其实，静坐的目的无非在此。所以，二曲再三指出，学问的着力处在于静。若能持敬谨独，则能"俯仰无愧"。静坐是古人下达工夫的始基和开端，唯有静极明生才能超悟，而过与善仅有丝毫差别，所以要能静极惟精才能予以分辨剖析，就像二曲所指出的，"静坐一著，乃古人下工之始基……吾人之学，不静极则不能超悟。况过与善界在几微，非至精不能剖析，岂平日一向纷营者所可辨也"（卷一《悔过自新说》，第6页）。就像在浊水中求其澄澈一般，初始还是浑浊之态，后来则清浊各占一半，久而久之则能澄澈如明镜一般，几无尘杂之染，所以，通过主静，则静极而明生，在无事时念头萌动不起，有事时不随波逐流，不逐物而动，如此才能常寂常定，不随物驰骋迁转。

二曲又指出，"上士之于过，知其皆由于吾心，直向其根源除之，故其为力易。中材稍难矣，然要之以静坐观心为入手，静坐乃能知过，知过乃能悔过，悔过乃能改过以自新"（附录二《志传·二曲先生窆石文》，第611页）。上士与中材之人的区别就在于，"上士之于过，知其皆由于吾心，直向其根源除之，故其为力易"，上士之人发现自己有问题的时候，知道皆是因本原出了问题，所以会直指本原解决问题；而中材之人则"稍难矣，然要之以静坐观心为入手，静坐乃能知过，知过乃能悔过，悔过乃能改过以自新"，中材之人稍有困难，便会通过静坐观心来作为下手处，静坐而知过，由知过而悔过，再由悔过而改过，从而由改过而自新。

二曲倡导静修之功，他认为静修贵在静坐，瞑目静坐为初学下手之处，刚开始会觉思虑纷骋，唯有通过随思随觉、随觉随敛而收涉沉敛。然而，需要注意的是，许多杂思妄虑都是因为心中无主而导致。所以，知识主体若能"惺惺炯炯"，则闲思杂虑无从杂起，更无从产生。直接的要求就是，无事时，则湛寂凝定、廓然无私以定心体，有事时，则随物应感，而不随境迁。也就是说，不论静坐时或者纷扰繁冗时都如此，只有这样，才能通过"随逐随觉，随觉随敛"，久而久之则心体自定并自寂。二曲所倡静坐之功，"……惟在默坐澄心。盖心一澄，而虚明洞彻，无复尘情客气，意见识神，为之障蔽，固有之良，自时时呈露而不昧矣"（卷十六《答张澹庵》，第144页），这样我们便可理解静坐的澄源之义。

可以说，二曲中后期治学路径基本上是以鞭辟著里之功为主要导向的。但他认为，鞭辟著里的向内静坐之功具有指示为学方向与为学工夫两方面的意义。

（一）学莫先于"辨志"

二曲非常强调立志的重要性，他指出，"志道则为道德之士，志艺则为技艺之士，故志不可不慎也。是以学莫先于辨志"（卷三十四《四书反身录·论语上》，第456页），在二曲看来，学只有"先于辨志"，才能"为道德之士"，否则"志艺则为技艺之士"，所以"志不可不慎"。且看二曲进一步的具体说法：

志道德者，潜心性命，惟期凹明德立，功名不足以夺其志；志于功名者，究心经济，功成名就，富贵不足以夺其志。若志在贪图富贵，刻心"雕虫"，锐意进取，辄自以为有志，人亦有志目之，及所图及遂，便以为有志者事竟成，其实止成得一个患得患失之鄙夫耳，乌睹志哉！苟患失之，无所不至，临境既夺，安往不可？故学莫先于辨志，亦惟辨之于三者之间而已。（卷三十五《四书反身录·论语上》，第472页）

二曲认为，人一生一世，所追逐的东西无非于功名利禄、富贵等身外之物，人们总是以为这些身外之物可以给自己带来无尽的幸福，岂不知，这样的幸福只是"患得患失之鄙夫"，所以，必须先"辨志"，只要"辨志"，就会"潜心性命，惟期凹明德立，功名不足以夺其志；志于功名者，究心经济，功成名就，富贵不足以夺其志"，如果志在"贪图富贵，刻心'雕虫'，锐意进取"，则是"自以为有志"，其实只是"鄙夫"之志。然而，二曲却指出，这样的价值观忽略了一个问题，"志于功名者，究心经济"，所以其"功成名就，富贵不足以夺其志"，而且，"若志在贪图富贵，刻心'雕虫'，锐意进取"，则会"辄自以为有志，人亦有志目之，及所图及遂，便以为有志者事竟成，富贵而不成志"。其实这样的志向不叫志，只是"患得患失之鄙夫耳，乌睹志哉！"二曲又指出：

果知矢志功名，此正世道之庆，吾儒之光，可以为病乎？但恐所志不在功名耳。因问其故。曰："功名"二字，余曾闻其说矣。功被一方，则不待求名一方，一方自然传其名；功被万世，则不待求名万世，万世自然传其名。若夫登科所第，谓之"有功于己"则可，谓之"有功于人"则不可；谓之"有富贵之名"则可，谓"有事业之名"则不可。前人惟以事业为功名，当其志学之始，便以王道为心，生灵为念。故朝夕之所从事者，在于明治体，识时务；及其学成业就，自尔功建名立。吾人惟以富贵为功名，当其志学之始，变以逢时为心，悦人为念，故朝夕之所从事者，在于缀浮词，较工拙及其学成业就，究竟无功可名。……（卷十四《周至答问》，第121页）

二曲认为立志如果是"有心"于功名，则这种志并不能让人真正受用。让人真正受用的是"王道为心，生灵为念"的道德之心，这种心对于"朝夕之所从事者"来说，就是为了"明治体，识时务；及其学成业就，自尔功建名立。吾人惟以富贵为功名"。二曲指出，志于道德之士，"实学道德，自不志于功名，实为身心性命，自不念及于富贵利达"（卷三十四《四书反身录·论语上》，第464页）。二曲对有志于"有功于人"的功名者还是持赞赏态度的，但是，二曲认为因这类功名如果出于"有心"，那么这种功名并非人生所追求的完满结局，所以，只有"力行好事，亦惟行其心之所安，当然而然耳，后世知与不知，非所望也。若谓天下后世终必知之而力行，终是有为而为，非当然而然也，而身后之名，果足以润枯骨乎?"（卷三十四《四书反身录·论语上》，第461页）可见，二曲最推崇的还是志于道德之士，他认为，人若能以此"道德之心"为志，则"及其学成业就，自尔功建名立"，所谓的功名与富贵、利禄等都会尾随其后，所以二曲特地强调：立志"须做天下第一等事，为天下第一等人。志不如此，便是无志；志逊于此，便不成志"（卷三十五《四书反身录·论语上》，第471页）。

当然，确立志向，并不是完整意义上的立志内蕴，更重要的在于所确立的目标志向是否被施以"持志"状态，并成为道德主体终身所追求的方向和目标。

（二）学须"持志"

区别和提升人的境界的方法和途径便在于，是否持守志向之坚定。二曲认为，只有使此心常存不懈，"临境不夺"，并时时以志向为检查心思言动的标准，"志"才不会有所偏失、走移。这意味着，只有对自己进行长时间的约束与考验，才能"持志"。也只有如此持志，才能保证治学的动力之所在。二曲指出，人须积极主动地"持志"于学问，"学须剥皮见骨，剥骨见髓，洞本彻源，真透性灵，脱脱洒洒，作世间快活之人，方一了百了"（卷十六《书一·答王心敬二》，第159页），只有坚持不懈，才能"洞本彻源，真透性灵，脱脱洒洒"。二曲又指出，"吾人一生，凡事皆小，性命为大；学问吃紧,全在念切性命"(卷三十《四书反身录·中庸》,第415页),在二曲看来,要想作世间快活之人,就须抱着"凡事皆小,性命为大"的态度,同时,要想求得安身立命之所,就必须知"生死性命"之本质全在于"念切性命"。二曲指出,"立志"作为"辨志",是爱在为学之初必须具备的志向问题,而"持志"却是伴随一生的"要务",正如二曲在《四书反身录》中评论孔子所说的:"'七十从心不逾矩',任心而动,自不越乎范围。'不识不知,顺帝之则',绝无意必固我之私,心即矩,而矩即心,义精仁熟,学成而志遂矣"(卷三十二《四书反身录·论语》,第432页)。在二曲看来,人一日不学,便会沦于"禽兽之域","学成而志遂"是一个人一生的为学追求,当然,这也是二曲终身的为学追求。二曲指出,"持志"的同时还须辨明学为何物,这正应了先秦原儒所讲的"名不正,则言不顺;言不顺,则事不成。事不成,则礼乐不兴;礼乐不兴,则刑罚不中;刑罚不中,则民无所措手足。故君子名之必可言也,言之必可行也。君子于其言,无所苟而已矣"(《论语·子路》)之说。

宋明理学家皆以学问之人自居,所以搞清楚何谓"学"是一个非常重要的问题。关于这个问题,二曲自有其说法:

> 学非辞章记诵之谓也,所以存心复性,以尽乎人道之当然也。其用功之实,在证诸先觉,考诸古训,尊所闻,行所知。而进修之序,敬以为之本,静以为之基,博学、审问、慎思、明辨而躬践之,一有却焉,非学也。其见于内也,戒慎恐惧,涵养于未发之前;……其见之于外也,足容重,手容恭,头容直,目容端,口容止,气容肃,声容静,立容德,坐如尸,行如蚁,息有养,瞬有存,昼有为,宵有得,动静有考程,皆所以制乎外以养其内也。内外交养,打成一片,始也勉强,久则自然。……(卷十一《东林书院会语》,第96页)

二曲认为,在何谓"学"的问题上,其标准在于是否与身心性命相关,所以,搞清"学"为何物,才能在"持志"的问题上更好地治学。由此,二曲指出,学并非"辞章记诵之谓",而是"存心复性,以尽乎人道之当然",

所以学必须"证诸先觉，考诸古训，尊所闻，行所知"。为了让学"进修"有序，二曲主张"敬以为之本，静以为之基"，直接"鞭辟著里"，而这一切都是为了"学贵敦本"。二曲治学一味向里的学术特色尽显无疑。为了进一步论述其"持志"之功的重要性，二曲又在其关于人生本原的阐述中进行了细论。二曲说："此天之所以与我者。生时一物不曾带来，惟是此来；死时一物不能带去，惟是此去。故学人终日孜孜，惟事此为人生第一要务。动作食息，造次颠沛，一注乎此而深造之，以求自得，居安资深，左右逢原"（卷二《学髓》，第17—18页）。为了更好地作出解释，二曲将秘藏内心深处的心得体证又以图表的形式加以解说，以期以直接简易的教法将本来"面目"揭示于人，从而扫除"葛藤支离"的各种障碍。这里我们再次来对二曲的人生本原图做一考证和研究。

人　生　本　原　图

原　本　生　人

寂而能照应而恒寂　　○　　无声无臭廓然无对

念起

随境迁转自歧本真　有对　有对　有意为善虽善亦私

了　了

欲　理

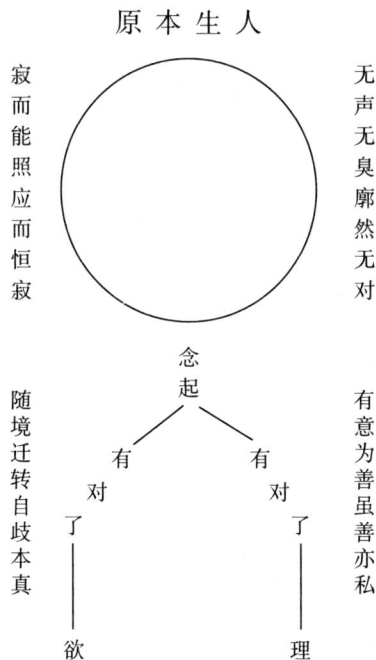

（卷二《学髓》，第17页）

关于人生本原图，二曲认为主要包含了以下几层意思：其一，人生本原。二曲指出,天之所赋予我的即是此"一点本原",本原是什么?二曲认为它为人人所具有,但大多数人皆为日用不知而"骑驴觅驴"。本原是学人之士安身立命的根基和法宝,它不分年龄老弱和少壮老死而塞于天地、通于古今,它融通内外而体微用显,由此而展现出其"虚明寂定"、"生机活泼"的圆融境界。其二,"无念之念"与"念起有对"。在二曲看来,此本原所具之念是"无念之念",它行所无事而不与物对,于行中为止并至于"至善",这个"至善"就是"独",是独一无二。当念有所起之时,善恶、是非、邪正等念则开始萌出和滋生,它和"无念之念"之间即所谓天理人欲之分,天理是"无念",是善、是正,须经过长期的存养方可达致,而人欲则是恶、非、邪的,须时时加以克制。二曲强调,学人要谨慎"念头"所发之微,谨辨天理人欲之分,并能不断地摈弃、克服人欲以存养天理,从而达致天理人欲的统一和两忘。二曲认为,如此,人之本原才能"活泼泼地",如"明镜"照物一般朗然而现。其三,"寂而能照,应而恒寂"与"随境迁转,自歧本真"。二曲认为,此人生本原就是人的灵明本体,它"寂而能照"、"虚灵神妙",所以在念起之后,"随境迁转",如此,便在声色货利中出现人情顺逆而无所着落的境况,这个境况就是"应而恒寂"、"自歧本真"。二曲要求学人,学务必要能做到摈弃私欲,在"随境迁转"中达致静心。其四,"无声无臭,廓然无对"与"有意为善,虽善亦私"。二曲指出,此人生本原"无声无臭",是不与物对的廓然大公,所以学人当务之急不是无思无为、不学不虑,而是在无故起念中尽量克制自己的欲望,如果强行安排自己行事,起念而执著于物,则便是"乖违自梏"而"自窒生机",这无异于无风而兴风作浪。即便所起之念皆善,也终究是有为之为、"虽善亦私"。也就是说,这里,二曲以"无声无臭,廓然无对"及"寂而能照,应而恒寂"来描述人生本体的虚明寂定特性,就是为了使得此本原的灵明性能在"念起"之后,理欲相对之时,"随境迁转"而"自歧本真",此本原不是"有意为善,虽善亦私",而是在"随境迁转"中的本原朗现。

值得注意的是,二曲主张学贵敦本,但并不是一味"向里",而忽略了向外之功。二曲非常讲究进修之序,认为内外所修各有各的工夫。就价值而言,他主张先内后外;就工夫而言,二曲则主张内外同时用功,即合内外而言学，下学而上达，内外同时兼养，由内以养中，养中以制外，制外又以养内，直到内外交合融汇一片，正如二曲在《四书反身录》中所说的："学不尽性，学非其学；不顾提天命，学无本原"（卷三十《四书反身录·中庸》，第414页），二曲认为这是养中以制外，他充分肯定了内在学问的终极指向意义。不仅如此，二曲又指出，"学不上达，学非其至；舍学求达，学非其学。盖上达即在下学之中，舍下学而求上达，此后世希高慕远，妄意神化，尚顿悟，坠狐禅所为，自误误人，所关非浅"（卷三十九《四书反身录·论语下》，第494页），这里的"上达"意即复性、明体而明理，"下学"则即谓具体的践履过程和道德修养，"上达"和"下学"二者是内和外的关系。是为制外以养内，下学以上达。在二曲看来，并不是内外融汇一片就即谓立体。他认为，体立之后，还应在念起之后"随境迁转"而发诸于外并见诸于用。在这样的践履功夫中，久之则会"造次颠沛一致，得失毁誉不动，生死患难如常，无入而不自得"，才算达致存心复性而不愧于人道之功。也只有在学问达致如此时，始可言成，所以二曲感慨，"学问不能随境炼心，不能无入而不自得，算不得学问"（卷三十《四书反身录·中庸》，第421页）。

二曲的这一鞭辟著里的治学路径伴随其治学始终，所以其"悔过自新"思想中体现得也很明显，这一思想是其终身坚持的思想，同时也代表了二曲哲学思想的一大特色，表明二曲治学工夫的学术性格与"向里"的学术方向及其特质。

二曲的"悔过自新"说，其内涵在不同时期随二曲思想历程的变化而有所变化。这一学说的正式提出是在二曲病中摄道之初，即三十岁时。此时，二曲所关注的重点在于：

古今名儒倡道救世者非一，或以"主敬穷理"标宗，或以"先立乎其大"标宗，或以"心之精神为宗"，或以"自然"标宗，或以"复性"标宗，或以"致良知"标宗，或以"随处体认"标宗，或以"止修"标宗，或以"知止"标宗，或以"明德"标宗。虽各家宗旨不同，要之总不出"悔过自新"四字，总是开人以悔过自新的门路，但不曾揭示出此四字，总是开人以悔过自新的门路，但不曾揭出此四字，所以当时讲学，费许多辞说。愚谓不若直提"悔过自新"四字为说，庶当下便有依据，所谓"心不妄用，功不杂施，丹府一粒，点铁成金"也。（卷一《悔过自新说》，第3页）

在此，二曲指出，整个理学史基本上"或以'主敬穷理'标宗，或以'先立乎其大'标宗，或以'心之精神为宗'，或以'自然'标宗，或以'复性'标宗，或以'致良知'标宗，或以'随处体认'标宗，或以'止修'标宗，或以'知止'标宗，或以'明德'标宗"，基本上都是围绕着理学来展开论述和对话，他认为虽然各家宗旨不同，但是基本上都跳不出"悔过自新"四字，并"开人以悔过自新的门路"，理学家们都是为达致"悔过自新"而采取了不同的论说方式和手段。但是，值得注意的是，二曲并不满足于只为"悔过自新"说进行论证，他主张"悔过自新"说应回归于孔孟心性之学，这是二曲治学转向后一贯的主张和理想。鉴于此，二曲又将自己关于"悔过自新"的论证追溯到四书六经。他说：

疑者曰："《六经》、《四书》，卷帙浩繁，其中精义，难可殚述，'悔过自新'宁足以括其微奥也？"殊不知《易》著"风雷"之象，《书》垂"不吝"之文，《诗》歌"维新"之什，《春秋》微显阐幽，以至于《礼》之所以陶，《乐》之所以淑，孔曰"勿惮"，曾曰"其严"，《中庸》之寡过，孟氏之"集义"，无非欲人复其无过之体，而归于日新之路耳。正如《素问》、《青囊》，皆前圣已效之方，而传之以救万世之病，非欲于病除之外，别有所增益也。曰："经书垂训，实具修齐治平之理，岂专为一身一心，悔过自新而已乎？"愚谓："天子能悔过自新，则君极建而天下以之平；诸侯能悔过自新，则侯度贞而国以之治；大夫能悔过自新，则臣道立而家以之齐；士庶人能悔过自新，则德业日隆而身以之修，又何弗包举统摄焉！"（同上，第4页）

二曲认为，质疑者未免有理解狭隘之过，六经四书虽卷帙浩繁，但是其目的仅仅在于让人通过悔过而恢复人所既有的无过之体，它是圣人救世的良药，"天子能悔过自新，则君极建而天下以之平；诸侯能悔过自新，则侯度贞而国以之治；大夫能悔过自新，则臣道立而家以之齐；士庶人能悔过自新，则德业日隆而身以之修，又何弗包举统摄焉"，而且，复过之体乃生生不已之本原，它可以让人"日新不已"。二曲认为，"悔过自新"说正是在这种意义上体现了六经四书中的微妙精义，也就是说，尽管"悔过自新"说主张只在身心上用功，但是，当社会全体成员谨遵其教义、教诲时，那么，各路各行人士，包括君臣父子等就会各司其职、各居其位、各居其所而各行其是，这实际上是就是儒家孔子所倡导的"正名"思想的重现，由此，而最终达致孔孟所主张的齐家治国平天下之志。这是二曲在其见道之前对"悔过自新"说的理解，此时的"悔过自新"所包涵的义蕴即为：

> 同志者苟留心此学，必须于起心动念处潜体密验。苟有一念未纯于理，即是过，即当悔而去之；苟有一息稍涉于懈，即非新，即当振而起之。若在未尝学问之人，亦必且先检身过，次检心过，悔其前非，断其后续，亦期至于无一念之不纯，无一息之稍懈而后已。盖人之所造，浅深不同，故其为过，亦巨细各异，搜而剔之，存乎其人，于以诞登圣域，其无难矣。（卷一《悔过自新说》，第5页）

二曲认为，要"悔过自新"，必须"先检身过，次检心过，悔其前非，断其后续，亦期至于无一念之不纯，无一息之稍懈而后已"，也就是说，一切悔过的基础即在于心过，通过检查心过而察识身过，这一工夫是必须的，因为心过晦涩难测，是不合于理的起心动念处，而身过易明，所以，必须"慎独要焉"（同上）。二曲还指出，由于"众见之过，犹易惩艾；独处之过，最足障道。何者？过在隐伏，潜而未彰，人于此时最所易忽；且多容养爱护之意，以为鬼神不我觉也"（同上），所以，由身过而检心过的过程是一循序渐进的过程，越往后会越发艰涩难行，二曲要求在检的同时还须"搜而剔之"，即通过仔细地慎思而去过，由检过而达致去过，因为检过尽管能认识事物，但是并不意味着检过就一定达到了对事物本质的认识，而去过则是对检过阶段的重新检验。所谓"新",二曲认为是指"复其故之谓",而"自新"则极其耐人寻味,二曲说:"吾之德性,欲图所以新之,此际机权,一毫不容旁贷。新与不新,自心自见,譬如饮水,冷暖自知。久之德充于内,光辉发于外,自有不可得而掩者矣。厥初用功,全在自己策励"(卷一《悔过自新说》,第5页),这里,"自"即指自己,即对道德修养的程度进行自我判断。在表面上看来,二曲的这一说法似乎与阳明的心学主张类似,但实际上与阳明以"良知"来作为道德修养的"发动处"的要求是有所不同的,二曲所说的本体性并不像阳明所说的良知一样,具有能动性的功能,在二曲这里,"悔过"与"自新"都是以复性作为基本指向的,都是为了向至善无恶的本性而复归的必经手段。两者并不是指两种不同的工夫,我们来看看二曲说如何说法,"悔而又悔,以至于无过之可悔;新而又新,以极于日新之不已"(同上,第6页),表面看来,"悔过"与"自新"似乎是表示不同的工夫,但实际上,"自新"是去除心体"稍涉于懈"而有息者,此心体之息即是过,所以,二曲认为"自新"不外乎"悔过",不管是身过抑或是心过,都源自于心体之歇息,"悔过"是要恢复歇息之心体,所以二者所指不同并非工夫上的不同,而是"悔过"与"自新"的着眼点之不同,"悔过"是从日用常为事上的过失处入手,而"自新"则是从至善不息之本体处入手,是为了把"悔过"中的"稍息"通过"自新"之功向至善本体复归,两者之间的差异仅在于时间上先后上的差异,而非功夫上的差异。

二曲以"悔过"为入门的基础工夫,而以"自新"作为道德主体最终达到的理想和境界旨归,"念念切己自反,以改过为入门,以自新为实际"(卷十三《关中书院会约》,第114页),也就是说,二曲在见道前期对"悔过自新"说的探讨由于受朱子理学的影响,所以主要在其工夫论方面。然而,正是前期的这段"悔过自新"工夫,为二曲后来的"默坐澄心"之功打下了伏笔,二曲认为,正是因为道德个体有过可悔,否则个人的妄念、杂念等势必会搅扰而私欲倍出,更无须提"默坐澄心"功夫的静态涵养。

但在二曲三十一岁见道以后,二曲治学路径有了转变,其"悔过自新"说也随之有了一定的变化。本着一味"鞭辟著里"的思想路径,二曲将"慎独"之功纳入了"悔过自新"学说中,使其"悔过自新"说又具有了心学的特色。且看二曲的说法：

> 然则着里之学，当如何下手？先生曰："别无他法，各从自己病痛上着工夫。务令病去，则本体自全。自古圣贤，未尝于本体外有所增益也。如所病不除，虽终日讲究，总是闲图度，终日祉修，总是不贴切，故悔过自新，乃为学入门第一义，于此若忽，则其所不忽者可知矣"。（卷六《传心录》，第45页）

又有人问曰：

> 请问自新之功，当从何处着力？先生曰："最上道理，只在最下修能，不必鹜高远。说'精微'，谈'道学'，论'性命'，但就日用常行，纲常伦理，极浅极近处做起。须整顿精神，中常惺惺，一言一动，并须体察。必使言无妄发，行无妄动。暗室屋漏，一如大庭广众之中，表里精粗，无一或苟。明可以对人对天，幽可以质鬼质神。如是，则洁净透脱，始可言功"。（同上，第45—46页）

二曲认为，"悔过自新"实为"为学入门第一义"，生命个体只有"各从自己病痛上着工夫，务令病去"，才能"本体自全"，如果"所病不除"，即便"终日讲究，总是闲图度，终日祉修，总是不贴切"，所以，只有在一言一动的体察中认识自己的病痛，着力去之以全本体，这才是真正的着力之功。二曲又指出，"最上道理，只在最下修能，不必鹜高远。说'精微'，谈'道学'，论'性命'，但就日用常行，纲常伦理，极浅极近处做起"，真正的适用功夫不是另外别处开辟路径进行找寻，而是在日用常为事上的切身践履。这一理解与二曲见道前期的理解是没有多大区别的，但二曲强调，"工夫不离本体，识得本体，然后可言工夫"（卷四十四《四书反身录·孟子下》，第542页），学须"要识得本体，然后好做工夫"，他驳斥"原先不识仁体，而好言工夫，用力虽老，终属安排。治病于标，本体何在？"（卷三十九《四书反身录·论语下》，第492页），二曲认为这样的功夫是"治病于标"，根本无用于本体的复归，而真正的适用工夫须有头脑。这里，二曲很重视"自新"之"自"，认为自新即是"新"本原。他指出：

> 用力吃紧之要，须着着实实，从一念独知处自体自认，自慎几微，此出禽出人、安身立命之大关头也。此处得力，如水之有源，千流万派，时出而无穷矣。若只在见解上凑泊，格套上摹仿，便是离本逐末，舍真求妄，自蔽原面，自梏生机。（卷十三《关中书院会约》，第114页）

也就是说，"自新"之功是为了能"着着实实，从一念独知处自体自认，自慎几微"，如果此处得力，则如"水之有源，千流万派，时出而无穷"，所以"悔过自新"就是在一念独知处体认本体之原，随其所发而无非是理、无非是真，这与朱子求理于外的博约路径是截然不同的。二曲认为，只有在工夫达致一定程度时，此工夫才如水之有源而"时出而无穷矣"。可以看出，这一工夫与二曲前期所一味强调的工夫又有很大的不同。这一变化对二曲见道以后关于"悔过"与"自新"之间关系的看法有很大的影响。在后期，"悔过"抑或"改过"都只有在以"复性"作为功夫指向时才具有完满的意义，在此时，二曲认为是"自新"统摄了"悔过"，二者之间的关系就是原儒所倡导的上达与下学的关系。当然，值得注意的是，二曲对改过的所有论说和申述都是为了成德复性，正如二曲在《关中书院会约》中所阐述的："每晚初更，灯下阅《资治通鉴纲目》，或濂、洛、关、闽及河、会、姚、泾语录。阅讫，仍静坐，默检此日意念之邪正，言行之得失。苟一念稍差，一言一行之稍失，即焚香长跪，痛自责罚。如是，日消月汰，久自成德"（同上，第117页）。不仅仅于此，二曲还说，"先辈讲学大儒，品是圣贤，学是理学，故不妨对人讲理学，劝人学圣贤。顾本昏谬庸人，千破万绽，擢发难数，既非卓品，又无实学，冒昧处此，面颜实甚，终不敢向同人妄谈理学，轻言圣贤。惟愿十二时中，念念切己自反，以改过为入门，自新为实际"（同上，第114页）。由此可看出二曲"悔过"以成德复性的功夫指向和鹄的。

在上达与下学的指向上，二曲就"悔过自新"之功在程朱和陆王之间进行评判。他说：

如欲做个德业名儒，醇正好人，则《程氏遗书》、《朱子语要》、《薛氏读书录》、《胡氏居业录》，言纯师，行纯法，于下学绳墨，无毫发走作，精研立践，尽足自树。若欲究极性命大事，一彻尽彻，一了百了，不容不以《龙溪集》为点雪红炉，岚雾指南，辅以象山、阳明、近溪语录及《圣学宗传》，日日寓目，食寝与俱可也。（卷十六《书一·答张澹庵》，第 140 页）

二曲认为，尽管程朱的德业成就足以自树，但在尽"下学"之功这一系却未能切实用功，而只是"言纯师，行纯法"，此种悔过只是"于下学绳墨，无毫发走作，精研立践，尽足自树"而已，而于"上达"本原也无所了悟；但在"究极性命大事"的"自新"之功方面，陆王一系却尤其值得借鉴，他们"日日寓目，食寝与俱可也"，而最终的结果就是"一彻尽彻，一了百了"。

这就是二曲在见道之后对"悔过自新"学说的进一步理解和阐述，它凸显了二曲对工夫的极其重视，但作为"圣学入门之功"，它只是为学者治学路径指出了基本的方向，对于如何来详尽地用功，二曲此处的论说却仍有语焉不详之嫌疑。

附：《悔过自新说》原文

天地之性人为贵。人也者，禀天地之气以成身，即得天地之理以为性。此性之量，本与天地同其大；此性之灵，本与日月合其明。本至善无恶，至粹无瑕；人多为气质所蔽，情欲所牵，习俗所囿，时势所移，知诱物化，旋失厥初。渐剥渐蚀，迁流弗觉，以致卑鄙乖谬，甘心坠落于小人之归，甚至虽具人形，而其所为有不远於禽兽者。此岂性之罪也哉？然虽沦于小人禽兽之域，而其本性之与天地合德、日月合明者，固未始不廓然朗然而常在也；顾人自信不及，故轻弃之耳。辟如明镜蔽於尘垢，而光体未尝不在；又如宝珠陷於粪坑，而宝气未尝不存，诚能加刮磨洗剔之功，则垢尽秽去，光体宝气自尔如初矣，何尝有少损哉！

世固有抱美质而不肯进修者，揆厥所由，往往多因一眚自弃。迨其后虽明见有善可迁，有义可徙，必且自诿曰："吾业已如此矣，虽复修善，人谁我谅耶？"殊不知君子小人、人类禽兽之分，只在一转念间耳。苟向来所为是禽兽，从今一旦改图，即为人矣；向来所为是小人，从今一旦改图，即为君子矣。当此之际，不惟亲戚爱我，朋友敬我，一切人服我，即天地鬼神亦且怜我而佑我矣。然则自诿自弃者，殆亦未之思也。

古今名儒倡道救世者非一：或以"主敬穷理"标宗，或以"先立乎大"标宗，或以"心之精神为圣"标宗，或以"自然"标宗，或以"复性"标宗，或以"致良知"标宗，或以"随处体认"标宗，或以"正修"标宗，或以"知止"标宗，或以"明德"标宗。虽各家宗旨不同，要之总不出"悔过自新"四字，总是开人以悔过自新的门路，但不曾揭出此四字，所以当时讲学，费许多辞说。愚谓不若直提"悔过自新"四字为说，庶当下便有依据，所谓"心不妄用，功不杂施，丹府一粒，点铁成金也"。

或曰："从上诸宗，皆辞旨精深，直趋圣域，且是以圣贤望人；今吾子此宗，辞旨麁浅，去道迂远，且似以有过待人，何不类之甚也？"愚曰："不然。皎日所以失其照者，浮云蔽之也，云开则日莹矣。吾人所以不得至于圣者，有过累之也，过减则德醇矣。以此优入圣域，不更直捷简易耶？"

疑者曰："《六经》、《四书》，卷帙浩繁，其中精义，难可殚述。'悔过自新'宁足括其微奥也？"殊不知《易》著"风雷"之象，《书》垂"不吝"之文，《诗》歌"维新"之什，《春秋》微显阐幽，以至于《礼》之所以陶，《乐》之所以淑，孔曰"勿惮"，曾曰"其严"，《中庸》之"寡过"，孟氏之"集义"，无非欲人复其无过之体，而归于日新之路耳。正如《素同》、《青囊》，皆前圣已效之方，而传之以救万世之病，非欲于病除之外，别有所增益也。曰："经书垂训，实具修齐治平之理，岂专为一身一心，悔过自新而已乎？"愚谓："天子能悔过自新，则君极建而天下以之平；诸侯能悔过自新，则侯度贞而国以之治；大夫能悔过自新，则臣道立而家以之齐；士庶人能悔过自新，则德业日隆而身以之修，又何弗包举统摄焉！"

杀人须从咽喉处下刀，学问须从肯綮处着力。悔过自新，乃千圣进修要诀，人无志于做人则已，苟真实有志做人，须从此学则不差。

天地间道理，有前圣偶见不及而后圣始拈出者，有贤人或见不及而庸人偶拈出者，但取其益身心，便修证，斯已耳。予固庸人也，懵弗知学，且孤苦颠顿，备历穷愁，于凤夜寐旦、苦探精研中，忽见得此说，若可以安身立命，若可以自利利他，故敢揭之以公同志。倘以言出庸人而漫置之，是犹恶贫女之布而甘自冻者也。

前辈云："人生仕宦，大都不过三五十年，惟立身行道，千载不朽。"愚谓："舍悔过自新，必不能立身，亦非所以行道，是在各人自察之耳。"

今人不达福善祸淫之理，每略躬行而资冥福，动谓祈请醮谢，可以获福无量。殊不知天地所最爱者，修德之人也；鬼神所甚庇者，积善之家也。人苟能悔过于明，则明无人非；悔过于幽，则幽无鬼责。从此刮垢磨光，日新月盛，则必浩然於天壤之内，可以上答天心而祈天永命矣，又何福之不臻哉！

三、经纶参赞　明体大用

通过二曲所提倡的"鞭辟著里"的向内静坐之功的默检，由知过而悔过，进而改过并进一步自新的实证工夫以后，最终成就虚明寂定之本体。然而，值得注意的是，在二曲这里，这只是存养工夫"明体"阶段，而"明体"功夫只是功夫的开始阶段，还须进一步着力用功，从而通过虚明寂定之本体与外在事相、知识等的结合并用，而显发为仁义道德与事功的相合，这一结合即为二曲后来所提出的"明体适用"之学，二曲又把它称之为"明体大用"之学或"体用全学"，此学"内足以明道存心，外足以经世载物"，它与我们今天所盛行的崇尚享受的实用主义、功利主义大为不同，二曲的"体用全学"是以内心的受用为前提的经世致用、经世济物之实学。而经世济物之实学的阶段，二曲称之为"经纶参赞，明体大用"阶段，即"参天地，赞化育"阶段。

在这一阶段，二曲非常注重经纶参赞的外王事业。然而，由虚明寂定之体显发为外王事业的种种功用，必须借助于知识、才能的配合才能顺利达致，在这一点上，明道、伊川的"物来顺应"、象山的"物各付物"等说法都只是就本体接触万物的一段洒脱工夫来说，而不完全是从工夫上进行立论，对"参天地，赞化育"总是透显得不够明朗醒豁；而陈白沙"全虚圆不测之神"的重内圣之功的暗修亦更不显外王事业；阳明在此阶段将其良知学转化为煊赫的事功，尽管其有"拨本塞原"、"天地万物一体之仁"等思想见解的宏阔高卓，且无以复加，但其在具体外王事业展布所应具备的种种条件上却显付阙如①，宋明理学家所展现的这些功夫尽管都是为本体功夫的实现做的准备，都试图将先秦儒家的政治文化理想全部透显出来，从而达致"内圣外王"之境，然而，在本原的复归上不能不说宋明理学家在这一阶段上还是有所偏失。

作为二曲，他首先揭出"经纶参赞"之说，试图从这个角度立论，弥补先儒这些偏失，从而使得儒家外王事业的目标指向远大而昭著。

不得不提的是，这一阶段工夫的形成是经过二曲数年的努力之后才得以证显。早在二曲见道前的思想中，就有相关的思想记录。这里主要就二曲见道以后的切身体证做一探讨。二曲在见道以后，更多的是就如何进一步将呈露之后的虚明寂定的灵明光体与知识、才能相结合以"识心悟性"，从而做"收摄保任"的实修功夫以最终复归"明体"。正因为如此，所以二曲尤其强调"适用"，他对外在功名事业的重要性非常重视，当然，正如前述所说，二曲对功名观念的理解与一般的世俗理解大相径庭。在一友人困惑于功名之念时，二曲随机指点：

> 功名二字，余曾闻其说矣。功被一方，则不待求名一方，一方自然传其名。功被万世，则不待求名万世，万世自然传其名。若夫登科取第，谓之有功于己则可，谓之有功于人则不可；谓之富贵之名则可，谓之事业之名则不可。前人惟以事业为功名，当其志学之始，便以王道为心，生灵为念，故朝夕之所从事者，在于明治体，识时务，及其学成业

---

① 林继平：《李二曲研究》，台湾商务印书馆 1999 年版，第 157 页。

就，自尔功建名立。吾人惟以富贵为功名，当其志学之始，便以逢时为心，求人为念，故朝夕之所从事者，在于缀浮词，较拙工，及其学成业就，究竟无功无名。呜呼！自功名二字之义不明，士生其间，不知枉费了许多精神。人才之不振，治道之不古，职此故耳，可胜叹哉！（卷十四《周至答问》，第 121 页）

从上述可见，二曲对功名利禄的见解的确与我们当今世人关于功名利禄的见解大不一样。在二曲看来，"前人惟以事业为功名，当其志学之始，便以王道为心，生灵为念，故朝夕之所从事者，在于明治体，识时务，及其学成业就，自尔功建名立"，建功立业是治学之初以生灵作为念想而自然而然的事情，如果"缀浮词，较拙工"，那么即便"学成业就"，也会"无功无名"，二曲如此之宏阔之论，在当时求取功名利禄的世人听来，定会怦然心动而自叹汗颜，当友人听完二曲讲述时，感慨万分，自叹不如。而二曲此番宏论，即便在工具理性张扬的今天，也有痛下针砭之实。

在见道之后，二曲以精卓的识见、过人的才力以及雄伟的气魄提出其"明体适用"（附录三《年谱·二曲先生年谱》，第 636 页）的经世致用思想，他主张有志于用世者，首先应该从明体类与适用类书目入手，按读书次第顺序来做入门之功，及至中晚年后，则专门侧重于实证复归明体的工夫。二曲非常重视明体、适用两面发展的功夫，主张将此两大系统的学问融会贯通，从而达致体用全学（即全体大用之学），这一点是朱子所不及的。

二曲前期所开出的明体类书目主要是从陆象山、王阳明、王龙溪、王近溪、罗慈湖和陈白沙等陆王心学学派人物的思想著作入手，通过阅读这些儒者的书目，而对本体之形态等进行概括的了解，在此基础上，再加以见道之后的鞭辟著里的向内静坐之功来做"求识本体之工夫"（卷三十四《四书反身录·论语上》，第 455 页），从而使得虚明寂定之境得以展露，当然，这项功夫只是基础，还需要下学的功夫练达。只有经过下学之功的磨练，才能呵护并保任此虚明本体达致明体之境。明体之境的呈现是儒者内圣学的根基，由此才有了向外展现的可能性，它与事功等外王事业相融相即以证成适用之功，这其中包括广博的政治、经济、军事等外在知识才能。当然，需要注意的是，在二曲这里，不同的人生阶段，不同的对象，其侧重也会有所不同，这在后文的"适用论与社会教化论"一章中将有详细的申述。

经纶参赞的外王事业如何达致？在《富平答问》及二曲有关的书札中有专门的申述。有人在读及四书六经时似乎微有所得，但不能究其所以然之故，故而问及二曲。且看二曲如何作答：

> 读书特患无得，若果实有所得，则居资深，施于四体，四体不言而喻。即此便是发明。纵终其身无一字论著，亦不害其为善读书。答讫，又叹息曰："六经四书，儒者明体适用之学也。读之者果明体乎？果适用乎？夫读者而不明体适用，研究虽深，论著虽富，欲何为乎？不过诿精门奥，炫耀流俗而已矣。以此读书，虽谓之未见六经面，弗识四书字可也。噫！圣贤立言觉世之苦心，支离于繁说，埋没于训诂，其来非一日矣。是六经四书，不厄于嬴秦之烈火，实厄于俗学之口耳。抱隐忧者，亦清源端本，潜体密诣，务期以身发明，正不必徒解徒训，愈增葛藤，以资唇吻而已也"。（卷三十二《四书反身录·论语上》，第442页）

通过对六经四书的阐释，二曲揭出明体适用的主张，"六经四书，儒者明体适用之学也。读之者果明体乎？果适用乎？夫读者而不明体适用，研究虽深，论著虽富，欲何为乎？不过诿精门奥，炫耀流俗而已"，读书的真正目的如果不是为明体适用而清源端本、潜体密诣的话，那么读书就成为炫耀媚俗的产物。由此也能看出，在二曲的思想建构中，他非常注重行的功夫，在避兵流亡富平期间，二曲随答学人之问专门强调行的重要性。据二曲门人惠靇嗣"小引"中记载：

> 《富平答问》者，吾师二曲先生答人问学之语也。……凡进修之要，性命之微，明体适用之大全，内圣外王之实际，靡不当可而发，因人而启。要皆口授心受，期于躬体实诣，不以语言文字为事，以故语多未录，兹仅录其切于通病者聊以自警。……（卷十五《富平答问》，第124页）

由此可以看出，二曲强调学必归于笃行，只有"期于躬体实诣，不以语言文字为事"，才是行有所得。以此真实的心得作为基础，并对个人的身心予以涵养调适，"凡进修之要，性命之微，明体适用之大全，内圣外王之实际"，都是以达到内外平衡作为主旨的，这样才能保持个体精神、心理与生理的健康协调发展，从而受用终生。二曲所提出的明体适用之学是"内圣外王"之学，二曲认为，在经过前期的博学、审问、慎思和明辨等一系列为学过程后，通过实践躬行，明体适用之学才能渐入佳境而内外合一、理境圆融。二曲不重文字著述而重笃行的治学品性与陆王心学家象山、阳明极为类似，这一点其实就是中国传统儒家为代表的中国人文思想一直以来重"笃行"的一大特色和基本品性。从先秦孔、孟、荀到原典《易传》、《中庸》、《大学》等人文思想著作的形成，都是按照这样的路径来走的，然而，到了两汉隋唐，章句、训诂之学将儒家的这一人文精神湮没隔断，一直到宋明理学的重新崛起，儒家的这一人文精神重现天日，尤其到了二曲这里，得到了进一步发展。我们来看看二曲更详尽的探讨。

二曲在答人问学"为学须是无所不知？"时曰：

> 无所不知固好，然须先知其在己者；否则，纵事事咸知，犹无知也。故无所不知者，有大不知，逐末迷本，智者固如是乎？（卷十五《富平答问》，第125页）

二曲认为，治学"无所不知固好"，但是，如果只重知识的积累，而不"知其在己者"，那么，正如朱子讥评的，如此学问，只像"永嘉截头"一般，尽管博览群书，但是仍未扎根于己心，纵然再淹博、旷世，也于自己身心无多大受用，这样治学，对于做事功而言是潜藏着非常大的危险的。

在有人又问及"何为在己？"时，二曲回答说：

> 即天之所以与我者是也。此为仁义之根，道德之枢，经纶参赞之本。故讲习讨论，涵养省察，无非有事于此耳。舍此而他求，是犹茫然于自己家珍，而偏详夫邻里器用，此之谓"不知务"。（同上）

二曲这里所讲到的"天之所以与我者",主要是指前文所讲到的虚明寂定的灵明光体,它是人所独具的,"生时一物不曾带来,惟是此来;死时一物不曾带去,惟是此去"的人人所具的"一点灵原",它是"仁义之根,道德之枢,经纶参赞之本",它潜存于人生命心灵最深处。正因为如此,所以,二曲强调指出,无论是讲习讨论,还是涵养省察,"无非有事于此耳。"如果"舍此而他求",则犹如"茫然于自己家珍,而偏详夫邻里器用,此之谓'不知务'"。此仁义道德的涵养与栽根处是无须向外追寻的。只有道德主体植基于此灵明光体中,才能让人不以己私和浅薄处事,而施以廓然大公,昭然若揭。二曲认为,此灵明本体乃至善之自身,是绝对之善,亦唯有从此绝对善出发,一切落实在形而下的东西就无不善了[1]。只有这样,才能在明体一面的内圣修养做到位时,操纵和把握适用的事功外王事业,这才是真正的"经纶参赞",而"经纶参赞之本"如有根之木,才可以真正如有源之水,"若水之有源,千流万派",汩汩长流而枝繁叶茂;而经纶参赞外王事功之业也才能真正成为道德化的事功而让人不仅受用于心,同时还有功名利禄,这一点才是二曲所主张的真正的事功事业,所以二曲才得出结论:"遇则经纶参赞,一本至性,体即为用,道德即为事功,非犹夫他人之所谓事功;不遇则独行其道,逐世无闷"。

> 虚明寂定,才动便觉,一觉即化,不远而复。……若水之有源,千流万派,时出而无穷。遇则经纶参赞,一本至性,体即为用,道德即为事功,非犹夫他人之所谓事功;不遇则独行其道,逐世无闷,区区身外浮云,有与无,原与天良毫无加损,夫何容心焉!(卷十六《书一·答张澹庵》,第143—144页)

二曲认为,真正的君子在经纶参赞阶段"洞修己治人之机,达开物成物之略",贵博不贵杂。而在有人质疑:"然则家珍既知之后,其他可遂不知乎?",关于知识学问如何"搭配",二曲对此问题有自己的想法,他说:

---

[1]　林继平:《李二曲研究》,台湾商务印书馆1999年版,第168页。

君子为学，贵博不贵杂，如古之伊、傳、周、召、宋之范、韩、富、马，推其有，足以辅此而泽民，而其流风余韵，犹师范来哲于无穷，此博学也。名物象数，无积不探，典故源流，几微必察，如晋之张华、陆澄，明着升庵、翁山，扣之而不竭，测之而益深，见闻虽富，致远则乖，此杂学也。自博杂之辨不明，士之审故纸，泛穷索者，便侈然以博学自命，人亦翕然以博学归之。殊不知役有用之精神，亲无用之琐务，内不足以明道存心，外不足以经世载物，亦只见其徒劳而已矣。(卷三十八《四书反身录·论语下》，第490页)

　　其实，关于这个问题，二曲在与顾炎武针对体用关系进行探讨时也说过，"……如明道存心以为体，经世载物以为用，则体为真体，用为实用。……苟内不足以明道存心，外不足以经世载物，则体为虚体，用为无用"，二曲认为博学是"真体实用"之学，而杂学则是"虚体无用"之学，博学的标准必须由"明道存心以为体"之"真体"与"经世载物以为用"之"实用"（即"明体适用"之学）来进行衡量，否则，则是杂学。二曲在这里所强调的真体实用之学就是他毕生所强调的明体适用之学（又称"全体大用"之学）。正如二曲在《富平答问》中所说，"……必也，以致良知为本体，以主敬穷理、存养省察为工夫。……庶内外兼尽。姚江、考亭之旨，不至偏废。下学上达，一以贯之矣。故学问两相资则两相成，两相辟则两相病"，可以看出，二曲这里所说的"以致良知为本体"即为前述所提到的明体适用之学中的"明体中之明体"，而"以主敬穷理、存养省察"等为工夫，则即为二曲所说的"明体中之工夫"，而"适用"之学则最主要是遵从朱子所主张的博约路径，二曲依循朱子，教人由博物而约于内、由内而续于博物，他认为此种治学路径才是真正的"本体常现，自无出位之妄"（卷十五《富平答问》，第131页），从而不会偏离于儒家孔孟之人道，只有如此，才是真正的"志伊尹之志，学颜回之学"。

　　二曲治学到如此地步，他是当之无愧的一代儒家宗师。

四、虚静光明　超然罔滞

正如前述引论中所论述的，二曲治学不是为了博取功名利禄，他恪于民族大义而拒绝出仕，所以，功名仕途等功业对于二曲来说根本就无从彰显。然而，即便如此，二曲思想发展的历程并不是在经纶参赞，明体大用阶段就戛然而止了，他仍然深究，试图将"化"功放置于人最终的境界中来体证，从而臻于圆融之境。正因为如此，二曲把这一人所追求的最终境界称之为"虚静光明，超然罔滞"，他认为这一阶段达到了，才是人最终思想极诣阶段的完满实现。

在二曲所做的"肘后牌"中，二曲专门强调经纶参赞阶段并不是最终的境界，还需要"化"功，才能将"虚静光明，超然罔滞"的最终阶段以"无声无臭"之境来画上句号，这才是思想的极诣，而这一极致正是二曲由其经纶参赞的外在事功向其所提出的湛然虚明寂定、声臭俱无的本体世界的复归。那么，无声无臭之境是什么状态？无声无臭本出自于《诗经·大雅·文王》，如"'上天之载，无声无臭'，至矣"，声臭尽管无形无体，但是，如果真正去追究的话，又似乎可闻可嗅。这里，无声无臭的"声臭"却无可闻可嗅之质，它音味皆无又似乎虚无缥缈，是此形而上的灵明光体的至善状态的描述，它是声臭俱无的。后来宋明理学家在其思想体系中也经常引用该说法，作为二曲，自有其个人的看法，他试图用无声无臭来揭示其思想所要达到的最终的圆融境界。

首先从此虚明寂定的灵明光体入手来进行探讨。宋明理学家一直以来都对灵明本体有各样的阐述，作为二曲也不例外。二曲在其《学髓》中所述的人生本原图中以"寂而能照，应而互寂"来对阳明的说法进行补充阐释，并以"寂若夜半"来比喻"寂而能照"的状态，以"明若秋月"或"明若朗月"来比喻"寂而互照"所出现的境况，这些描述都是为了对灵明光体的各种本体特性予以种种如实的描述。由于此光体（本体）寂静、光明的特性，所以二曲特以寂、照来对灵明光体进行描述、摹拟（当然，此说法早在禅宗那里就有），又因二者"寂"、"照"的相关性：在寂静之时又有一片光明朗现，二曲认为此时只须功力既厚便可在合适时机，使朗现的灵明境界呈现，从而朗照，所以，二曲以"寂而互照"来进行描述。反之，此灵明光体呈露时则一定是寂静无声而声臭俱无，所以它又可"照而互寂"（亦即"照不离寂"）。其实，二曲的这一说法并非空穴来风，他是受禅宗和阳明的影响而论说的。六祖禅宗惠能认为"菩提本无树，明镜亦非台，本来无一物，何处惹尘埃"，人的自性本来是清净的，原是不生不灭，本来具足无缺而毫不动摇，自性又如何能生出万法？所以，惠能认为人若不认识本心，学法是没有益处的，若能识自本心，见自本性，就是大丈夫、天人师乃至佛陀。惠能此处所提到的本心就是对灵明光体的描述；阳明常以"明镜"为喻，认为此本体"寂而互照，照而互寂"，如明镜一般寂静无声并常有光明朗照伴随；二曲对阳明关于此本体寂、照的说法以"寂而能照，应而互寂"加以修正，二曲以"应而互寂"的说法点出了此灵明光体的感应作用，从而使其通过感应而落实到了外在的只是事功等形下事物中。正如二曲在《学髓》中所释："……经纶参赞，赖此以为本"（卷二《学髓》，第18页）。正因为此本体所具有的感应特性，所以，二曲认为它又可称为经纶参赞的外在事功之本，不仅如此，经过二曲所讲的"寂而互照，照而互寂"的感、应作用，此灵明光体仍旧能回复到寂照同时的本体界这里，此时为至善境界，这就是二曲所津津乐道的"即体显用，即用摄体"的现象显现。在体用相感相应的"往返"中由功夫而落实到了外在的物质现象界，又由此外在的现象界通过切身体证、超拔而复归于灵明的本体界，这其实也是阳明经常提到的"万物为一体之仁"境界的实现。此寂照是以个体的内在心灵为基础，同时又超越了个体的感性经验而自我感悟、超越，从而最终实现对极致的把握。只有经过二曲的如此功夫和修正，"寂而互照，照而互寂"的寂、照含义才会具有更丰富的内涵和意境。

　　然而，需要注意的是，二曲对"寂照"关系的诠释是通过相互感应来实现的。二曲认为，在寂、照同时发生的状态下，就有了相互之间的感应问题。关于这个问题，二曲指出，"本性真体，不落思想，不坠方所，无声无臭，浑然太极，大德之所以敦化也。当恻隐即恻隐，当羞恶即羞恶，知爱知敬，知是知非，随感而应，小德之所以川流也。未发不是先，已发不是后，体用一源，显微原自无间"（卷十六《答张澹庵·第三书》，第145页），由"寂而能照，应而互寂"与感应的相互作用便可阐明存在体用关系中的体用一源的问题。此本体在接触外在事物的过程中彼感此应，并展现为生命个体的仁智作用而达致体用一源，为达致经纶参赞之业做准备，关于体用一源，宋明理学家，尤其北宋五子，如周敦颐、邵康节、张载、程颢和程颐通过"出入于佛老，而返于六经"的方法来吸收佛老之道的思想，用以对儒家思想进行补充和诠释。禅宗所倡导的"不立文字，教外别传；直指人心，见性成佛"以及"吃喝拉撒，无非妙道；挑水劈柴，无非妙道"的体用一源思想被北宋五子直接融摄到儒家思想之中，将生命个体的个人修为融摄到日用常为事的方方面面，将儒家修齐治平的大用之学演绎得淋漓尽致。然而，在体用如何通过"寂照"达致一源之境，程朱理学家程颐似乎并没有予以深刻解析，朱子于博约中也只是停留于格物阶段而难免有敷衍之嫌疑，陆王心学家象山却认为"我无事时，只似一个无知无能底人；及事至，方出来，又却似个无所不知、无所不能之人"[①]，他对程颐自述己说而"蔽锢深"的做法大为不满，阳明在象山思想的基础上进行了进一步的理论诠释："……既体而言，用在体；既用而言，体在用，是谓体用一源"，[②] 可以很明显地看出来，在阳明这里，他更加详细地将体用二者之间的关系进行了明确的划分，后来，景逸先生接着阳明的说法，阐发了更为精辟的看法："体即是用，用即是体，虽不容分，然用寂是体，体发是用，亦不容混[③]。也就是说，发展到二曲这里，对体用一源的阐释已经有了深厚的底蕴，但是二曲并不满足于当前的这些解说，他对体用关系进行了更为精密的论述："……未发不是先，已发不是后。体用一源，显微原自无间，先哲口口相授，止传工夫，未尝轻及本体，务使一味刻苦实诣，力到功深，自左右逢原。……"（卷十六《答张澹庵第三书》，第145页），二曲明确指出，体用本一源，它是经过先哲口口相授相传下来的，真正能够做到"一味刻苦实诣"，那么自然力到功深而左右逢源。二曲又说，"……如明道存心以为体，经世载物以为用，则体为真体，用为实用"

---

① 《象山全集》卷三十五《语录包显道录》。

② （明）王守仁撰，吴光等编校：《王阳明全集·传习录上·薛侃录》，上海古籍出版社1992年版，第235页。

③ 同上，《与吾观华书》。

（卷十六《答张澹庵第三书》，第145页），等等，诸如此类的说法在《二曲集》中随处可见。经过二曲的融铸，体用之间的关系已经由经过"寂照"的相互作用而达致一源，到二曲这里，二曲是以"明体适用"的大用之学来示人的。

那么，此经纶参赞事业又如何回至无声无臭之本体？在二曲看来，只有"化"功才能实现经纶参赞与无声无臭之境的沟通（在前述肘后牌中有关于此阶段"化"功的图示说明）。且看二曲的说法，"……以之经世载物，犹水之有源，千流万派，自时出而无穷；然须化而又化，令胸中空空洞洞，无声无臭，夫是之谓尽性至命之实学"。在二曲看来，只有"化"功才能在适应某一事物时不致"泥泥滞滞"，才能令胸中空空洞洞而胸中洒洒。不仅仅于此，还须"化而又化"，待到化功真切笃实时便回复至灵明光体的湛然境界，而空空洞洞、胸中洒洒正是回到无声无臭的妙境的一种意境描述，这种意境是"即用即体"、体用一源的统一和相融。也就是说，达致无声无臭之境时，所有经历了"化"功的道德主体与外在事功之间没有任何阻碍蔽塞而被化为乌有，所以，二曲认为，只有在此时，人才能在胸中洒洒中体会到灵明光体的寂然不动和至善作用，才能在面前呈露出寂照同时之境。关于"寂照"问题，周濂溪也有相关的论述，他以"寂然不动，感而遂通"来阐释这个问题，认为寂然不动意即为对本体的感应，感而遂通则就体用关系来说，其所通明之事即为"应"之作用而成。但此体用关系并非境界意义上的体用关系，所呈露之事物无须外在人力的安排，无须感应而自然其然，并与外在的经验事功毫无关联，它是一种"直觉的智慧"而非真正意义上的体用一源。这种感应实质上是从探究寂然不动的灵明光体如何落实到社会人生中的问题，是关于如何对人日用常为事中出现的问题进行应对的问题，到二曲这里，其实就是二曲所提出的经纶参赞的问题；程明道则以"廓然大公，物来顺应"来阐释感应问题，此说似乎是周濂溪说法的翻版；而象山则以"……及事至（感），方出来（应），又却似个无所不知、无所不能之人"[1]来描述感应的作用，认为只要"事至"，则有"应"；阳明以"心无体，以天地万物感应之是非为体"[2]

---

① （宋）陆九渊撰：《象山语录》，上海古籍出版社1992年版，第40页。

② （明）王守仁撰，吴光等编校：《王阳明全集·传习录下·钱德洪录》（上），上海古籍出版社1992年版，第25页。

之说法将感应作用发挥至极致，认为感应实质上就是心体对天地万物、是非的感应。

然而，在二曲看来，达致无声无臭之境并不意味着已经达致登峰造极之境，这一阶段的完成只是生命个体格物、致知、修齐、治平事业的最终完成以及所达致的圆融境界。我们从二曲语录、书札等资料中，便可略窥一二。但凡中老年人每每向二曲请教，二曲都会以"做得工夫，才算本体"来启发对方。二曲认为，声臭俱无的本体境界的实现，并不能解决个我的死生问题，尽管之前的宋明理学家经常以"昼夜"问题来与"死生"问题相关联，但是似乎对个我的死生问题并没有给出很好的解决。作为二曲，他独辟畦径，认为关于个我死生的问题，实际上就是个我独享遐龄时的思想诣境。在答门生张澹庵（又名张珥）问学中，二曲专门强调：

> 曩谬竭愚衷，吐人不敢吐之隐，泄人不敢泄之秘，无非欲高明直下敦大原，识本体耳。诚识得本体，循下学之规，由阶级而进，则收摄保任，好做工夫。做得工夫，才算本体。……夫学必彻性地而后为真学，证必彻性地而或为实证。若不求个安顿着落处，纵阐尽理道，纵是门外辊，做尽工夫，纵是煮空铛，究将何成耶？……若欲究极性命大事，一彻尽彻，一了百了，不容不以《龙溪集》为点血红炉，岚雾指南，辅以象山、阳明、近溪语录，及圣学宗传，日日寓目，食寝与俱可也。噫！行年如许，未必再如许，不但文章功业，至此靠不得，即目下种种见趣，种种修能，果终靠得否耶？须自觑自认，自觅主宰，务求靠得著者而深造之。稍涉依违，大事去矣。……（卷十六《书一·答张澹庵》，第 139—140 页）

二曲惆惆教诲，殷殷致意张珥，他指出，"究极性命大事"，是人生第一要务，所以学须注重"返观默识"之功，"自觑自认，自觅主宰"，切实关心自家性命，阶级而进而收摄保任，做尽工夫则做得本体。也只有彻底地真学，才能彻底地实证，从而求得生命的"安顿着落处"。

在友人含真临终前夕，二曲曾多次作札颂扬对方，第一札："吾两人心孚意契，情同骨肉，四十年于兹矣。每念西山日短，相与有限，亟欲时常迎驾聚首，流连晚景"。第二札："十五日，接手示，怦怦恸甚。读至去后再无一人头脑心句，不觉抚地号天，肝肠欲裂。噫！世之密交有矣，孰有如吾二人之忘形骸，无尔我，心心相照者乎？孰有如弟之于兄，知无不言，言无不尽者乎？"由札记可以看出，二曲与含真相交相知甚深。不仅仅于此，二曲更誉友人含真为"粹德高士"，感慨"弟生平阅人多矣，心真、言真、行真，坦夷朴淡，事事咸真，实未有如足下者。可谓人品、真善士、真君子，真邑中第一流，弟是以重之钦之。亲之衋骨肉，奉之如胞兄，愈久愈笃，四十年如一日也。每答友人书，言及足下，必称之为粹德高士。异日百年后，弟即以题旌。……"二曲对含真敬重至此，在含真去世之后，二曲在《示惠海》（即含真子）中说，"暗修多年，一旦脾弱食减，知大数将尽，断食凝神，虚静光明，悠然而逝，此是好结果。……"在二曲看来，尽管含真并无坐"化"之本领，但其"悠然而逝"就是"虚静光明"之本体的呈露，这足以证见含真功力的深厚。也就是说，关于死生问题，二曲认为其实就是一种人生过程最后的境界："虚静光明，超然罔滞"，它是人达致声臭俱无境界的进一步升华。

> 贤如濂溪、伯淳、象山、阳明，寿皆未满六旬。今寿窬古稀，与先师同，夫复何憾？"心如太虚，本无生死，尚何幻质之足变乎？"目下紧要，在屏缘息虑，常寂常定。口无他言，目无他视，耳无他听。内想不出，外想不入。洁洁净净，洒洒脱脱，此一念万年之真面目也。时至便行。虚静光明，超然罔滞，夫是之谓善。逝，以此作别，即以此送行。（卷十八《书三·示惠海》，第204页）

在二曲避兵富平时，又有学人对此死生问题提出质疑："当见先儒有坐化者，释与道亦有坐化者，一灵炯炯，不知皆往何处去也？"二曲一反常态，避谈坐"化"的问题，他以"二氏作用，与吾道悬殊，而一念万年之实际，亦有不可得而全诬者。区区坐化之迹，当非所计"予以答复。他指出，生死问题是人生最重要的问题。"一灵炯炯"是虚灵寂定的光明本体的意境展现，是"一念万年之实际"（"一念万年"是之前的佛教用语，后来理学家一致沿用佛教此说法），而此"一灵炯炯"正是虚静光明之念，达致此念，便可了脱生死。在《锡山语要》中，二曲又进一步指出：

> 日月易迈，人寿不常，倏而青颜，倏而白发，此智者……。时时打点，刻刻干办，力到功深，豁然炯悟。如此则形骸耳目，虽与人同，而所以视听言动，浑是一团天理，可以达天，可以补天。……在乾坤谓之肖子，在宇宙谓之完人；今日在名教谓之圣贤，将来在冥漠谓之神明，方不枉活一场人也。（卷五《锡山语要》，第 41 页）

在生死问题上，二曲再次强调，豁然炯悟即为"将来冥漠中之神明"，即为"一灵炯炯"。人尽管在乾坤谓之"肖子"，在宇宙谓之"完人"，但是这并不意味着神明与人已经完全隔离。现实人生中似乎稍有隔离陌生之感，但是中国人的神明观念，一直是"自诚明，自明诚"，由"神而人"而"人而神"而相互感应，即由神而寓于人，由人的灵明光体而经工夫的实证修为和体验而达于神明，这一过程是人"一灵炯炯"之感应向神明的过渡，而死生的最终问题正是通过虚静光明、超然罔滞而与神明相默契。也就是说，在二曲这里，只须反诸自心，当下即是，不必求诸于超越而虚幻的上帝，只要做尽工夫，就一定会有了悟。二曲的这一观点似有华严宗"事事圆融"与"一多相涵"之境的融入，实际上，二曲是非常喜欢到佛道典籍著作中进行"光顾"的，很难说他的这一思想认识能不受华严宗的影响。

二曲关于"虚静光明，超然罔滞"的阐释与前述无声无臭意境的论说，在意境上，前者的工夫更加邃密。至此，二曲彻底解决了人生死归宿的问题，它不需要借助宗教的调剂而其自身即系一人文宗教①。

---

① 林继平：《李二曲研究》，台湾商务印书馆 1999 年版，第 189 页。

| 第五章 |

体用兼赅的适用论

宋明理学发展至晚期出现了诸多不同的学派，或苛察缴绕，或支离破碎，或有狂禅之风。随着明清实学思潮的兴起，二曲于程朱理学与陆王心学中崛起，他试图协调二家而独辟畦径，在明清之际的实学思潮濡染下，二曲非常重视"适用"一面，他深恶门户之见，而以"求真是真非之所"作为自己治学的最终依所。

"用"有广义与狭义之分。从广义的角度上来说，"用"包括前面所论述到的二曲所主张的受用之说，在二曲这里，受用主要是指"为己之学"，是个我内在心灵的独自享受，这一享受不依赖于任何外在的事相、条件，在功力既久之时便自然而然呈现自如，且功力愈深，受用愈强。这一点也是宋明理学家一直以来非常关注的一个方面，是理学家在治学中所津津乐道的，即"孔颜之乐"。当然，作为重视立"体"的二曲，其学术主张也是把个我内在心灵的受用当作毕生追求的至乐人生境界，这一点二曲非常重视，其实，儒家一直以来都很重视内在心灵的感悟和享受，作为二曲也不例外。然而，这里主要从狭义的角度，即实用的角度来谈"用"。在明末清初的实学思潮中，二曲也非常重视外王事功，其学术思想的外王主张往往与其本人的社会践履活动存在着很大的反差：作为二曲，与阳明有着极其显赫的战功（实际上，阳明的思想主张中重事功的思想倾向并不凸显）大相径庭，二曲大力主张在追求"真我"，内在心灵受用的同时，还应该重视外在的事功和知识等。但是，遗憾的是，由于时代的遇合（当时正处于明清之际，政权交接），更由于二曲不愿出仕（二曲内心深处对清政权一直持有抵触情绪），所以，二曲的一系列外王主张、政治思想只限于学术上的倡导，二曲的社会实践活动最主要是通过其遍及大江南北的巡回讲学活动来实现的。

一、究心经济　康济时艰

二曲的早年生活是在极不寻常的窘迫环境中度过的（前述已有详细论说），就是在这样艰苦的环境中，他"艰苦力学，无师自成"。经过多年的自学，经过博览全书的洗礼，但凡经、史、子、集、释藏、道藏、壬奇遁甲、稗官野史乃至西洋教典，二曲都靡不浏览。然而，博览中还是孕育了二曲治学的路径，二曲尤其重视经济（即经世济用之学）与军事两方面，他主张出将入相，期望于当身当世通过经纶参赞而展布事功，由此造就内外兼具、灵明光体与外王事业相统一的"适用"教育。二曲认为程朱陆王之学，两者各有所偏，"犹如一车之有两轮而缺一不可"。究于此，二曲以极大的努力深入《四书》进行深究，他力图通过《四书》的元典精神来重先阐发儒学经世致用的实学性质，从而为"道学即儒学"、儒学即为"明体适用"之学的论证做准备，可以说，二曲一直奔赴在回归孔孟元典思想的大道上。也正是出于这种缘故，二曲对阳明所提出的"通变不迁，文武兼资"的"有用道学"甚为赞赏，并力图展现出自己治学的这一实学倾向。

正如二曲所述，"儒者之学，明体适用之学也。秦汉以来，此学不明，醇厚者梏于章句，俊爽者流于浮词，独洛、闽诸大老，始慨然以明体适用为倡，遂有道学、俗学之别。其实道学即儒学，非于儒学之外别有所谓道学也"（卷十四《周至答问》，第120页），二曲通过对适用的阐释，提出"道学即儒学，非于儒学之外别有所谓道学"的主张，认为儒者之学，就是明体适用之学，正是这一明体适用之学使得个我的人格修养与外在事功的治平建树融为一体，使形上学与形下学融成一片。二曲试图通过内在心灵的函咏与外在事功的融摄，将儒家经世致用的淑世精神再次宏扬。正是由于处于这一目的，二曲在经纶参赞阶段，已经谈到了关于用的问题。这里之所以又以此大段对二曲的适用论思想加以论述，是因为二曲学由心性存养中所透显出来的实用思想。二曲并不是"为旧学（理学）坚守残垒"①。二曲治学注重一味向里，这一点无可厚非，但是二曲更注重体用兼赅。他力图矫救程朱末流因倡导博约而在后期出现的思想的支离破碎之弊，以及陆王末流因忽略外在的事功而导致的狂禅和空疏流弊，二曲似乎更倾向于提出在调和二者流弊中，以理学之本体、工夫之重铸的适用思想来示人的思想主张。

正因为二曲亲眼目睹和经历了战乱所造成的磨难和民间疾苦，他以"道学而无用，乃木石而衣冠耳"而深痛。二曲提出，"学须开物成务，康济群生"，以究心于经济，康济于时艰为奋斗指向。由此，二曲矢志于读书，他在博览群籍的基础上著大量的著作，如《帝学宏纲》、《经筵僭拟》、《时务急著》以及《易说》、《象数蠡测》、《十三经注疏纠缪》、《二十一史纠缪》等书籍。

二曲后来在《周至答问》中进一步进行了述说：

> 先生尝谓"天下之治乱，由人才之盛衰；人才之盛衰，由学术之明晦"。故是录一主于明学术，其用心可谓仁且远矣。（卷十五《周至答问》，第123页）

二曲认为天下之治乱与人才、学术之间关系紧密，学术明则人才盛，人才盛则天下有治，所以当务之急在"明学术"。不仅仅如此，二曲更为先秦以来的儒生指明了治学指向和目标。且看二曲在《周至答问》中的说法。

在有人问何为"儒"时，二曲给出了这样的回答：

> 德合三才之谓儒，天之德主于发育万物，地之德主于资生万物，士顶天履地而为人，贵有以经纶万物。果能明体适用而经纶万物，则与天地生育之德合矣。命之曰儒，不亦宜乎？（同上，第126页）

二曲强调，"德合三才之谓儒"，这的确揭示出了儒者的真正内蕴，而

---

① 梁启超：《清代学术概论》，东方出版社1996年版，第4页。

"能明体适用而经纶万物，则与天地生育之德合"则又指出了儒者之德的适用和经纶性，二曲认为，"一代真儒"的德性最终是经过经纶万物而与天地合德，由此才不失为人的真正本性。一直以来，二曲是以古圣先贤，如太公、武侯以及阳明等人作为效仿的榜样的，实际上，在某种意义上来说，二曲的才具与这些先贤不无相似之处，二曲的儒者情怀在此也尽情展现。

在《历年纪略》中，二曲又为儒学进行进一步定论。

> 能经纶万物而参天地，谓之儒；务经纶之业，而欲与天地参，谓之学。儒而不如此，便是俗儒；学而不如此，便是俗学。俗儒俗学，君子深耻焉。（卷四十三《四书反身录·反身续录·孟子上》，第 536 页）

二曲进一步对真儒和俗儒进行了区分，他认为真儒"能经纶万物而参天地"，故而其学"与天地参"，而俗儒则与之相反，其学亦甚。正因为如此，二曲强调指出，圣贤君子是以俗儒俗学为耻的。由二曲如此卓识，可见其才识之不凡，邑令骆钟麟一直对生活窘迫的二曲施以师礼也就不足为怪了。

在有人质疑道学之实质时，二曲又为道、儒学之别作出分析：

> 儒者之学，明体适用之学也。秦汉以来，此学不明，醇厚者梏于章句，俊爽者流于浮词，独洛、闽诸大老，始慨然以明体适用为倡，于是遂有道学、俗学之别。其实道学即儒学，非于儒学之外，别有所谓道学也。……（卷四十《四书反身录·论语下》，第 512 页）

在二曲看来，道学就是儒学，即明体适用之学。一直以来，儒学之不明是因为人们多流连于章句、浮词，而唯独洛、闽诸理学家"慨然以明体适用为倡"，由此才有了道学、俗学之别。宋明理学家或以"立体达用"，或以"体立用行"，或以"全体大用"之说来诠释儒学，然而其关于"体"的义蕴解释并不甚明朗，关于"用"的适用范围亦"汗漫而无所归宿"，与二曲儒学乃明体适用之学的说法在思想义理上亦相差甚远。二曲的"明体适用"学（二曲又称其为"全体大用"之学）正可以弥补朱子"全体大用"之说的种种内在缺失。我们来看二曲如何阐释。

> 明体而不适用，便是腐儒，适用而不明体，便是霸儒。（卷七《体用全学》，第 54 页）
>
> ……功名二字，余曾闻其说矣。功被一方，则不待求名一方，一方自然传其名，功被天下，则不待求名天下，自然传其名。功被万世，则不待求名万世，万世自然传其名。若夫登科取第，谓之有功于己则可，谓组织有功于人则不可；谓之富贵之名则可，谓之事业之名则不可。前人惟以事业为功名，当其志学之始，便以王道为心，生灵为念，故朝夕之所从事者，在于明治体，识时务，及其学成业就，自尔功建名立。吾人惟以富贵为功名，当其志学之始，便以逢时为心，求人为念，故朝夕之所从事者，在于缀浮词，较拙工，及其学成业就，究竟无功无名。呜呼！自功名二字之义不明，士生其间，不知枉费了许多精神。人材之不振，治道之不古，职此故耳，可胜叹哉！（卷二十九《四书反身录·大学》，第 396 页）

二曲强调，如果只停留于明体而不适用，便是腐儒，如果仅停留于适用，特别强调功名事业的重要性，而不为复归明体，则是霸儒。这里需要注意的是，二曲对功名观念的理解与一般世俗判然有别，他说，功名不是有意而为之，而是自然而然、水到渠成的事情，"功被一方，则不待求名一方，一方自然传其名，功被天下，则不待求名天下，自然传其名，功被万世，则不待求名万世，万世自然传其名"，如果把所谓的功名理解为登科取第，那么其实质只是"有功于己"，虚有富贵之名，而无功于人，更谈不上所谓的事业。真正的功名在志学之始就"以王道为心"，以"生灵为念"，以"明治体，识时务"为志向目标，所以"及其学成业就"，自然而然功成名就。二曲的此番宏阔之论不仅令当时求取功名富贵而趋之如鹜者汗颜，同时，这样的功名趋向即便是置于当今当世，也无异于对当今中国教育的功利现状施以一剂猛药而痛下针砭。

穷理致知，反之于内，则识心悟性；实修实证，达之于外，则开物成务，康济群生，夫是之谓明体适用。（卷七《体用全学》，第52页）

二曲对真正的功名有自己独到的看法，所以针对战乱所造成的民间疾苦，他深痛于"道学而无用，乃木石而衣冠耳"的社会现状，呼吁学人通过"穷理致知，反之于内"而矢志于"开物成务，康济群生"的明体适用之学，若"……学而不足以开物成务，康济时艰，真拥衾之妇女耳，亦可羞己"，由此而识心悟性、实修实证。

这一见解仅是二曲见道前的粗略看法，尽管二曲此时学还尚未"见道"，但他却能融摄朱陆而开出自己的一条治学路径。二曲既能识心悟性、穷理致知，又不失实修实证而开物成务，由此开出其卓然不群的"明体适用"之学。当然，值得注意的是，此时的二曲博览群籍，对水利、军事等各方面均有靡及，然而，此时的二曲，著述纵然甚丰，但是其学术走向就在于"体"暂未立，而"用"亦未施展开来，所以，此时二曲的学术于人生受用方面则似乎多付阙如，尤其在探求个人生命心灵学问方面还未觅得门径，二曲的"为己"之学还并未找到切实着落处，于个我内在生命心灵的受用似乎关联"不定"。

二、酌古准今　通达治理

如果说二曲见道前关于"明体适用"之学的见解是其早期较为粗略浅显的看法，那么我们说，见道以后的二曲，其关于"明体适用"的见解则更趋向于成熟。二曲早期的博览群籍之功并不是徒劳之功。从适用的角度来看，二曲早期的博览工夫恰好为二曲"明体适用"之学的具体落实奠定了深厚的学理基础。在二曲晚年的时候，他在答陕西学台许孙荃书时还时时强调"理学经济，原相表里"（卷十七《书二·答许孙荃》，第176页），他的这一主张是其后期"有用道学"思想的进一步补充。在见道以后，经过多年的工夫历练，二曲将早期"明体"一面的诣境与其高卓的学问融摄一体，融入到其"明体适用"之学之中，从而发展成后来二曲经常强调的"体用全学"，也只有到此时，我们可以这么说，尽管晚年的二曲注重于返观默识的明体之功，专注于人生意义与价值的追求，但是这一功夫正是二曲"体用全学"思想的基础。体用全学，应该说是二曲哲学思想的精蕴之所在，其毕生学力，不外荟粹于此①。

在二曲学中，"适用"有特定的含义，正如前文所说，"体"之明与立，是为了建立一个超时空、超认识的无限光明的灵明光体来作为人生之实在的"真我"，而"用"之显用则就是适用，是在此灵明光体的基础上，在与外在事功、知识等的融合作用下，开出康济时坚、经纶参赞的外王事功。然而，不得不强调的是，二曲认为此适用之功必须先从"立体"着手。

首先，"立体"——心上用功。二曲指出，"随事磨练"不是一味向里行静坐之功，其目的是为了"立体"。要立体就首先应该扫除心底廓清，扫除对象包括"习"、"想"、"见"等。关于"习"，二曲认为主要即为在人受到外部环境的诱惑和影响时所形成的世俗之人所带有的一些不尽人意的习惯、习气和性格。之前的刘宗周对此亦有其看法，他说："余谓水，心也，而清者其性也，有时而浊，未离乎清也，相近者也。其终锢于浊，则习之罪也"②，而陈确亦响应此说法，他认为"气之清浊，诚有不同，则何乖性善之义乎？……善恶之分，习使然也"③。这些见解似与二曲所指一脉相承而又较二曲所指范围更广一些；而"想"、"见"，在二曲看来，无非是人之想物、见物不化之识，他说：

> 博识以养心，犹饮食而以养身，多饮多食，物而不化，养身者反有以害身；多闻多识，物而不化，养心者反有以害心。（卷三十九《四书反身录·论语下·卫灵公》，第496页）

二曲指出，博识以养心，就犹如饮食以养身，如果多饮多食，则物而不

---

①　林继平：《李二曲研究》，台湾商务印书馆1999年版，第163页。

②　（清）黄宗羲著：《黄宗羲全集·蕺山学案》（第八册），浙江古籍出版社1985年版，第921页。

③　（清）陈确撰：《陈确集·气禀清浊说》（下），中华书局1979年版，第455页。

化，博识也是如此，如果仅局限于多闻多识而"不化"，则反而会"害心"。正因为不化，故而心有所滞，从而造成"骨董"。对此所滞之"骨董"，必须用功并用心进行扫除以廓清滞留，否则会因不化而"害心"。所以，二曲特地强调须采取相关措施：

> 聪明博识，足以穷理，而不足以融理；足以明道，而非所以替道。若欲心与理融，打成片段，事与道凝，左右逢源，须黜聪坠明，将平日种种闻见，种种记忆尽情舍却，尽情撇脱，令中心空空洞洞，了无一医。斯干干净净，方有入机，否则憧憧往来，障道不浅。（卷三十九《四书反身录·论语下·卫灵公》，第496页）

的确，人如果能将平日的种种闻见、种种记忆"尽情舍却"，那么就一定能"穷里"、"融理"而"明道"。二曲认为，也只有心与理融，"打成片段"，才能最终事与道凝而左右逢源。

> 人生岂然独处，不能不有所行，其或行去行不去，不待徵诸人，要在反诸己。自己果言行诚敬，到处人自倾孚，此非可以袭取伪为，必存于心，而念念诚敬，坐作寝行，一启口，一举步，"参前"、"倚衡"，无时无处而不然，如是则诚无不格，无往不可。（同上，第496—497页）

二曲进一步指出，人的身心的受用主要在于要"反诸己"，与其见闻是无甚大关系的，如果自己言行诚敬，那么就一定会"存于心"而"念念诚敬"。然而，如果任其"憧憧往来"，那么外在之见闻还是会对人的价值取向有干扰和影响，由此而影响心体的自然流行。所以，须念念诚敬，无论坐卧寝行，都要"遇境征心"，将种种知识见闻搁置于心外，从而令心中"兢业本体"（卷十六《书一·答王天如》，第164页）而空空洞洞。鉴于此，二曲又对知识之"知"的来源进行解说：

> 知识之"知"有四：或从意见生出，或靠才识得来，或以客气用事，

或因尘情染著。四者皆非本来所固有，皆足以为虚明之障。（卷十一《东林书院会语·梁溪应求录》，第 99 页）

在二曲看来，知识之"知"的来源或源自意见，或源自才识，或源自"客气用事"，抑或源自"尘情染著"，这四者皆非本体本来所固有，而皆因虚明之障，所以学人治学应避免外在语言文字之扰或者虚明之障，而是以追求无声无臭的灵明光体作为"本面"。正因为如此，二曲提醒："知远嚣寂居，静体天良，志道之坚，进修之勇，令人叹仰无已"（卷十六《书一·答张澹庵》，第 143 页），这其实说的就是前述的静坐之功，即"鞭辟著里"之功。二曲认为，所谓立体，必须从此功着手，方能从源头处摆脱外在的种种牵扰羁绊而安于明体之功。二曲的这一主张，按照象山的说法，即谓之为"打叠田地干净"，阳明的说法，即谓之为"学者欲为圣人，必须廓清心体，使纤翳不留，真性始见，方有操持之地"[1]。然而，需要注意的是，二曲强调，立体中所要求读的书与对见闻知识的搁置摈弃必须同时进行。

二曲强调，在具体的阅读书目上不能仅流于颂记词义而不解其内蕴，应"沉潜涵泳"以明其理，否则便与要搁置摈弃的见闻之知并无二致。正如张澹庵在《体用全学》中特意强调的：

> 儒者之学，明体适用之学也。欲为明体适用之学，须读明体适用之书；未有不读明体适用之书，而可以明体适用者也。（卷七《体用全学·识言》，第 48 页）

要想治明体适用之学，就必须首先立体，而立体则须读明体适用之书，通过读明体适用之书，在"沉潜涵泳"既久的情况下便自然心有所得而达致"至善"，此之谓识体，识体则为儒者之学的目的和指向，而儒者之学就是明体适用之学。二曲指出，只有识得此体，才能明确为学之方向，从而为工夫

---

① （明）王守仁撰，吴光等编校：《王阳明全集》（下），上海古籍出版社 1992 年版，第 1179 页。

的落实找到了契机，也只有如此，工夫方有着落处。在二曲口授的《体用全学》中也有相关的论述：

> 自象山至慈湖之书，阐明心性，和盘倾出，熟读之则可以洞斯道之大源。夫然后日阅程朱诸录，及康斋、敬轩等集，以尽下学之功。收摄保任，由工夫以合本体，由现在以全源头，下学上达，内外本末，一以贯之，始成实际。（卷七《体用全学·明体类》，第52页）

二曲清楚地指出，自象山到慈湖之书（这里其实就指出了程朱等仅"治病于标"的弊端，二曲认为需要阳明等的工夫来做补充），都是以阐明心性作为治学之前提，所以须先有识体之功："阐明心性"并"洞斯道大源"，此时才可以谓之为识性，接着才能行"尽下学"之功而"由现在以全源头"，从而收摄保任，可以看出来，二曲主张识体、立体与下学之功井然有序。也就是说，在解决了工夫的源头之后，工夫才能有着落，从而"内外本末，一以贯之"。二曲在《授受纪要》中更清楚地点明这一点：

> 学脉最怕夹杂，学术不可不醇。先觉之学脉正而学术醇者，宋则周、程、张、朱，明则薛、原、罗、吕、顾、高、冯、辛，咸言中正，字字平稳，粹然洙泗家法，犹布帛菽粟，规矩准绳，一日不可无，无则不可以为人。若厌平常而喜新奇，非狂即妄；狂与妄，学者之深戒也。若夫良知之说，撕与程朱少异，然得此提唱，人始知契大原，敦大本。自识性灵，自见本面，夫然后主敬穷理，存养省察，方有着落。调理脉息，保养元气，其与治病于标者，自不可同日而语。否则，学无来历，主敬，是谁主敬？穷理，是谁穷理？存甚？养甚？省甚？察甚？故学问必相须而后成，尊一辟一，二者俱病，能去此病，学斯无病。噫！此惟可与知者道，未可与固矣夫高叟言也。（卷十五《富平答问·授受纪要》，第135页）

二曲指出，治学切忌夹杂，前人治学之学脉，从宋之周、程、张、朱，到明之薛、原、罗、吕、顾、高、冯等学人无不正而醇者，他们治学"字字平稳"，"规矩准绳"时时缠绕，通过主敬穷理、存养省察之功调理脉息，保养元气，这才是明体的功夫。

其次，"矩上操存"——用功之实。自宋明理学以来，理学家对灵明本体的关注讨论，最忌讳的就是悬空言说而无下达之功。心上用功的功夫实际上已经为工夫的"下达"指定了方向。然而，有了"心上用功"之实，它只是为为学指明了方向，只是前提和基础，还并没有解决工夫的"下达"问题。如何以此为基础而持循下劲便提上了日程而亟待解决。

对此，二曲在《四书反身录》中指出：

> 学问全在心上用功，矩上操存。学焉而不在心上用工，便失之浮泛；用工而不在矩上操存，便无所持循。"心不窬矩"，虽在力到功深之后，而其志期于"不窬矩"，实在命意发端之初。譬之射然，学射之初，固不能中的，若志不在的，亦将何凭发矢？惟其志期中的，则习射之久，庶几一一中的。（卷三十一《四书反身录·论语上·为政篇》，第432页）

这里的"矩"是指具体的礼仪规范，如何进行"矩"的操存便落实为具体的用功之实。二曲认为，治学之意境全在于心上用功，矩上操存，否则便失之于浮泛而无所持循。那么心如何来养？且看在有人问"养心之功"时，二曲的说法：

> 养之（心）之功奈何？先生曰："终日乾乾，收摄保任，屏缘息虑，一切放下，令此心湛然若止水，朗然若明镜，则几矣"。（卷六《传心录》，第45页）

养心之功到底如何进行？在二曲看来，养心无非于静中"屏缘息虑"，由此摈弃各种尘埃杂染而"一切放下"，只有如此，此心才能及于物时"湛然若止水"而不为所动，"朗然若明镜"而从中有所证悟，这种境界是一种忘言忘境而处处逢源的"彻悟",然而在这样的彻悟过程中各种尘埃杂染很容易"侵袭",所以必须时时"矩上操存"。

> 千古圣贤,皆从兢业中成。吾人不真实为己则已,苟真实为己,须终日乾乾,如涉春水。如是则天理常存,而此心不死。故区区尝谓尧舜十六字心传,须济以"战战兢兢,如临深渊,如履薄冰"十二字,工夫方有下落。(卷十《南行述》,第75页)

二曲指出,古圣先贤都是从"兢业"之功开始的,作为后世之学人,如果治学是真实为己,则须终日乾乾,同时还须济以"战战兢兢,如临深渊,如履薄冰"的操存之功,此时工夫方有下落,如此,则人心不放而"此心不死"。

在有人问如何行"操存"之功时,二曲回答:

> 其敬乎?敬则中恒惺惺,即此便是心存。(卷四十二《四书反身录·孟子下·告子》,第525页)

二曲又指出:

> "居处恭,执事敬,与人忠",此操存之要也。独居一有不恭,便是心之不存;遇事一有不敬,便是心之不存;与人一有不忠,便是心之不存。不论有事无事,恒端谨无欺,斯心无放逸。(卷三十八《四书反身录·论语下·子路篇》,第490页)

在前述谈到二曲静坐之功时已提到二曲对"敬"功的重视,它伴随二曲静坐之功的始终。在二曲学中,"敬"作为工夫,是一种兼内外而言的功夫。在二曲看来,"操存"之功的进行总不外"敬"功的涵养,操存之要就在于"居处恭,执事敬,与人忠",敬则"恒惺惺",无论有事无事,"端谨无欺"而"斯心无放逸",如此则"心存"。在二曲这里,心体之流行本无间断,但由于外在物欲、见闻等的诱惑，心体或多或少会受到一定的影响，同时心体之私欲也会同时产生。只要有私欲的产生，心体之流行就一定会受到阻碍，所以，二曲特别强调，操存本心需要敬功的持循，只有如此，心体才能应感而发而合乎"矩"。

那么心上如何用功？在操存之功下只能在向外"发用"上用功，在意念思虑上用功，待得心过而身过，经过切身体证之后方能廓清而时时保持"常惺惺"。

由此，二曲认为操存之法只须做彻上彻下之功：

> 只是要敬，敬则内外澄澈，自无物欲之累，高明广大之域，自不难致。（卷四《靖江语要》，第 36 页）

又说：

> 涵养省察，改过迁善，五常百行，无一或忽，即事即理，即粗即精，不离日用常行内，直造先天未画前。（卷三十九《四书反身录·论语下·宪问篇》，第 494 页）

二曲很自信地指出，敬是"即事即理，即粗即精"之功，它不离日用常行，只要敬，则能涵养省察，改过迁善而内外澄澈，并无物欲之累而致高明广大之域，这是"直造先天未画前"的功夫。在有人问学时，二曲回答：

> 学所以求识本体，既识本体，则当下便是，如何还说"学"？曰："识得本体，若不继之以操存，则本体自本体，无惟继之以学，斯缉熙无己。所谓识得本体，好做工夫；做得工夫，方才不失本体，夫是之谓'仁'。"（卷三十四《四书反身录·论语上·述而篇》，第 455 页）

在此问学者对"立体"以后仍然要做工夫表示困惑不解时，二曲指出，识得本体之后，如果不继之以操存之功，则此识会如电光石火一般称为昙花一现之"景象"而转瞬即逝。需要注意的是，在立体之后，此时之工夫与识体之前的功夫又不甚相同，识体前的功夫是通过默坐澄心来体认此体，而识体后的工夫则较前有了更明确的为学方向和目标，正如二曲所说，"工夫不离本体，识得本体，然后可言工夫"（卷四十三《反身续录·孟子上·公孙丑》，第542页），如此，便可"终日钦凛，保守此'独'，勿令放逸，使中常惺惺，湛然虚明，即此便是'慎独'……此乃天命之本体，自然之兢业，非剜肉作疮，平地兴波"（卷十六《书一·答胡士侠》，第147页）。正因为如此，所以二曲告知问学者，识得本体之后，如果不继之以操存之功，那么本体将成为空虚之体。真正的"识得本体"，必须经过格物致知的践履工夫和生命的融入体证，方不失为真本体，而这样体证后的本体才是儒家所说的真正的"仁"的功夫。二曲进一步指出，此时的践履工夫更多的是本体内在的自觉性萌动，是由识体前的"静"向践履功夫的"动"转化。正是静中有动，动中有静，所以此本体才在工夫的不断融摄中向真正的仁"靠近"。二曲把这一践履之功称之为"好做工夫"。

当然，我们需要注意，二曲本体与功夫的统一最终是与上学和下达的豁然贯通相一致的。且看二曲在这一问题上的说法：

> 学不上达，学非其至；舍学求达，学非其学。盖上达即在下学之中，舍下学而求上达，此后世希高慕远，妄意神化，尚顿悟，坠狐禅所为，自误误人，所关非浅。（卷三十九《四书反身录·论语下·宪问篇》，第494页）

二曲认为，上达是下学的最终目标，如果学不上达，那么学则非其至，舍弃了下学以求上达，则下学就变成了浮夸之学。实际上，上达的工夫只能通过下学来实现，学者治学既不能学而不求上达，也不能舍学而求达，二者需要贯通，不可偏废一方。上达与下学之间的关系，其实就相当于儒家所论说的中与和的关系，是否有"发而皆中节"取决于未发之中，在二曲这里，"中"就是本心、本体，和是心之外现且接于物的"自然流行"，二曲要求，治学紧要之处当在心上用功，至于如此，方有"得力处"。也就是说中、和的统一融摄其实就是上达与下学的统一。

再次，酌古准今，通达治理。此心体"明"且有了操存之功的保证，便在动静中发用"流行"。但是需要明晓的是，二曲所谓的明体并不是为明体而明体，不是虚幻之体，而是要用以指导社会人生，让人生心灵受用无比的悲天悯人，且开物成务的"王道"明体，它经过人生的功夫和"历练"之后，会重新向体复归，但是，此时的体是宋明儒学家所说的"孔颜之乐"之体，是最高的乐和境界指向。

在二曲这里，本体的向外发用展现总是表现为"随事磨练"，然而此磨练不是社会人生中空走一遭，而是通过发用"流行"处的"随事磨练"而随感而应，通过接人触物以造就外王的经纶事业而与外在事物予以接触感应，并随感随应显发为用。二曲认为，此心体之所以通过感应能从形上之体落实到形下之物中去，就是因为它具有"万象森然于方寸之间"的随物感应的特征。

二曲兼重体用，他认为"明体而不适用，失之腐；适用而不明体，失之霸。腐与霸，非所以言学也"（卷七《体用全学·识言》，第48页），明体与适用之间的关系协调不好就会演变为"失之腐"与"失之霸"的关系。二曲弟子论其教法："其接人有数等，中年以后，惟教以返观默识，潜心性命；中年以前，则殷殷以明体适用为言"（同上），这里的讨论引发了由体到用的过渡问题。在二曲看来，体立则用自然行，本既得则末自盛，天德朗现则王道自然呈现。在二曲这里，他总是把内圣外王与仁德王道，明体适用与成己成物以及相提并论，他认为内圣外王与仁德王道是明体适用与成己成物实现的必备阶段和学理基础。明体适用的实现是以心性本体为根基的，而成己成物的实现则又是以明体适用的最终实现作为依托的，由此，二曲主张"为学先要识本，诚识其本而本之。本既得，末自盛"（卷四《靖江语要》，第34页），这里，本是内圣外王与仁德王道，在与外物的"感应"下，此仁德心体便自动感应而发，从而显发出最终的明体适用与成己成物。

转向后的二曲非常重视工夫的修为，为了突出功夫修为的重要性，他引证经典："《大学》本文分明说'物有本末，事有始终'，其用功先后之序，层次原自井然。'古之欲明明德于天下'与'物有本末'是一滚说"，"物有始终，事有始终"、"物有本末"表明心体随物而应时体先用后，两者是有先后顺序的，先后之序的有序进行是保证功夫修为顺利完成的前提条件。为了保证功夫上的扎实，二曲主张首先要选择性地进行读书，"除《四书五经》之外，再勿泛涉，惟取《近思录》、《读书录》、高景逸《节要》、《王门宗旨》、《近溪语要》"，尽管二曲主张博览群书，但是他悔于早年的泛涉而读，所以转向后的二曲在读书上有了有条不紊的计划，因为他知道，"沉潜涵泳，久自有得，方悟天之所以与我者，止此一知，知之所以为则者，止此至善"，只有在涵咏须读之书后，才能沉潜于心体中去体味其意境。"虚灵不昧，日用云为之际，逐事精察，研是非之几，析义利之介，在在处处，体认天理，则诚正之本立矣"，需要留意，此心体虚灵不昧，既知其明，仍须功夫修为的渗透，"夫然后由内而外，递及于修齐之法，治平之略。如《大学衍义》、《大学衍义补》、《文献通考》、《经济类书》、《吕氏实证录》及《会典》与《律令》，凡经世大猷，时务要着，一一深究细考，酌古准今，务尽机宜，可措诸行"，二曲的渗透功夫开始往大量的适用类书籍转向了，他认为只有这样，才能"有体有用、天德王道一以贯之"，这才是酌古准今而事与道凝，从而通达治理的端绪。

值得注意的是，在重视功夫修为下，二曲在其《体用全学》中，专门开列了大量的"适用"类书目。从二曲所列的适用类书目来看，几乎包括了社会政治、经济、文化、制度礼仪和科学技艺等各方面外王事务的内容，这在一定程度上将宋明以来，宋明理学家忽略事功实学的缺陷暴露无遗。当然，这同时也凸显出二曲传承了先秦儒家"家事、国事、天下事，事事关心"的气魄和士人所具有的社会承担精神。

我们先从二曲对所列的"适用"类书目进行的相关注解来进一步了解二曲所倡导的"明体适用"之学的主张。

在对《大学衍义》的作注中，二曲说："真文忠公取经史要语，勒成斯编，诚吾人修己治人之耆蔡，治天下国家律令格式也"（卷七《体用全学·适用类》，第52页）；在对《文献通考》作注时，二曲说："上自天官、舆地及礼、乐、兵、农、漕运、选举、历数、士卒、典籍，无不条晰"（同上，第53页）；在对《吕氏实证录》等作出注解时，二曲说："此老卓识谙练，经济实学也，在世儒中最为适用。《实证录》皆其所经历者，学人无志于当世则已，苟有志于用世，则此书必不可一日无"（卷七《体用全学·适用类》，第53页）；在对《经世挈要》作注时，二曲说："屯田、水利、盐政，以及国计、选将、练兵车、制火攻，无不挈其要"（同上）；在对《武备志》作注时，二曲说："经世之法，莫难于用兵，俄顷之间，胜败分焉，非可以漫尝试也。今学者无志于当世固无论矣，即有志于当世，往往于兵机多不致意，以为兵非儒者所事，然则武侯之伟略、阳明之武功，非耶！学者于此，苟能深讨细究而有得焉，则异日当机应变作，作用必有可观"（同上）；在对《历代名臣奏议》作注时，二曲说："学人贵识时务，奏议皆一时之务者也。当熟玩之，以为奏议之助"（同上，第54页）等，除此以外，二曲还对"适用"类书目做了总的按注：

> ……自《衍义》以至《奏议》等书，皆适用之书也。噫！道不虚谈，学贵实效。学而不足以开物成务，康济时艰，真拥衾之妇女耳，亦可羞己！（同上）

在按注中，二曲指出，《衍义》以至《奏议》等书，都是适用之书。真正的儒学之道并非纸上谈兵，而是以敦于实效为鹄的。如果读书学习不是为了以开物成务而康济时艰，那么读书就如同"拥衾之妇女"。还值得指出的是，二曲在总按注之后，又列有《农政全书》、《水利全书》、《泰西水法》、《地理险要》等适用类书籍。可以看出，二曲除了对有关的社会政治与治理等方面有相关的见解外，他还对农业生产、水利知识、地理知识等产业性知识有相关的了解，而且此时二曲已经对外域科学知识，如泰西水利等也有留意，二曲强调"以上数种，咸经济所关，宜一一潜心"（同上）。

如果我们潜心留意，就会发现，二曲对所开"适用类"书目所作的按注实际上是以"明体"来作为指导的。二曲认为，只有首先明晓明体的实质和重要性，才能在明体的基础上进一步探讨社会政治、生产、治理等有关政治经济等方面的策略。

二曲在《匡时要务》中也有关于适用思想的相关阐述。在骆钟麟为《匡时要务》所作的序中，骆氏介绍了二曲关于"悲天悯人"、"救世济时"的一些秘史和说法：

> 先生甫弱冠，即以康济为心，曾著《帝学宏纲》、《经筵僭拟》、《经世蠡测》、《时务急策》诸书。其中天德王道、悲天悯人，凡政体所关，靡不规画。（卷十二《匡时要务·序》，第 103 页）

正如前文所述，二曲在早期就开始"究心经济"，然而，二曲一直坚持"雅意林泉，无复世念"的心态，所以，他不愿意入仕，更不愿意通过入仕来为清人做事。二曲将"原稿尽付'祖龙'"，他"绝口不道"（同上）此事。正因为如此，二曲誓以学术来"匡正人心"，并指出"大丈夫无心于斯世则已，苟有心斯世，须从大根本、大肯綮处下手，则事半而功倍，不老而易举"（卷十二《匡时要务》，第 104 页），二曲认为真正君子治学，须从"大根本、大肯綮处下手"，这样，才能"事半而功倍，不老而易举"。（在下章的"二曲的社会教化论"中将进一步阐述）

作为二曲，他将这一切全部纳入儒学的框架，并由此断定：

> 儒者之学，明体适用之学也。欲为明体适用之学，须读明体适用之书；未有不读明体适用之书，而可以明体适用者也。（卷七《体用全学·识言》，第 48 页）

二曲从理学与经世济用的关系的角度进行阐发，他既对"明体而不适用的腐儒"进行批判，同时又"适用而不明体的霸儒"进行排斥，二曲认为欲为明体适用之学，学人就必须读明体适用之书，否则不可以成为明体适用者，儒学的真正治世精神在于，必须在经世济用的社会实务层面上予以落实拓展，才能使得原始儒学获得新的生命力和成长契机，而恰恰是这一点才使得儒学由此光明本体直接落实到形下界，为本体的外用呈现和践履过程提供了发展方向。为了进一步论证此观点，二曲又指出：

> 本纯粹中正，本广大高明。涵而为"四德"，发而为"四端"，达而

为"五常"，见之于日用，则忠信笃敬，九思九容，以至三千三百，莫非则也。（卷二十九《四书反身录·大学》，第405页）

又说：

真知非从外入，入所自具，寂而能照，感而遂通，"廓然大公，物来顺应"。心思言动，莫非天则，未尝自私用智，虽作非作。（卷三十四《四书反身录·论语上·述而篇》，第459页）

夫所谓真知非他，即吾心一念灵明是也。天之所以与我，与之以此也。耳非此无以闻，目非此无以见，所闻所见非此无以择、无以识，此实闻见择识之主，而司乎闻见择识者也。即"多闻多见"、"择之识之"，亦惟籍以致此，非便以多闻多见、择之识之为主也。知此则知真，知真则动不妄，即妄亦易觉。所贵乎知者，在知其不善之动而已，此作圣之真脉也。（同上）

在二曲看来，此体本来纯粹中正而"广大高明"，其中蕴含着作潜伏冬眠状的仁义礼智等诸德，如果向外发用则为"四端"，见之于日用常为事上并达致一定的结果则为"五常"之体现，这种展现是一种寂而能照，感而遂通并"廓然大公，物来顺应"的景象，由此则忠信笃敬乃至"九思九容"皆由此出，此感彼应的相互感应关系展现出的是由形上的超经验界落实到形下的经验界的现象展现，也就是说，所有的心思言动都源于"天则"（心体）之外现。此体发用出来的仁心之念是二曲念念不忘的"吾心一念灵明"，耳目所闻所视皆由此指引，否则即为"自私用智"。这一思想在晚年的二曲治学中体现得很明显。当晚年已闭门既久的二曲闻关中大旱时，他"痛心疾首，不禁泪零"（卷十八《书三·与董郡伯》，第205页），并以自己的声望置信于当地郡守，建议采取各种举措，这些都是二曲由体发用而凸显出来的责任感和使命感。

……盖以有天德，自然有王道，而唐虞之际，无书可读，……顾今时非同古时，今人不比古人。以孔子生知之圣，犹韦编三绝，问礼于柱下，访官名于炎子，垂老不废研讨。朱子谓："盈天地间，千条万绪，是多少人事；圣人大成之地，千节万目，是多少工夫。惟当开拓心胸，大作基址，须万理明彻于胸中，将此心放在天地间一例看，然后可以语孔孟之乐。"须明古今法度，通之于当今而无不宜，然后为全儒，而可以语治平事业；须运用酬酢，如探囊中而不匮，然后为资之深，取之左右逢其源，而真为己物。若惧蹈颂诗三百之失，而谓至诚自能动物，体立自然用行，则空疏杜撰，犹无星之戥，无寸之尺，临时应物，又安能中窾中会，动协机宜乎？此不学无术，寇忠悯之所以见惜于张忠定也。故"体"，非书无以明；"用"，非书无以适。欲为明体适用之学，须读明体适用之书，否则纵诚笃虚明，终不济事。以兹吕新吾先生谀士说一篇寄览，亦足以知空驱壳，饿肚肠，究无补于实用分毫也！前者所论知觉、存养、省察等说，乃一时有为而言，原非定论。（卷十六《书一·答王天如》，第 163 页）

二曲认为，以工夫实证本体，由形上的超验界落实到形下的经验界，见闻知识的作用尽管非常有限，但又是践履体证功夫所必须凭藉的，因为在本体发用向外扩张时，本体显发的指导作用是用来指导事功等外在事物，本体的发用落实在实际的外在事物上，可以让外在事功不会如浮夸无根之物一般"四处飘荡"。只有形上形下的"有机"搭配，才能实现超验界和经验界的转换。对此，二曲又说：

学不信心，终非实学；仕不信心，经纶无本。成己而后能成物，自治而后可治人，开于斯自谓"未能信"，此正是审己量力不自欺处。后世仕者，未尝成己而便言成物，未尝自治而辄思治人，既无天德，乌睹所谓王道？（卷三十三《四书反身录·论语上·公冶篇》，第 446 页）

问：成己自治有素，可谓"信"乎？曰："即真能成己自治有余，而治体果尽谙乎？时务果尽识乎？经济大业果一一蕴之有素、中窾中会、动协机宜乎？于此稍信不及，打不过，又岂可冒昧以从事乎？故必量而

后入，庶寡国；若入而后量，则取辱多矣。"（卷三十三《四书反身录·论语上·公冶篇》，第446页）

二曲提倡明体适用之学，主张齐家治平事业须学有"信心"，仕须有"信心"，否则终会经纶无本而非真正的适用之实学，所以，二曲呼吁经世济用之学，须在"体立"而"信心"时才能"自然流行"，也就是说，必待成己才能成物，自治才能治人。成己成物是体用结合之后的效果，但是，需要注意的是，"用"并非"滞于边见方所"，而是被体所"统摄"。所以，二曲所崇尚、儒家所追求的境界，即所谓的"体用一源"，是体用相互感应而不"着相"，并不为名、欲、利所困、所扰、所羁的境界状态。只有体用"运用酬酢"，才能"事与道宁"而"左右逢源"。在二曲这里，"真用"或者"全体大用"是此"用"在"着相"不为所动，而能由即体显用重先向即用摄体复归，二曲认为，只有如此，才是明体适用最终所欲实现的鹄的之所在。对此，二曲说：

才猷足以旷世定世，节义足以藐富贵、轻死生，此人所难也，然难者犹有其人；"中庸"率自日用，此人所易也，而易者世反罕观：良知人多事事而不事心，好奇而不好平故也。若事功节义，一一出之至性，率自平常，而胸中绝无事功节义之见，方是真"事功"、真"节义"、真"中庸"，谁谓"中庸"必离事功节义而后见耶？有此事功节义，方足以维名教，振颓风。若误以迂腐为"中庸"，则"中"为执一无权之"中"，"庸"为碌碌无能之"庸"，人人皆可能，人人皆"中庸"矣，何云不可能也？能者虽多，何补于世？（卷三十《四书反身录·中庸》，第419页）

离事功、节义求"中庸"固不可，以事功、节义求"中庸"亦不可，或出或处，只要平常。心果平常，无所不可。（同上）

在二曲这里，真正的"事功"，是在不累于功业诱惑的情况下出现的，"事功节义，一一出之至性，率自平常，而胸中绝无事功节义之见，方是真'事功'、真'节义'、真'中庸'"，二曲认为事功节义与儒家弘扬的"中庸"

之道一脉相承，只有这样的事功才足以维名教，振颓风。由此可见，二曲的明体适用之学强调的是从当前的经济事功再重返"虚明寂定"的灵明光体（这种重返不是机械的返回，而是经过"事上磨练"之后的复归），这就需要前述所讲到的"化"功，以达致"道德既为事功"、"事不累心，心不累事，恒若太虚，毫无沾滞"之境。对此，二曲还有相关的说法：

……遇，则经纶参赞，一本至性。体即为用，道德即为事功，非犹夫他人之所谓事功。（卷三十一《四书反身录·论语上》，第429页）

……能行乎其"所无事"，方是率性。静而无事，不起炉作灶，"廓然大公"；动而无事，不拟议安排，"无来顺应"。如是则事不累心，心不累事，恒若太虚，毫无沾滞，即此是性，即此是圣。（卷四十三《四书反身录·孟子下·离娄》，第522页）

聪明博识，足以穷理，而不足以融理；足以明道，而非所以体道。若欲心与理融，打成片段，事与道凝，左右逢原，须黜聪坠明，将平日种种闻见，种种记忆尽情舍却，尽情撇脱，令中心空空洞洞，了无一医。斯乾乾净净，方有入机，否则憧憧往来，障道不浅。（卷三十九《四书反身录·论语下·卫灵公》，第496页）

"古之学者为己"，暗然而日章；"今之学者为人"，的然而日亡。（卷三十九《四书反身录·论语下·宪问篇》，第494页）

为己则潜体密诣，就就焉惟恐己心未澄、己性未明、己身未修、己德未成，己以外自不驰骛。迨身修德成，己立己达，宇宙内事，皆己分内事，立人、达人，莫非为己。其心在为人则反是，不但功记诵、组词翰是为人，即谈道德、行仁义，亦无非为人。故理学、俗学，君子儒、小人儒，上学、下达之所由分，分于一念之微而已。（同上）

学不上达，学非其至；舍学求达，学非其学。盖上达即在下学之中，舍下学而求上达，此后世希高慕远，妄意神化，尚顿悟，坠野狐禅所为，自误误人，所关匪浅。（同上）

二曲认为只有事理一体，体用一致，从而心与理融，"打成片段"，才能事与道凝，左右逢源，由此，"道德即为事功"。只有这样，才能实现儒家所倡导的为己之学，从而实现"内外合一"，下学而上达。只有达致此境时，此事功才算是达到了体用兼赅的极诣，而二曲明体适用的鹄的即在于此。至此，则"身修德成，己立己达，宇宙内事，皆己分内事，立人、达人，莫非为己"。二曲所倡导的上学与下达融贯一通，这时才真正实现了向孔孟元典的回归。

至于具体的适用措施，最主要体现在二曲的政治哲学思想和社会教化使命中。

三、实心实证　达成仁政

二曲的适用思想是通过其政治哲学思想来展现的，同时，二曲的政治哲学思想作为中国人文思想的组成部分，经历了孔孟、老庄而开出儒、道两家不同的思想路径，后来的佛教文化经过传播发展铸成了中国化的佛学，并经过北宋五子的"出入于佛老，而返于六经"，形成了宋明理学，一直到明末清初的二曲这里，其思想结构，以本体论始，复以本体论终。二曲正是通过其政治哲学思想的阐述来实现其适用思想及其政治理想的。

其一，阐修齐治平之学。

探讨儒家政治哲学思想最系统、最经典的原典就是《大学》。《大学》在隋唐以前并不受学人重视。但是，从宋明理学时期开始走上了"升格"运动过程，当朱熹完成了《大学》的"升格"运动，并将其列为四书之一时，学人便越来越重视它了。朱子所著的《四书》（又被称之为《四子书》）。朱熹所做的《大学章句》主要从格物、致知、诚意、正心、修身、齐家、治国、平天下这八个角度来对政治领袖所应具备的基本学问及其个人的基本修养进行了阐述，他认为"大学"的实质在于"大学者，大人之学"，必须通过博物而约于内，这就是朱熹著名的"道问学"主张。当然，需要注意的是，朱子对此"虚灵不昧"的本体的阐释和理解还不够明朗，所以，后来阳明在有人针对大人之学进行问学时，阳明专门就"良知"从仁心的角度入手进行阐

发。他说:

> 大学者,昔儒以为大人之学矣。敢问大人之学何以在于明明德乎?
> 阳明子曰:"大人者,以天地万物为一体者也。其视天下犹一家,中国
> 犹一人焉。……大人之能以天地万物为一体也,非意之也,其心之仁本
> 若是,其与天地万物而为一也"。①

阳明认为,所谓真正从政的政治领袖,他所应具备的基本修养在于,要
做到"以天地万物为一体者也。其视天下犹一家,中国犹一人焉",只有这
样,才能展现其心之仁(即仁心)。然而,阳明与朱子一样,他们在知识主
体与知识对象的明确界限划分上晦而不明,两者都试图通过"万物一体为仁
义"之根源的说法,来为中国传统政治思想建立形而上的哲学根基,但是却
忽略了两者的融摄同一。于是,二曲对二者进行折衷。他指出:

> 大学,孔门授受之教典,全体大用之成规也。……吾人……苟志于
> 学,则当依其次第,循序渐进,……自然成德达材,有体有用,顶天立
> 地,为世完人。(卷二十九《四书反身录·大学》,第401页)
> 吾人自读《大学》以来,亦知《大学》一书,为明体适用之书,《大
> 学》之学,乃明体适用之学……。(同上)
> 明体适用,乃吾人性分止所不容己。(同上)
> 明体而不适于用,便是腐儒;适用而不本于明体,便是霸儒。既不
> 明体,又不适用,徒汩没于辞章记诵之末,便是俗儒,皆非所语于《大
> 学》也。(同上)

二曲认为,大学是孔门授受之教典,也是全体大用之学(亦称明体适用
之学),只要以此为学,并循序渐进,就能自然而然成德达材,体用兼赅,

---

① (明)王守仁撰,吴光等编校:《王阳明全集·大学问》(上),上海古籍出版社
1992年版,第126页。

从而成一"顶天立地"之完人。同时，二曲还指出，《大学》一直以来就是明体适用之书，它是塑造理想人格的契径。

在《大学》中，朱子专门提出了三纲领、八条目（三纲领为："明明德"、"亲民"、"止于至善"；八条目为："格物"、"致知"、"诚意"、"正心"、"修身"、"齐家"、"治国"、"平天下"）。二曲对朱子《大学》里所提出的政治王道，即三纲、八条目非常赞同，他认为朱子对儒家政治学说治国总纲的体会甚为精透，并提出自己的观点："格物乃圣学入门第一义，入门一差则无所不差，毫厘千里，不可不慎"，在二曲这里，他为"物"就是"身心意知家国天下之物；格者，格其诚正修齐治平之则"，"格物"则是"原以明四德（孝、悌、忠、信），发而为四端（仁、义、礼、智），达而为无常（君臣有义、父子有亲、夫妇有别、长幼有序、朋友有信），见之于日用则忠信笃敬"（卷二十九《四书反身录·大学》，第404页），也就是说，二曲认为格物是以孝、悌、忠、信为根基，触于物而表现为仁、义、礼、智以及忠信笃敬，最终体现为君臣有义、父子有亲、夫妇有别、长幼有序、朋友有信的处世准则。二曲强调，明乎此，则便是"知至"，知至则本心明朗，皎如白日，善恶之所在，则自不能遮掩，而为善去恶，也自然不肯"姑息"，这便是"意诚"。只有以此正心则心自然"正"，以此修身则身自然"修"，以此齐家则家自然能"齐"，以此治国则国自然能够得到治理，以此平天下则天下自然会呈现一片太平，此便是"止至善，便是明明德于天下"（同上，第405页）。

在此基础上，二曲还尤其强调个人修身的重要性，他主张以"悔过自新为始基"，认为只要每日默减"意念之邪正，言行之得失"，则只要一念稍有差池，言行稍有不实之端倪，即"痛自责罚"。只消"日消月汰"之时，则自然便会成德。二曲又指出，"无一念不纯于理，无一息或间于私，而后为圣人之悔过；与天地合德，日月合明，四时合序，鬼神合吉凶，而后为圣人之自新"，由此可见二曲对修身的重视。他强调，只要先正其心、修其身，就一定能加强个人的德性修养，个我每日必须对自己的一念、一言、一行进行检讨，通过"反身而诚"而自悟。只有个人先做到心正身修而悔过自新，做到明明德，才有可能实现齐其家、治其国，并从而明明德于天下的情况。然而，需要注意的是，二曲并不认为格物与穷理是一回事。他反复强调，格物穷理不能颠倒本末和始终，必须按照先后次序，遵循八条目的顺序有序展开，只有按照这一循序渐进之功，才能最终止于至善。正因为如此，所以二曲才得出结论："格物犹言穷理也，物格知至，理亦明也。物即身心意知家国天下之物，皆当有以格之。然有序焉，由知意心身深究密诣，循序渐进，本立然后家国天下可得而言矣。否则后其所先，而先其所后，何由近道？"（卷五《锡山语要》，第 40 页）二曲所言甚妙！

不仅仅于此，二曲认为要以儒学治国而达于治平之盛世，还须明辨真、假儒学，真假道学，如果明体而不适于用，则便是腐儒；而适用不本于明体，则便是霸儒。当然，如果既不明体，又不适用，只是淹没于辞章记诵之末，则便是俗儒，这些都不是《大学》的基本宗旨，只有分清二者之间的关系，搞清楚儒学之明晦，才能为国家之盛衰存亡指明方向。由此，二曲进一步指出：

> 儒学明晦不止系士风盛衰，实关系生民休戚、世运否泰。儒学明，则士之所习者，明体适用之正业，处也有守，出也有为，生民蒙其利济，而世运凝有不泰。儒学晦，则士之所功者，词章记诵之末技，处也无守，出也无为，生民毫无所赖，而世运凝有不否？（卷十四《周至答问》，第 120 页）

二曲认为，判断儒学的唯一尺度就在于，它是否明体适用，是否可以利民济世。儒学明，则士人之所习乃明体适用之业，由此而"处也有守，出也有为，生民蒙其利济"；如果儒学晦暗不明，则士之所功都尽是些辞章记诵之末，由此则必然会出现"处也无守，出也无为，生民毫无所赖，而世运凝有不否"的结局。可见，区分儒学、道学之明晦的确非常重要，因为它关系到士风盛衰、"生民休戚"以及"世运否泰"的问题。那么，在处政之时又如何明体以适用？二曲专门指出：

> ……澄心返观，深造默成以立体，通达治理，酌古准今以致用。体用兼该，斯不愧须眉。（卷二十九《四书反身录·大学》，第 401 页）

明德是体，明明德是明体，亲民是用，明明德于天下作新民，是适用。格、致、诚、正、修，乃迷宫内之之实，齐、治、均平，乃新之之实。纯乎天理而弗杂，方是止于至善。（同上，第401—402页）

明德即心。心本至灵，不昧其灵，便是明明德。心本与万物为一体，不自分彼此，便是亲民。心本至善，不自有其善，便是止至善。（同上，第402页）

明德之在人，本与天地合德，与日月合明；顾自有生以来，为形气所使，物欲所蔽，习染所污，遂昧却原来本体，率意冥行，随俗驰逐。……律之以固有之良，悉皆昏昧，故须明明以复其初。……显澄默悟，一意本原。……令胸次疾医弗存，自然静极复明。彻骨彻髓，表里昭莹。日用寻常，悉在觉中。（同上）

二曲认为，所谓的明体就是明明德，个我必须通过澄心返观、深造默成以"立体"，而适用则是体用兼赅、通达治理，"酌古准今以致用"，只有如此才不愧于须眉。在二曲看来，朱子和阳明关于格物致知的阐述有所缺失，只有植基于此灵明本体之上，心本与万物为一体，并与形下之种种事功外相相结合，才能自分彼此而至于至善，至善则彻骨彻髓，表里昭莹而"日用寻常，悉在觉中"。

其二，行"实心实证"之政。

由二曲的生平心路历程，我们可以很明确地指出，在二曲生活的早期，他就已经究心于兵法。在后来二曲所列出的诸多适用类书目中，关于军事兵法方面的书籍非常多。

经世之法，莫难于用兵，俄顷之间，胜败分焉，非可以漫尝试也。今学者……有志于当世，往往于兵机多不致意，以为兵非儒者所事。然创武侯之伟略，阳明之武功，非耶？学者于此，苟能深讨细究而有得焉，则异日当机应变，作用必有可观。（卷七《体用全学》，第53页）

二曲又列出诸多律令之书，他指出：

律令最为知今之要。而今之学者，至有终其身未闻之者。"读书万卷不读律，致君尧舜终无术"。（卷七《体用全学》，第504页）

除此以外，二曲还著有农业方面的书籍，如《农政全书》、《水利全书》、《泰西水法》以及《地理险要》等著作，他认为：

以上数种，咸经济所关，宜一一潜心。然读书易，变通难。赵括能读父书，究竟何补实际？"神而明之，存乎其人"。夫岂古板书生所能辨乎？噫！（同上）

从二曲所列出的各类适用类书目，我们可以看出，二曲识见甚为广泛，正因为识见的广泛性，二曲关于政治治理的看法颇有见地。后来，川陕总督鄂善对二曲予以了"学为帝师，道足王佐"的赞誉，此实非过誉之词。然而，需要关注的是，从二曲所列书目中可以看出，重视军事、兵法的前提是，用兵之道必须从"人心"的治理上入手。且看二曲的说法：

兵食固为政先图，而固结人心，尤经济要务。盖民心乃国脉所系，国所恃以立者也。必平日深得民心，上下相信斯有事民咸急公，不忍离贰。未乱可保不乱，既乱可保复治。否则人心一失，余何足恃？虽有粟不得而食诸，兵虽多，适足以阶乱。隋洛口仓、唐琼林库，财货充盈，米积日山，战将林立，甲骑云屯，不免国亡家破者，人心不属故也。善为政者，尚念之哉！（卷三十七《论语下·颜渊篇》，第483页）

又说：

"苟子之不欲，虽赏之不窃"，此拨乱返治之大机，救世定世之急着也。盖上不欲则源清，本源一清，斯流无不清；在在皆清，则在在不复妄取。敲骨吸髓之风既息，疲敝凋瘵之民获苏，各安其居，谁复思乱？《左传》曰："国家之败，由官邪也，官之失德，宠赂章也"。而近代辛复元亦云:"仕途贿赂公行,所以民间盗贼蜂起,从古如斯"。三复二说,曷胜太息!……。(卷三十七《论语下·颜渊篇》,第484页)

自古以来,中国便流传着"得民心者,得天下"的古训,作为二曲,他认识到从古至今,一治一乱都是由于"人心不齐"而导致,故而才有"泰山移"的局面出现。二曲认为,军事的确是为政之"先图",然而,固结人心却又是军事不得不重视的"经济要务"。所以,对于用兵之术,二曲提出,宜进行"深计细究":平日须深得民心,"上下相信斯有事民咸急公,不忍离贰。未乱可保不乱,既乱可保复治",否则人心一失,即使兵将居多,也会出乱子。由此,二曲指出,拨乱返治之大机,救世定世之策在于"本源一清",广施仁政、固结人心,"民心乃国脉所系"。在二曲这里,他认为执政的前提在于"得民心",因为只有当政者时时做到"天视自我民视,天听自我民听"①,百姓才能至愚而神明。

正因为如此,所以二曲指出:

> 天下之治乱,由人心之邪正;人心之邪正,由学术之明晦;学术之明晦,由当世之好尚。所好在正学,则正学明,正学明则人心正,人心正则治化醇;所好在词章,则正学晦,正学晦则人心不正,人心不正则治化不兴。盖上之所好,下即成俗,感应之机,捷于影响。(卷十二《匡时要务》,第105页)
>
> ……心体如此,则心得其中;治体如此,则治得其中。"无偏无党,王道荡荡;无党无偏,王道平平",人人得所,俗臻雍熙,四海何至"困穷"?彼四海之所以"困穷"者,只缘政治不中;政治之所以不中者,总缘存心不中。此治法之所以必本于心法,王道之所以必本于天德也。(卷四十《论语下·尧曰篇》,第510页)

天下之治乱,是由于人心之邪正,而人心之邪正,又由于学术之晦暗不

---

① 《尚书·周书·泰誓中》。

明，学术之晦暗不明，则又是由于当世的不正风气。在二曲看来，治法须本于"心法"，而王道之治必本于天德。当世之所以混乱，只是因为政治管理上"不中"，政治管理"不中"，是因为"存心不中"，如果"存心不中"，则天下必然会出现"治乱"。所以，二曲指出，天下之治乱是缘于人心之邪，只要"所好"在"正学"，那么"正学"就会"明"，"正学"明则人心正，人心正则治理就会其乐融融。同时，二曲还强调，"未有上好仁而下不好义者也"，只要"上老老"、"上长长"、"上恤孤"，那么民众就一定会兴起孝悌，也就是说，治理国家的关键还在于"上之所好"、"人君躬行"。至于到底如何来治理人心，使"人心正"，二曲则又指出：

> 大约谓身心世界，是一非两，治世莫先于治心，而知性立本，尤为治心之要。识得未发真体，则变动云为，无适非不睹不闻之所统摄而运用，大本达道，位育齐收，身心世界，至此方为合一。其卓识精诣如此。然则，读是集者，诗也乎哉，有先乎诗者矣！（卷十九《题跋·杂著·三冬纪游弁言》，第226页）

社会的治理包括多方面的内容，而其中，深层意识的思想变革又是首当其冲的。这一点在传统社会的政治中始终是天下治乱的关键，二曲认为关键就是人心的治理。既然治理国家的重点在治心，二曲专门就如何治理人心提出了自己的观点。他认为，治心之要在于本源之清正，这就需要以"知性"来立本。只有"识得未发真体"，才能经过统摄运用而"位育齐收"，从而实现人心之治。正如二曲在《司牧宝鉴》中曾经鼓励其门生所说：

> ……宇宙之内，一民一物，痛痒皆与吾身相关，故其相养相安料理，皆是吾人之本分。书云："山川鬼神，亦莫不宁，及鸟兽鱼龟之咸若"。鱼龟非吾同类，而且使之咸若，然犹曰彼有血气心知，欲生恶死所同。鬼神奚赖吾人，山川有何知识，而亦使之亦莫不凝者何？盖圣人以天地为心，为民生立命，心思既竭，仁爱无穷，必使乾坤清泰，海宇安宁，无一事不极其妥帖，无一物不得其分原，而后其心始遂。……

一夫不获，曰"时予之辜也"。夫君不尧舜，自有当其耻者；一夫不获，自有任其辜者。而伊尹引为己责，深自愧罪，只是真真切切，见那君民痛痒触著，便自相干，而致君泽民。我又有此学术，是以孔席不暖，墨突不黔，汲汲皇皇，殷殷恳恳，只是这个不忍的念头放歇不下，吾辈七尺之躯，不短于古人；耳目口鼻、四肢百骸，不少于古人；六经四书，子史百家，至今不备，吾辈诵习，又多于古人。只似看得天下民物与我分毫无干，岂是这腔子中，天不曾赋与不忍人的一点良心？如何百姓痛痒全不关心，死活通不介意？……第一等人，有这一点恻隐真心，由不得自家，如亲娘之于儿女，忧饥念寒，怕灾愁病，日思夜虑，掉胆提心，温存体爱，百计千万。凡可以使儿女心遂身安者，无所不至，虽强制之不能，虽淡薄之不减。所以说先王有不忍人之心，斯有不忍人之政，心切而政生，虑周而政详，虽欲歇手不得，此谓率其自然。（卷二十九《司牧宝鉴·吕公谕属》，第376—377页）

在宋明理学家这里，"有天德，便有王道"的说法几乎成了理学家的口头禅，这一口头禅是儒家王道思想的开展，也是儒家仁政思想的施行。在程颢看来，所谓天德，即为"圣贤论天德，盖谓自家元是天然完全自足之物，若无所污坏，即当直而行之；若小有污坏，即敬以治之，使复如旧。所以能使如旧者，盖为自家本质是完足之物"①。在程颢这里，天德显然是本体的另外一种表述，其实质就是指二曲所津津乐道的灵明光体。二曲实心实证的政治哲学思想与其同出一辙。吕公（即吕先吾）所倡导的"实心实证"之法实际上是将灵明本体中所包含的自由、仁爱思想融为一体，并对孔子"为政以德"，孟子王道思想的继承性发展。在二曲看来，为政的"大经大法"即在于是否实行实心实证之法。他认为，如果以"天地为心，为民生立命"作为指向，并"心思既竭"而仁爱无穷，那么就一定会"乾坤清泰，海宇安宁，无一事不极其妥帖，无一物不得其分原"，所以为政大法即在于"不忍人之心"和"泽民"。有不忍人之心，才能有不忍人之政，只要"心切"，则仁政

---

① （宋）程颢、程颐著，王孝鱼点校：《二程集》，中华书局1981年版，第1页。

就一定会"滋生"。所以,二曲主张,不忍人之政的实行,要求执政者必须把百姓之痛痒、子民之忧饥念寒以及怕灾愁病而日思夜虑、"掉胆提心"考虑在内,从而以不忍人之心去温存体爱百姓。二曲的这一观点就是先秦儒家仁政思想的体现。在这一点上,二曲有他自己的看法。

> 问:古法既不可尽复,王道又不可粗略苟且而成,今欲行之,何施而可?曰:择吏、重农、轻敛、禁暴,其始乎;明礼、正学、兴贤,其成乎。得其人则法行,非其人则法废,责实效、慎保举,此择吏之要也。农者,国之本,民之命,劝相有术,而后地无遗利,审其土宜,通其有无,如水利其最要矣;次如种树、种蔬、种药之法,必详必备,则生众而民富国足矣:此重农之要也。税敛无艺,则吏缘为奸,究之上之所入无几,而民之受害无穷。……有治人,无治法,治以贤始,即以贤终,然无所待而兴者,其惟圣人乎?其余则皆俟乎上之振作鼓舞矣,而兴学校其首也。其法则《礼记》之说详,前朝王文成之说,更为精明可用。慎师儒其次也,其法则宋明道先生上神宗之说为至要而可行。精选举、严考成,又其次也,其说则《周礼》与《戴记》之言备矣。以至宗勋戚之学必严武弁侍卫之教必详,则《大学衍义补》之所条陈,可斟酌而采取矣。教化明则学术端而人心正,人心正则人才蒸蒸然出而不穷,人才众而天下有不久安长治者乎?此兴贤之要也。如是则颁白不负戴,而黎民不寒,此王道之成也。人君诚以是噢实心行之,公卿大夫诚以是道实心奉行之,吾见三代之治,可复见今日也。若夫井田封建之宜兴宜废,则存乎时与人,区区执一偏之说,以为必宜复、必不可复者,皆非至当之论也。(卷四十三《反身续录·孟子上》,第537—538页)

当有人问到如何实行王道时,二曲回答对方,认为不管是择吏、重农,还是轻敛或者禁暴,都始于明礼、正学和兴贤之策。只有得其人,才能行其法,否则法为"废弃"之态。其中,选择官吏之要在于要责实效、慎保举;而发展农业之要则在于,把农业作为国家发展的根本,如种树、种蔬、种药之法等,必详必备。对民众要"劝相有术,而后地无遗利",也就是说,只有治人，才能治法，而治人必以贤始，即以贤终。由上述可见，二曲提出的这些王道措施充分展现了其重"实证"、"实效"以及与民"实惠"并求通"可行"的实学特征。

二曲的这一政治理想始终以人为本，即所谓"治以贤始，即以贤终"。这一阶梯式的王道措施使得二曲的实心实政之治不再是悬而搁置的空中楼阁。

其三，献重民养民之策。

二曲对儒家"民为邦本"、"民为父母"、"民无信不立"以及"本固邦凝"、"尊贤使能，俊杰在位，则天下之士皆悦而愿立于其朝矣"等主张甚为重视。尽管二曲处于民族大义的缘故而拒绝入仕，但是一直以来，他对历代的明君、贤相以及清官、贤德之士非常敬重，他认为这些贤才为社会的发展树立了楷模。二曲曾说，"范文公自做秀才时，便以天下为己任。虽与古人欲明明德于天下者，德性作用与气魄作用不同，然志在世道生民，与吾人志在一身一家者，自不可同日而语"（卷二十九《四书反身录·大学》，第404页），可以由此看出，二曲作为普通老百姓，他不是因为民族大义的缘故就置身于国家政治之外而不闻不问，相反，二曲经常以儒家一贯的思想"仁者爱人"来督促自己，并示于世人，不仅仅如此，二曲还经常以大儒学人的身份而自居，他通过著书立学，通过个人的思想来为民请愿，替民伸冤，为国家社稷献策出力，真可谓时时"操心"国事于己。正因为如此，二曲经常提出安民养民之策，认为为政之要就在于，为政者必须以稳定社会、发展生产作为为政的前提，以己身之德去化育子民而身体力行；以自己的明德和睿智智慧以及识人辨认的能力来知人善任，正如历史材料中所说的，"关中利害在民者，（公）未尝不为当事力言也"[1]。

不仅仅于此，二曲还总结历代经验：

　　盖惟知人，方能安民；故惟知人，方能爱人。若明不足以知人，而所用之人一有不当，本欲泽民而反以残民，则其爱也适以成害。即不残

————————
[1]　《国朝先正事略》卷二十七。

不害，而才不胜任，旷官废事，不能承流宣化，民不被泽，亦何以薄其爱乎？舜惟㧑足以知人，故于众人之中识拔皋陶；汤惟明足以知人，故于众人之中识拔伊尹。（卷三十二《四书反身录·论语上》，第443页）

二曲认为选拔官吏以及使用之当与否，不仅关乎于国家政治等事业的顺利发展，同时还关乎于安民、养民、泽民、爱民以及"以民为本"的治国方针策略的贯彻与否。可以说，仁政王道的实施与否关乎于国家的兴亡与兴旺。由此，二曲期望当政者能实施有效的富民、教民政策。本着荀子"不富无以养民情，拔脚无以理民性"①的主张，二曲认为在富民教民中应以富民并使其有"常产"作为要务：

民有恒产，然后可望其有恒心。故明君将欲兴学校以教民，心先有以制民之产，所以然者，衣食足然后可望其知礼仪也。后世言治者，动曰兴学校，却不讲为民制恒产。不知恒产不制而责民以恒心，是犹役馁夫负重、驱赢马致远，纵勉强一时，究之半途而废耳。（卷三十六《四书反身录·论语下》，第478页）

在当时明末清初的实学思潮影响下，二曲提出了自己的美好愿望。他期望朝廷给民众制以恒产，尽管不是恢复孟子当年的基本思想主张，但二曲能在对清政权持抵触态度的情况下提出这一举措，能明显地看出来，二曲对国家民众，在内心深处还是抱有深沉的爱护感情的。二曲这一主张是对孟子发展经济学说的发挥运用。他从恒产恒心说的角度出发，以爱民、养民并富民的思维作为立场，提出民应有恒产的主张。他认为只有"民有恒产"，才能期望"其有恒心"，并在衣食足时知礼仪廉耻，才能侍亲以仁孝、侍国以仁忠。所以，二曲呼吁必须"兴学校以教民"，制恒产以给予民以恒心，否则就会出现"究之半途而废耳"的结局。

不仅仅如此，二曲还以儒家"老吾老，以及人之老；幼吾幼，以及人之

---

① 《荀子·大略》。

幼"①的名言警句作为自己励志和奋斗前行的座右铭，以"乐民之乐者，民亦乐其乐；忧民之忧者，民亦忧其忧。乐以天下，忧以天下，然而不王者，未之有也"②作为与民同甘苦共患难的斗士。在这里，可以非常明显地看出：二曲非常关心黎民之疾苦。他对政治之事貌似冷漠，其实内心深处是有着强烈的关注倾向的，二曲期望当政者施政时能秉承先秦儒家的仁政王道思想，"……明君制民之产，必使仰足以事父母，俯足以畜妻子，乐岁终身饱，凶年免于死亡"③，施政者以民为本并施仁于政事、民众，让黎民百姓都过上其乐融融、安居乐业的生活，从而出现"五亩之宅，树之以桑，五十者可以衣帛矣。鸡豚狗彘之畜，无失其时，七十者可以食肉矣。百亩之田，勿夺其时，八口之家可以无饥矣。谨庠序之教，申之以孝悌之义，颁白者不负戴于道路矣"的结果。④

　　二曲实心实政的政治哲学意图将形上、形下融为一体并渗透于政治管理之中，它是在回应清初时代问题的基础上产生的，同时对理学及其传统政治哲学思想进行了深刻的反思，具有独特的价值特色和意义。二曲天德、王道一通的政治理想，仁德、仁义与经济发展相互渗透的人格理想和要求，以及实心实政的政治理想对当今我国和谐社会的建构及其发展都具有重要的理论启迪意义。

---

①　《孟子·梁惠王上》。

②　《孟子·梁惠王下》。

③　同①。

④　同上。

第六章
明学术、正人心的社会教化论

二曲的治学经世意识经历了一个逐步嬗变发展的过程，而其成熟期的经世思想显然是以"明学术、正人心"之社会教化事业作为中心点的。这一治学倾向既体现了二曲本人独特的精神气质，同时也与当时二曲所处的社会政治环境相关，而且，二曲的这一教化事业也是对儒家讲学传统的承续。

中国传统人文思想主要以"形而上的灵明本体为核心，向四周作多方面的放射，表现出人文世界之种种文化功能；由此种种文化功能，经过主导力的统摄作用，复向原来的核心点凝聚，又回复到此灵明本体中。亦即以本体论发端，以阐释人文世界之种种文化功能，经此多方推衍，最后必然归结到这一本体上，才为思想的圆融境界。简言之，其思想结构，以本体论始，复以本体论终"①，即所谓，为学先要识本，而这一识本正是学术教化的指向之所在。在二曲这里，他所达成的政治理想，所成就的精英学人，必须以此灵光四射的灵明光体为核心，既超越现实人生，又改造现实人生，也就是说，在二曲这里，实现其外王事业之理想乃至实现其整个文化理想以宏扬这一理想人，唯一有效的途径，即为倡导与振兴教育②。作为二曲，其政治、文化理想的实现，须经"明学术、正人心"的社会教化事业来实现。

---

① 林继平：《李二曲研究》，台湾商务印书馆 1999 年版，第 363 页。
② 同上，第 340、341 页。

一、"明学术，正人心"：社会教化之宗旨

在二曲那里，他是通过频繁性的"讲学"来完成其政治和文化理想以及"明学术、正人心"的经世事业的。且看二曲如何说法：

> 自教化陵夷，父兄之所督，师友之所导，当事之所鼓舞，子弟之所习尚，举不越乎词章名利，此外茫不知学校为何设，读书为何事。呜呼！学术之晦，至是而极矣；人心陷溺之深，至今日而不忍言矣。（卷十二《匡时要务》，第104页）

又说：

> 洪水猛兽，其为害也，止于其身；学术不明，其为害也，根于其心。身害人犹易避，心害则醉生梦死，不自知觉，发政害事，为患无穷，是心害酷于身害万万也。（同上，第105页）

二曲认为，人心陷溺之深，父兄之所督导，师友之所教诲，当事之所鼓舞，子弟之所崇尚，都不外乎词章名利，之所以出现这些弊病，是因为学术之晦。学术不明，则人心不明，人心不明，人就会"醉生梦死"而贻害无穷。所以，二曲呼吁，"惟在明学术。学术明则人才兴，人才兴则风俗正，而治化翔洽矣。"（卷三《常州府武进县两庠汇语》，第25页）那么，到底如何做才能"明学术"？二曲明确指出，必须以"讲学"作为主要途径，"民之于仁，甚于水火。人或可以一日无水火，必不可一日无学；不可一日无学，则不可一日不讲。讲则人知所向，日淘月汰，天理常存，而人心不死；不讲则贸贸焉莫知所之，率意冥行，不免任气滋欲，随俗驰逐而已"（卷十二《匡时要务》，第105页）。在二曲这里，讲学事关重要，不可一日不讲，而人也不可一日无学，故而，二曲认为"讲学之风所关甚大"，不讲则"贸贸焉莫知所之，率意冥行"，更有甚者，不讲还会任气滋欲，随俗驰逐而世风日下，所

以，对于讲学，二曲强调，应该"倡率鼓舞，极力主张"才是正道（卷十二
《匡时要务》，第108页）。

需要注意的是，二曲讲学主要包括教育与学术两方面，在《匡时要务》
中，二曲这方面的思想尤其凸显：

> 大丈夫无心于斯世则已，苟有心斯世，须从大根本、大肯綮处下
> 手，则事半而功倍，不劳而易举。夫天下之大根本，莫过于人心，天下
> 之大肯綮，莫过于提醒天下之人心；然欲醒人心，惟明学术，此在今日
> 为匡时第一要务。（同上，第104页）

不仅仅于此，二曲进一步强调讲学的重要性：

> 立人达人，全在讲学。移风易俗，全在讲学；拨乱返治，全在讲
> 学。旋乾转坤，全在讲学。为上为德，为下为民，莫不由此。此生人之
> 命脉，宇宙之元气，不可一日息焉者也。息则元气索而生机漓矣。（同
> 上，第105—106页）

在二曲看来，当今匡时第一要务莫过于人心的启迪教育，如果能从"提
醒天下之人心"入手，则"生人之命脉，宇宙之元气，不可一日息焉"，也
就是说，人心的启迪觉醒是天下之大根本与大"肯綮"。然而，二曲强调，
欲醒人心，只有从明学术入手，而明学术，又须从讲学处作为入径。由此，
二曲呼吁，不管是立人达人，移风易俗还是拨乱返治和旋乾转坤以及立德立
功等外王事业，无不在讲学。可以说，在二曲这里，讲学的目的就是为了
"正人心"，为了二曲所弘扬的这一理想人格的实现。既然二曲把讲学作为毕
生所修之要，那么二曲所弘扬的讲学与当世学人所崇尚追求的流行词章、
记诵有何差异？二曲所倡导的讲学宗旨何在？

且看二曲如何说法。二曲认为，讲学不同于讲书，"不讲学者，可无论
矣，乃有挺身号召，名为讲学者，及察其实，仍旧只是掣章句，论书旨，如
此只是讲书，非讲学也。即真正不泥章句，不滞故纸，能以理道为务，则又

舍目前个人进步之实，茫不毫心，往往极太极，谈理性，辨朱陆异同，指阳明近禅，葛葛藤藤，惟鼓唇吻。"（卷三《两庠汇语》，第 28 页）二曲并不认为"掣章句，论书旨"、"言太极"、"谈理性"等是讲学；相反，他认为这一举动只是"讲书"，是泥于章句，滞于故纸，而真正的讲学须以"身发明道理，而不尚诠释"（卷十六《答张伯钦第二书》，第 160 页），讲学必须讲求心性，切于身心，并务于切身躬行而身体力行之实。二曲认为，只有如此，才能补偏救弊，移易风俗，立人达人而旋乾转坤以立德立功，救正当世人心，从而促成当世世人洞识真我。正因为如此，二曲才把讲学当作当世匡时第一要务。

既然讲学是当世第一要务，二曲又强调，"迩来讲学者，颇有其人，道其明矣乎，而不知其忧方大也。往往讲之以口，而实未尝验之于身，逞臆见，争门户，只以增胜心，此亦通人之通患也。"（卷四《靖江语要》，第 38 页）二曲认为，讲学不是徒讲之以口耳，不是夸夸其谈，而是身心的切身体验，是日用常为事上的躬行践履，然而，当下之学人论学"却不欲人闲讲泛论，只要各人回光返照，自觅各人受病之所在，知有某病，即思自医某病"（卷三《两庠汇语》，第 27 页），这一现象是本末倒置，没有把握学之要旨，所以才出现了"闲讲泛论，只要各人回光返照，自觅各人受病之所在"之不良风气。二曲大力抨击以名利欲望为主的俗学，他认为，"今人教子弟，自六、七岁读书时，惟是富贵利达，子弟受学之初，便已种下务外的种子，故朝夕所从事者，名利而已。与人会聚，言及名利，则欣悦，言及修己治人，不以为迂，则以为异"，这是一种"惟富贵利达"的俗学，这一学术在子弟受学之初，便已种下"务外"的种子，所以其朝夕所从事者，仅是名利而已；当人们言及修己治人，则就会出现不以为迂而以为异之嫌疑。正因为如此病痛之象，二曲认为"如此为学，即终日悬梁刺股，囊萤映雪，忘食忘寝，亦总是孜孜为利，与大舜分途者也。即学富二酉，文工一世，战状头，齐显要，适足以为济恶之资而已"，如此为学方式和宗旨，终将孜孜为利，与大舜之圣"分道扬镳"。当然，需要指出的是，二曲之所以非常痛恨反对名利之俗学，正是因为其补偏救弊的学术匡时使命所使然。由此，二曲指出，只有剔除以名利为务的俗学，才能明学术，正人心，纠世风，使治化归于"翔洽"。

为了实现"明学术，正人心"的教化使命，二曲强调，"为学先要识本"（卷四《靖江语要》，第 34 页），而本又不离心，"天下之大根本，莫过于人心"，所以，二曲念念不忘其正人心的责任使命。作为原儒的孔孟之学，它正是从"领人收拾身心"入手，从而不致于使人"放逸"，二曲认为，这便是圣贤为己之本，正因为如此，求学须"明心见性，本源澄澈，此心凝然不动，常变如一"（卷三《两庠汇语》，第 25 页），这一求学精神与原儒的为学精神旨境是一致的。二曲提倡在讲学中，应念念不忘以紧扣本原为主旨，提醒其门人须时时"洞识真我"（卷十六《书一·答王心敬》，第 159 页），"自觅主宰，务求靠得著者而深造之"（卷十六《答张敦庵》，第 140 页）。不仅仅于此，二曲还主张，讲学不是自己一个人闭门造车，而须"联络同志"，以渐达教化民众之效。正如二曲所说，讲学"必联三五同志，朝夕聚首，交发互励，振萎靡缩馁之气，坚果确奋迅之心"（同上），"联络同志"可以通过"同志"间的朝夕聚首而交发互励，从而振萎靡缩馁之气，确奋迅心。按二曲之意，只要"随人开发"，便可"转相觉导，由一人以至千万人，由一方以至多方"（卷十二《匡时要务》，第 106 页）。然而这种社会教化活动并不止这些，二曲认为讲学活动的顺利进行，还需要借助于学校或书院，"教化必自学校始，未有教化不行于学校，而可以言教化者也。然教化不在空谈义理，惟在明此心，体此理。人人有此心，即有此理"（卷三《两庠汇语》，第 24 页），学校是讲学顺利开展的前提，只有借助于书院或者学校才可以言教化。同时，二曲还提出，对讲学的讲会组织、会约以及讲规必须进行相关的规定，才能在讲学实践中收到意想不到的效果，并由此而积累整套讲学的经验，通过书院之风的盛行（实际上就是讲学之风的盛行）而明学术，正人心，并改变学术晦暗之风，纠正世风日下的不良现象。

如前所述，二曲的社会教化活动是通过讲学来实现的，其目的无非欲通过讲学以"阐明学术、救正人心"，从而"洞识真我"。

二、体用全学：社会教化之内涵

二曲社会教化的使命在明学术，正人心，以洞识人心。那么要实现这一使命，怎么进行社会教化？其内涵又在于什么？

在二曲看来，欲正人心、"洞识真我"，须先识本。

关于识本，二曲说，"为学要先识本，诚识其本，而本之本既得，则末自盛"。那么何为"本"？二曲认为，本即指"人生本原"，此人生本原即各人心中知是知非一念之灵明，此之谓天下之大本。二曲又称这种人生本原为"灵原"，认为此灵原"其未发也冲膜无朕，万善同涵。发而见之与外也，恻隐、羞恶、辞让、是非之端，随感而见。——不待学而知，不待虑而能"；同时，此灵原乃天地所赐予我者，生时一物不曾带来，死时一物不能带去；在二曲看来，灵原即是一种天地所赋予人的德性，又是一种个我所具有的生命气象和境界；二曲还指出，灵原地位非同小可，"目赖此而明，耳赖此而聪，足赖此而重，足赖此而恭。四端五常，三百三千经纶参赞，赖此以为本。本苟不立，徒以意见拟议，徇迹摹仿，则袭之与集，行之与由。毫厘之分，天渊之谬"，所谓的通天地万物，上下古今，都赖此灵原而发作流行。非此灵原，则无以见天地万物、上下古今；所谓灵原，又指生命个我知是知非的能力，正因为它的存在，个我才能在接于外物之时而能由内到外扩及而由此有所感悟。

正因为此灵原的重要性，二曲才把灵原作为整个社会教化活动的基础。他认为，"人也者，禀天地之气以成身，即得天地之理以为性。此性之量，本与天地同其大，此性之灵，本与日月合其明。本至善无恶，至粹无暇"。且看二曲在《东行述》中的精纯阐述：

> 马域士……既而问六经大旨，先生默然，示之以寂。士顿醒拜谢。或诘其故，……士曰："无声无臭，六经之所以出，亦六经之所以归也"。在座诸君，咸请开示。先生直指大本，领各反身潜体，洞识真我……
> （卷九《东行述》，第68页）

在此，当马域士质疑六经大旨时，二曲以默然的无言方式示寂于马域士，让对方明晓六经之源也是六经之所归。二曲这里的默言方式正是对灵原的首肯，他要求个我通过返归自身心灵深处进行体证默认，当心灵之灵原往外展现时，在接物触情中发挥其作用并使个我"洞识真我"。二曲的这一教法就是让个我切实体认灵原。不仅仅于此，二曲还教世人以效法往圣昔贤之言行作为入径，要求"欲人尊所闻，行所知，依据圣贤之书所示，一一力行"，从而达致尧、舜、禹、商汤、周文武、周公乃至孔子之道，以见群贤灵原之心、之体，二曲这一做法目的在于，为世人标示入圣功夫以识灵原。

且看二曲的说法：

> 孔、颜、思、孟及宋之濂、洛、关、闽、明之河、会、姚、泾，俱是治人的名医，五经四书，及诸儒语录，俱是医人的良方。（卷三《两庠汇语》，第28页）

由上述可以看出，二曲的确是把古圣先贤作为世人的榜样和良方来提倡的。他认为为学之要在于效法孔、颜、思、孟等圣贤以及宋之濂、洛、关、闽、明之河、会、姚、泾等学术思想，而效法之要，则在于以五经四书及诸儒语录作为力行的依据。只要效法得当且躬行既久，就会自返自照以见己心。

二曲又说：

> 诚能于四书中，著著实实力行一二书，即终身无议论，无著述，亦不害其为君子。（同上，第29页）

在二曲看来，只要能着实用功，则不害其为真君子。

> 始也就其效先觉之所为，而若致尧舜禹汤文武周公孔子之道，终也自返自照，自成自证，乃个人自致其各人当由之道也。（同上，第31页）

二曲对为学之始终之道进行了精辟的阐述，他认为效先觉之所为，以求觉吾心之所固有之灵原，这是个我德行磨练之方。只要自始至终用功，就会悟得尧、舜、禹、汤、周文武、周公以及孔子之道，并最终能自返自照而自成自证，这是个我的当由之道。德行当道，教化之风盛行，才能让风俗之颓废等得以廓清拯救，才能有补于当世，有益于当世之世人，并救正人伦和人心，补偏救弊日下之世风。二曲这里的始终之道，即为二曲所标示示人的入圣入德之功。然而，需要注意的是，所有的始终之道，必起于立身之初，必先以明学术、救人心作为开始的志向。正如二曲告诫其弟子所说的：

> 为学必先立志。立志当做天地间第一等事，当做天地间第一等人，当为前古后今着力担当这一条大担子。自奋自力，在一方思超出一方，在天下思超出天下。（卷六《传心录》，第 46 页）

二曲又说：

> 今学术久晦，人失其心，阐而明之，不容少缓，当以一二同志，共肩斯事，阐扬光大，衍斯脉于天壤，救得人心千古在，动名直与泰山高。（同上，第 46—47 页）

二曲反复强调为学当务之急在于立志，他认为立志乃天地间第一等事，是人世间之大事。如果要做好天地间第一等人，当为前古后今着力担当这一志向，从而"一二同志，共肩斯事"，自奋自力以立己而立人。有了坚定的志向，还有一个能否长期坚持并笃行的问题。由此，二曲指出，"德非刚则不能进，己非刚则不能克，品非刚则不能树，名节非刚则不能全，担当世道非刚则不能任，顶天立地，事业非刚则不能做，做亦难成"。在这里，二曲所强调的"刚"是人的意志品质能否坚持下去的问题，他认为德、己、品、名节、担当、事业等如果不"刚"，则事难做成。因而，作为二曲，他从私欲的萌动上以及性质特征上对"刚"与"不刚"进行了进一步分析，他认为"刚"就是正大光明，只要做到了"刚"，则无论富贵还是贫贱，抑或是威武或者患难等都不会为其所动。二曲指出，如果本心被蔽，则事会不顺或者半途而废。需要注意的是，这里二曲所说的刚是一种正大光明、坚强不屈，是先秦原儒所主张的"天德"，此天德"全此德者，常伸于万物之上。凡富贵、贫贱、威武、患难，一切毁誉、利害，举无足以动其心。欲则种种世情系恋，不能隔绝，生来之刚大之气尽为所挠。心术既不光明，遇事鲜所持持。无论气质，懦弱者多屈于物，即素负血气之强者，亦不能不动于利害之私也。故从来刚者必无欲，欲则必不刚，一毫假借不得"。由此可以看出，二曲对"刚"与"不刚"进行的分析的确很精辟。二曲还进一步指出，所谓的社会教化活动，其实质就是一种修养教化，就是修其所行而使其受教，它不必骛高远，说精微，无须他求，只要通过书院或者学校讲学活动的开展，才能将思想理论性的东西转化为日用常为事极浅极近处的修为等纲常伦理的躬行践履之事。

二曲认为，只有具备了"刚"的这些条件，才能通过日用常为事上的躬行践履来展现出来，这一点与二曲经常主张的"最上道理只在最下修能。不必骛高远，说精微，谈道学，论性命，但就日用常行，纲常伦理极浅极近处作起"一脉相承。然而必须关注的是，二曲的社会教化活动，主要是在其灵明光体的灵原基础上展开的，二曲以其"明体适用"之学（又称之为"体用全学"）来拓展和申述其躬行践履的社会教化思想。二曲认为，学术之明晦，不仅关系到士风之盛衰，同时，更重要的是，它关系到生民休戚，世运泰否的问题。

那么二曲所欲"明"之学究竟是何种学术？一直以来，儒家以救世济时的经世主张作为宗旨，二曲作为明末清初的大儒也不例外，他秉承了儒家的经世传统，反复申说其全体大用思想，意欲使当世见证儒家思想的重要指导作用，让当世之民体验儒家思想的"膏泽"。二曲认为儒家修己安人的思想在先秦时期可以让子民过上安逸之生活，现在同样如此。对此，二曲进行了自己的阐释：

> 明体适用，乃吾人性分之所不容已，学而不如此，则失其所以为学，便失其所以为人矣。（卷二十九《四书反身录·大学》，第401页）

如明道存心以为体，经世载物以为用，则"体"为真体，"用"为实用，苟内不足以明道存心，外不足以经世载物，则"体"为虚体，"用"为无用。（卷十六《答顾宁人先生》，第149—150页）

到底二曲所欲"明"之学是何种学术？在这里，二曲给出了自己的答案，他认为所欲"明"之学就是"明体适用"之学。什么是真正的"明体适用"之学？二曲认为，所谓的"明体适用"之学，是一个人一生需要固守的东西，失其则失所以为学，失其则失所以为人。所谓明体，就是指明性见道，明道存心以为体，即要研习程、朱、陆、王等的心性之学；而所谓适用，则是指以经世致用的淑世之实学作为外王之业，即所谓经世载物以为用。只有如此，则"体"才为真体，"用"才为实用，否则就成为了"虚体"和"无用"。那么如何用功才能达致"明体适用"？二曲指出：

穷理致知，反之于内，则识心悟性，实修实证；达之于外，则开物成物，康济群生。夫是之谓"明体适用"。（卷十四《周至答问》，第120页）

二曲认为明体和适用紧密相连、不可分割。穷理致知，反之于内，则会识心悟性而实修实证；如果穷理致知而进一步达之于外，则会开物成物而康济群生。由此可以看出，二曲并不是单纯地只注重明体之功，他重实行而不重见闻，强调"学贵实效"、"驾行而不倦"的适用之功。为此，二曲还鼓励学者：

须勇猛振奋，自拔习俗，务为体用之学。澄心返观，深造默成以立体；通达治理，酌古准今以致用，体用兼该，斯不愧须眉。（卷二十九《四书反身录·大学》，第401页）

明体而不适于用，便是腐儒；适用而不本于明体，便是霸儒；既不明体，又不适用，徒汩没于辞章记诵之末，便是俗儒。（同上）

二曲倡导学人要扎实用功，"勇猛振奋"而自拔习俗，通过澄心返观、深造默识以立体，由此而通达治理、体用兼赅，酌古准今以为用。也就是说，二曲要求学人治学不宜做明体而不适于用的腐儒，也不宜做适用而不本于明体的霸儒，更不宜做既不明体，又不适用而汨没于辞章记诵之末的俗儒。二曲认为，追求真正的适用之学，应当通过功夫务体用之学。在二曲这里，他似乎更强调适用、实用知识与形而上的灵原本体的有机融摄和统一。正是通过这样的方式，二曲把儒家的修行修为思想和适用的实用知识结合起来，从而达到了全体大用的体用全学。同时，二曲告诫学生，"立身要有德业，用世要有功业"，"离人无所为我。此心一毫不与斯世斯民相关，便非天地之心，便非大人之学，便是自私自利之小人，便是异端枯寂无用之学"，二曲主张学亦应为实效之学，而非虚谈之学，强调"道不虚谈，学贵实效。学而不足以开物成务，康济时坚，真拥衾之妇女耳，亦可修己"。

二曲教学因人而异，这一点秉承了传统儒家因材施教的教育理念。二曲认为问学对象不同，则所施行的教化活动也应该随之有所调整。对年轻人而言，二曲更注重文、史、经这三方面，二曲认为这些方面是预备性前提教育，需要逐步积累才能逐渐有所悟；对中年人，二曲认为，这一年龄段的学人，如果是有志于立志且用世并以经世致用的淑世理念作为受教的志向前提的话，则宜系统教授以全体大用之学，从而使其将立德、立言、立功归于一路。此"归于一路"为二曲毕生治学的学养抱负，也是二曲最为重视之处。这也是二曲社会教化活动的中心内容①。而对于老年人，二曲认为主要应以解决老年人关于生死问题的困惑作为主旨。

我们再从二曲关于治学读书的一些推荐的书目中来进一步了解二曲关于社会教化思想的系统体系。

《读书次第》主要是二曲为"自童蒙以至大人"的少年所开之书目，它包括经、史、文诸类，即如诗经类、易经类、通鉴类等。且看二曲在其所开书目的简评上如何点评：

《小学》一书，是朱子"古今今文善行，以为后生作圣之基"，"故子弟

① 林继平：《李二曲研究》，台湾商务印书馆1999年版，第348页。

须于《小学》熟读力贱，以为大成之基本"。《近思录》之书，"初学宜时阅之，以为格物致知之阶"。从二曲的点评中可以看出，二曲的确对初学入门之读物很重视，他把《小学》当作"后生作圣之基"，而把《近思录》当作"格物致知之阶"。二曲对读书的次第顺序的确有自己的一套见解。

在需要阅读的四书类书目中，二曲对冯恭定所著的《四书疑思录》以及吕文简所著的《四书因问》二书尤其推崇。他认为这两部著作"乃周公经国之远猷，万世制治之良规"，而《仪礼》十七篇则"最切于日用，乃礼中之经也"。二曲对四书类的读物似乎情有所钟，他认为这些书可以作为"万世制治之良规"，而《仪礼》十七篇则又是"礼中之经"。

关于诗经类书目，二曲认为这类书籍可以于抑扬顿挫中"涵育董陶，养成德性"，从而玩味其中而从容自在，由此，二曲又以在"沨沨乎有人，不自觉其变也"来颂记。

对于易经类书目，二曲尤其推崇明朝后期著名的易学家来知德所著的《周易集注》，其中的"'归藏于坤'，乃圣学第一义，噫，斯其为天跟乎！吾人须是洗心藏密，深造默成，其于《易》，始庶几乎"是二曲经常强调的，他认为经既治，则史可观，圣学第一义即在于洗心藏密而深造默成。

不仅如此，二曲还开出了一系列通鉴类书目。二曲认为北宋时期著名政治家、史学家、文学家司马光所主持撰写的《资治通鉴》尤其值得关注，其"可明治乱兴亡之迹"。同时，二曲指出，"上自天文历法，下自赋役漕屯，援古证今，靡不折哀，经世者之所不能外也"，学者读编年之后，"固宜读史以尽其详"。由此可见二曲对史学类书籍的关注。

二曲认为史既通，则文可通，上述经、史、文等著作是学人不可不读之"急务"，包括老、庄之道以及地理诸书，如《大明一统志》等"于郡邑、形势、户口、钱粮，胪列周详，宜购之以备参阅"，这些文集著作也当在阅读之列。二曲认为，只有如此，才能"广其识可也"。

二曲对自童蒙以至大人的读书书目进行了严格而精详的要求，他认为，这一严密的读书次第功夫是学人在社会教学活动的开展中要进行的预备性的"明体适用"书籍。

在二曲所推荐的明体类书目中，二曲主要是从程朱、陆王两大派的著作开始入手的。程朱派书目，二曲认为主要应从《二程全书》、《朱子文集大全》、《吴康斋集》、《读书录》、《胡敬斋集》、《困知集》、《吕泾野语录》等文集著作入手。他认为这些书籍不仅与人之日用关联紧密，同时，这些书目还可以让人知晓于论辩精纯中所悟得的学重躬行之理，以及"明体中之功夫"的实质。二曲指出，只要坚持用功于这些文集书目，则可为日后尽下学之功打下基础。尽下学之功是收摄保任，由工夫以合本体的内外本末，一以贯之而下学上达之功。二曲指出，阅读这些程朱类书籍并不是立马就能洞彻本原而明性见道，但这些书籍的确对下学之功的进展具有重要的意义。也就是说，在这里，二曲强调下学工夫并非天马行空地漫然用功或者"煮空铛"，也不是支离繁琐的"无头脑"之学问，只有通过收摄保任之功，合本体兼以下学之功才能有所收益。也就是说，功夫的践履开展还需要从心上用功，以本体来统摄功夫，并以工夫来涵养本体，所以陆王心学派书籍不可不读。

二曲认为陆王派书籍的阅读，主要从《象山集》、《慈湖集》、《阳明集》、《龙溪集》、《白沙集》等著作入手，这些文集著作直指人心，如象山教人"横发直指，一洗诸儒之陋、令人当下心豁目明"；而慈湖杨敬仲则"直指心宗，大悟一十八遍，小悟无数，在宋儒中，可谓杰出"；阳明晚年学问大头脑处所悟得的"致良知"则"以泄千载不传之秘。一言之下，令人洞彻本面，愚夫愚妇，咸可循之以入道，此万世功也"。二曲进一步指出，阳明比象山超出之处在于，不像象山只"单传之指，然于本体犹引而不发"；作为龙溪，二曲则认为他则"发明良知之蕴"从而为"点雪红炉"之妙（卷十六《书一·答张敦庵》，第140页）；白沙之学则"以自然为宗，去耳目支离日用，全虚圆不测之神"等。在二曲这里，诸如此类的书目还很多，二曲认为这些书目都是学人明体之功中所必须接触和阅读，并须放置首位的"明体中之明体"之作，读之可以阐明人之心性而"洞斯道之大源"。

由此可以看出，尽管二曲折衷程朱、陆王两派，在本体论的倾向上却仍以陆王为宗，甚至有偏于陆王之势。二曲个人对本体的认识似乎更为精当。他认为，形而上的本体之理，因为其高深莫测以及超于言表的特点，很难让人理解透彻，所以，"经"类著作的阅读和研习主要是为了洞彻本原而"立大本"。但是，需要注意的是，洞识真我还必须从日用常为事上开始，从切身的躬行践履做起，由此才能提升本心，约束各种外在的欲望而有所修为。换句话说，二曲认为本体是六经之源，对本原的把握和了悟，必须依赖于对经的研习。对二曲而言，经、史等文集著作的研习是为适用的经纶参赞外王之业来打基础的，正因为如此，二曲才强调学人对经的吟诵和熟读。这里，二曲以经为本，以史、文为用的预备性建议和措施为社会教化使命的开展提供了清晰的进路。在明末清初的实学思潮中，当社会思潮趋向于讨伐王学末流时，二曲学的标新立异和挺出确有突出的时代价值意义。

二曲并不满足于此，他认为还应在明体的基础上研习大量的适用类书目，才能"咸经济所关，宜一一潜心"，从而内足以识心悟性而实修实证，外则足以通过"康济群生、通达治理"而达之于外并开物成物，这才是真正的下学而上达："酌古准今以致用，体用兼该，斯不愧须眉也"。正因为如此，二曲开出了一系列适用类书籍。

二曲指出，所谓适用，即为经世致用的济世之学。二曲开出了大量适用类书目，包括《大学衍义》、《文献通考》、《武备志》、《资治通鉴纲目大全》、《律令》等书籍。二曲在适用阶段所要求阅读的书目与读书次第中所要求阅读的书目基本上体现出了由外而内、由本而末的一个逐步转换并成前后衔接关系的特征。二曲正是通过这样的读书次第功夫要求，以通晓经、史、文等方面的知识作为基础，同时与外在的事物"接应"（如事功等），从而使得明"体"之体逐步趋于明朗，由"体"来统摄"用"，即体即用而达致"实效"与"实功"，由此可以看出，二曲的这一明体适用主张使得体用关系互相渗透，从而造就儒家关于个体理想人格的培养。二曲的这一治学理念与中国传统文化的教育理念是同出一辙的。由此可见二曲社会教化思想的传承性。

需要注意的是，对于老年人来说，二曲的社会教化思想采取的又是一种特殊的教育方式。二曲认为，人在到三四十岁的中年时期时，正是建立"丰功伟业"（卷十九《题跋·杂著》，第240页）的精力充沛时期，所以施以"全体大用"之功正当其时，有必要在这一时期奋力奋为。正如后来二曲之弟子在谈到其师关于社会教化理念的教育方式时所说："其接人有数等……中年以前，则殷殷以明体适用为言"，二曲的确是把明体适用之学作为这个年龄段人群必修的课程。二曲认为，对于及于老年阶段的人来说，多数人对人生持看开的态度，无论其事业或学术方面成就与否，此时老年人最为关切的事情是如何让己身轻灵爽泰，从而找到最终的"安身立命"之所，以平安健康地度过孤独的晚年。当一位叫陆士楷的门人在苦于八十高龄时的生命短促、来日无多时，二曲进行了一系列回应：

> 如某等日暮途穷，凡聪明才辨，事业文章，觉与我本来真性，皆无干涉。趁此眼光未废时，必如何策励，临时方不散乱？（卷六《传心录》，第 47 页）

> 年登七旬，便程古稀，矧几八旬，尤为稀少。纵生平著述绝世，聪明过人，声名溢四海，动业超古今。至此，总与性命毫无干涉，毫无可倚。若不着意究心，昼夜深体，大事临期，悔恨何及！为今之计，力将从前种种牵缠，尽情摆脱，如鱼鸟之脱网罗，鹿之离陷阱，寻一安身立命、归原结果之处，此即此中一念炯炯者是也。时时返照，刻刻打点，上不知有天，下不知有地，前不知有人，后不知有物，惟知有此而已。一意凝此，万虑俱寂。力到功深，豁然顿契。又须急急收摄，愈沉愈寂，以至于一念不起，鬼神莫测，中独猩猩，存丝不挂。如秋阳，如江汉，天机任运，内外不著。无声无臭，浑然太极。尽此，谓之尽性。立此，谓之立命。感长者针芥之投，骨肉至爱，率而狂谈，泄尽秘密，可谓真吐心血。惟愿勒诸骨髓，千万努力，无更因循。稍涉依违，大事去矣，急急！（同上）

其实，二曲的这位门人所提出来的问题正是二曲经常提到和关注的生死问题。陆士楷自认为在聪明才辨与事业文章方面觉悟甚高，但是总感觉这些才智与自己之真性无甚关联，由此，陆老提出了自己的迷惘之所在。其实这个问题归根到底就是晚年如何进行自我"修证"的问题。二曲针对陆老的质疑和困惑进行了解答，他指出，陆老的这一困惑其实就是古人所提到的人之"生死大事"，个我的著述纵然绝世，聪明过人，抑或是声名溢于四海而动业超于古今，然而，这些都乃身外之物，与个我的性命了无关涉，毫无可倚。二曲认为，如果人生的拼搏仅仅牵绊于人生的种种牵缠和物欲诱惑，而不以着意于"究心"为主，以安身立命作为归原的话，那么就会出现晚年的悔恨莫及。二曲还强调，"究心"即为"一念炯炯"，通过对个我本心的一意凝此，时时返照和刻刻打点，就会在力到功深之时豁然顿契而万虑俱寂，以致于愈沉愈寂而一念不起，由此才能"鬼神莫测"而"寸丝不挂"，无声无臭，浑然太极。只有达致这一状态，二曲认为才可以谓之为"尽性"，谓之为"立命"。也就是说，关于陆老的种种困惑，二曲认为必须彻底解除这些困惑的外在束缚，将个人的聪明、名誉、功业等附丽于人生的外在条件搁置，找一安身立命之所，从而作为人生的最终慰托。在二曲这里，生死问题的实质就在于，人总是要去，但在未去之前，老年人内心中的恐怖与不安是需要个我的"尽性"和"立命"功夫来消除。无论个我怎样聪明绝顶、举世钦崇，抑或是功业盖世，一旦遭遇生死问题，那么这些外在的附属都成为了身外之物。需要注意的是，二曲这里所提到的安身立命究竟是什么？安身立命其实质就是个我生命心灵中所潜藏的"一念炯炯"，是个我之灵光四射的灵明光体的最终归宿，它是个我之本心通过"时时返照"、"明性见道"、"虚明寂定"乃至"无声无臭"修养过程所达到的境界，也是二曲"心如太虚，本无生死"的人生概括。二曲认为，个我只有"安住"本体界，才会有无穷的"乐"的人生享受，才能在晚年时期置生死于身外，达致安身立命之境，实现真正的自我。

在这里，可以明显地看出，二曲所倡导的社会教化思想，是将其灵明光体思想置于其学术主张的优先地位，他以体、用概念作为其治学思想的基本架构，正是因为如此，二曲造就了功底、根基深厚的二曲学，提出了其独具特色的"体用全学"思想。

当然，毋庸置疑，尽管二曲大力提倡"体用全学"思想，但是，由于二曲学处于明末清初的转型时期，所以在实学之风彰显之时，二曲学似乎被更为现实和迫切的经世致用的实学所遮掩。因为这一缘故，二曲学被暂时忽略而未能受到应有的重视。

三、启发与"无言"：社会教化之方式

二曲重视讲学活动，其讲学的社会教化活动在南行讲学中得以传扬开来，"每会无虑数千人，旁及缁流羽士，亦环拥拱听"。二曲之讲论"娓娓，答问不倦"。那么，何以会有如此之多"环拥拱听"者？一方面归因于二曲的治学声望，另一方面则归因于二曲教学方法的灵活多样，故而使得"闻者莫不踊跃"。

正如前述所讲，二曲的社会教化活动主要是通过讲学的途径来传播其思想并以开导学人。二曲在教学中因人施教，使常视听者"资之高下，学之浅深，循诱固各不同"，其讲学方法灵活多样。

一种方法即为言语启发诱导法。二曲在讲学中鼓励旁听学生积极进行问与辩的学术活动，"要在切问近思，一味着里"。但凡有问答或者困惑者，二曲必定会"穷昼夜不倦，必使其豁然于心目之间而后已"，由此看来，二曲讲论学术的确谆谆诱导，诲人不倦，如此娓娓的讲学方式，以至于"远近从游者至舍不能容。而学官郡将、方伯连帅以及海内贤士大夫，闻声敦请者日造其门"，足见二曲讲学之魅力！

除了言教式的启发教育方式以外，二曲还提倡身教之法。二曲指出，人之立身即在于言与行而已，他强调说，"师之于及门，有言教，有身教。言教固所以教其行，然不若身教之得于观感者尤深"。所谓身教，在二曲这里，就是以自己的身体力行，以自己的实际行动去影响别人。在身教方面，二曲非常凸显。他不仅以个人的刻苦好学、自奋自成的实际行动为人作出表率，而且秉承言行一致的学术作风，以先秦原儒所弘扬的真君子应具备的行为规范对自己进行严格要求，二曲拒绝出仕，拒绝各种功名诱惑，在康熙帝派人再三邀请其到清廷出仕做官时，他为了自己洁身自好的人生追求和准则，以执剑自刎相威胁；地方官多次进行威逼胁迫时，二曲仍"见死不更其守"，真所谓"身可危也，而志不可夺"。究其一生，二曲在自己的人生历程中真正做到了以忠信仁义为做人的前提准则，而不屑于外在的功名利禄之诱惑。二曲不祈于土地，但是又立义以为土地；不祈文章著作之多积，而又"多文"

以为富。尽管他一生寒饿清苦，"突常无烟"而茕茕在疚，但是二曲却严守张载以来关学学者"以躬行礼教为本"的实学学风而"自拔流俗，以昌明关学为己任"，二曲于学术未尝一日稍懈。作为儒家传统学术的倡导者，其学甚为渊博，除儒家经典外，二曲还深至经史百家、天文河图、九流百技、稗官野史及壬奇遁甲乃至道藏、释藏、西洋教典、外域异书，靡不究极。正因为如此，二曲好友顾炎武曾感叹："艰苦力学，无师自成，吾不如中孚"。二曲安贫乐道，见利不亏其义。讲学中别人多有馈赠，二曲皆婉谢拒绝。他以布衣清廉之士自居，宣布一生不入清廷之门。

　　除了上述两种教育方式外，二曲的社会教化活动还有另外几种教法。孔子所主张的"无言"教法也深受二曲喜爱。在《论语》中有相关的记载："子欲无言。子贡问道：'子如不言，则小子何述焉？'孔子答复：'天何言哉！四时行焉，百物生焉，太内何言哉！'"①孔子在弟子质疑无言如何"述焉"时，他以天之不言，四时之行，万物之生而无言之状来启迪弟子。这就是中国人文思想中人们所崇尚的"只可意会不可言传"之法。孔子的这一无言教法，对后来的佛教禅宗以及宋明理学家思想的发展颇有影响。禅宗祖师在讲法时经常运用此种无言的方式来教人洞识禅宗"无头无尾"之本面，并辅佐以某种手势或物品（如谶尾）等作为象征性的说明或者暗示。后来的宋明理学家治学方法中也追溯有孔子的无言教法，尤其陆王心学家最为凸显。他们主张通过燃香、定心以及打坐之功等方法来让内心清净下来并断绝对物欲的萌动。二曲深受陆王心学家之影响，在前述所提到的马域士问六经大旨之时，二曲采用的就是此种无言教法，"先生默然，示之以寂"。二曲的这一教法在某种意义上是孔子无言教法的吸收运用。正因为如此，马域士才悟出了"无声无臭，六经之所以出，亦六经之所以归"的深奥道理。真有点"此时无声胜有声"的意境。

　　除此以外，二曲在讲学中也喜欢运用陆九渊"六经注我"的教法。陆九渊对六经的解说，有一套独特的悟法，他以所悟得的本然之心（即灵光四射的灵明光体）去对六经进行阐释，而并不采用前人"我注六经"之注疏法，

---

① 《论语·述而》。

相反，陆九渊直抒胸臆，"心解六经"，使六经具有了形上的思辨意义，以
"我心"来注解六经，凸显了个我积极主动的本体意义。二曲对象山此种说
法进行变通运用。且看二曲如何来运用此种教法：

> 之字要体认。凡书上虚字眼，须要照定本章章旨看。……若首章学
> 字，注中是效先觉之所为。为字著力。又补以坐如尸，坐时习也。立
> 如齐，立时习也。岂不是一个敬字？……朱子曰："习静不如习敬"，信
> 哉！（卷十一《东林书院会语》，第97页）

二曲又说：

> 学固不外乎敬，然敬乃学中之一事。谓由敬以复初则可，若直指之
> 字为敬，则是效先觉之所为以复敬，非复初也。心也，性也。其犹镜
> 乎！镜本明而尘涸之。拂拭所以求明，非便以拂拭为明也。知此则知敬
> 矣。敬者，乾乾惕厉之谓也。一日十二时，时乾时惕，以至于念念不
> 懈，刻刻常惺，则此心存而不放，然后可望善明而复初，是敬乃工夫，
> 非本体也。做得工夫，方复本体，恐未可以工夫为本体也。若指之字为
> 敬，则是学而时习，明其敬，复其敬，所谓大本大原者安在？是以工夫
> 学工夫，习工夫，非由工夫以复本体，不肖庸愚之见，终觉未安。（同
> 上，第96页）

二曲变通使用陆九渊之教法。他认为，敬乃学中之一事，学固不外乎
敬。若直指之字为敬，则是"效先觉之所为以复敬"。心就是性，就犹如镜
子一般，镜本明而尘染之，拂拭之则可以求明，反之则然。敬也是如此，敬
者，"乾乾惕厉之谓"，需要学而时习以明其敬，复其敬，从而通过敬功达到
对心性的认识。二曲进一步指出：

> 学，觉也。觉以觉乎其固有，非觉先觉之固有也。然不效先觉之所
> 为，则觉亦未易言也。先觉所为，如尧之执中……孔子之敏求，颜之

愚，曾之鲁，元公之主静，二程之主敬，朱子之穷理致知，象山之先立乎其大，阳明之良知，甘泉之随处体认，皆是也。……始也，效先觉之所为而求觉；终也，觉吾心之固有而为己之所当为。若自始至终，事事效先觉之所为，是义袭于外也。……所为虽善，终属外人，又安功能左右逢源，以称自得哉？（卷十一《东林书院会语》，第97页）

二曲秉承了陆王心学家的治学传统，他并不囿于传统之陈说，相反，他直抒己见（当然，这亦是其见道后的心得体会），认为学是心性的觉悟，觉是觉悟"吾心之固有而为己之所当为"，否则就不能左右逢源以称自得。二曲后来对《论语》心解尤其精透。

二曲讲学还有另一教法，即为反诘法。在《两庠汇语》中有如下的记载：

敢问如何是头脑？先生曰："而今问我者是谁？"在座闻之，咸言下顿豁。相与叹曰："先生一言之下，令人如还故乡，此古人所以贵亲炙也"。（卷三《两庠汇语》，第26页）

当二曲在讲学时有人质疑二曲"如何是头脑"时，二曲以"而今问我者是谁"予以反诘以启迪学人，正因为如此教法，才有了质疑之学人"先生一言之下，令人如还故乡，此古人所以贵亲炙"的豁然开朗。二曲的这一教化方式与禅宗师祖极为相似。禅宗祖师直指本心的教法单刀直入，直接诱导学人从证悟工夫上着力。当慧超问禅师法眼："如何是佛"时，法眼回答："汝是慧超"。法眼通过这一反诘法让对方悟得答案，二曲在后来的治学中也采用此法。在其弟子王心敬后来的"问学"中，二曲回答对方说："识得，便是王心敬"。这里，二曲以"而今问我者谁"的反诘来暗示弟子心敬。这和法眼答慧超之答问法类似。二曲亦采用此种教法，暗示王心敬，只有识得王心敬的真我，即为，识得自我内心本体，识得灵光四射的灵明光体即是学问之大头脑处，心敬才能内外一致而豁然贯通。二曲这一教法令人当下有悟而豁然开朗。

综观二曲的社会教化思想，我们可以看出，二曲的确是以"明学术，正人心"作为其当世的责任使命，他强调教育的真正目的在于从基本入手，从而对世人进行人格境界的陶冶。二曲的这一教化模式并不仅仅是外在知识的传授掌握，他更注重世人对自己内心的把握，通过个我心性的通灵而内外一致。二曲对教育的确有一套自己的教法，他针对问学对象的不同而施以不同的教法，真可谓因材施教而面面俱到（这一教育方法也是先秦原儒孔子曾经的教育方法），其中，对成年人的教育又成为二曲进行社会教化的重点。在某种意义上来说，二曲的这一教法实质上是一种全面的通才式教育，它对我们当今教育的改革具有重要的价值启迪意义。

第七章

李二曲哲学与明末清初的实学

　　明末清初，既是发生重大社会变革的时代，又是继先秦诸子百家争鸣后的又一个文化反思与创新高潮时期。这里所谓的文化高潮，主要表现在两个方面：一方面是文化本身所传承的近世文化传统，尤其是对宋明理学的末流学术思想的反省，并由此而追溯到对儒学自始至终的全面总结和反思；另一方面是相关领域的文化学者或者思想家、哲学家等在面临时代发展所出现的新局面而开出的不同于以往的创新文化局面。这样的一个局面开辟了新的文化格局，从而与近现代中国的文化发展有所关联。在这一反思的文化高潮中，二曲就是在这一文化反思高潮中崛起的具有典型特征的一个代表人物。在当世当时的学者看来，清初以容城的孙钟元、余姚的黄梨洲、关中的李二曲为"三大名儒"，但是继之，人们又将二曲、孙钟元从"三大名儒"的名单中取掉。因为在此时的时代思潮中，顾炎武、颜元、王夫之等因为实学的弘扬和盛行脱颖而出，由此，人们将顾炎武、颜元、王夫之补入三大名儒中，成为现今著名的清初实学"四大家"。之所以出现这一调整和变故，其中的原因之一即在于，顾炎武、颜元、王夫之于明末清初的实学思潮中在经学史上的开山鼻祖之功，尽管他们的著作被挖掘出来的较晚，但是这并不影响其学术价值地位以及价值取向等。也就是说，随着清初实学思潮的盛行，重民主启蒙、功利实用的倾向、比重有所增强，重视实修实证的二曲似乎与之格格不入而略显"劣势"。其实，我们需要注意的是，尽管在明末清初，官方似有倡导以程朱理学为主流之嫌疑，整个学术界也有向程朱理学复兴和回归之势，但是，这种倾向是以新兴的经学作为导向并趋之若鹜，实学家似乎对王学持强烈的否定态度，但是，王学并未因此而从此绝迹。在这一"舍虚就实"和经世致用的实学思潮中，二曲奋力崛起，他不仅学宗程朱，而且对王学的心性之学多有研究和吸收。经时代的刺激和对程朱陆王思想的融摄，二曲自身也进行了不断的修正。二曲不同于当世实学思潮中实学家的方面即在于，他更重视和强调"经世致用"之学顺利进行的心性本体，二曲认为，只有心正了，意才能诚，才能修身而立业，才能成就外王的实学之业。由此，我们可以看出，二曲的思想并不是不值得近现代人关注了，而在于其思想的独特性。从与下述人物的思想比较中，我们即可看出这一差异。

一、李二曲与颜元

清初大多数思想家主张经世致用之学，颜元（号习斋）即是其中的著名代表之一。作为清初反对程朱理学和陆王心学的最坚决者，近人对颜元的实用主张甚为推崇。如果我们从颜元与二曲在体用关系、经世致用之学以及为学方法上的差异处来进行梳理的话，即可发现二者之间的学术差异。

（一）关于体用关系之异

关于体用关系，颜元提出了自己的独特看法。他指出，"文忠之中夜三起与晦翁之闻警大哭，皆可谓忠愤，而卒不能为国家发一矢，也殄一虏也，非学术误之乎？自言一无所能，徒以少喜文字见许世俗，何不猛改，一天下图其有用？而卒借三五书生，优游朝堂，偷安自娱，作太平无事士夫样，……朱子终日著述静坐，见一谈中兴之陈同甫便断绝之，而言上表谏和议志复仇也，有此理乎？"[1] 在这里，颜元一针见血，他指出了道德心性与治

---

[1] （清）颜元著，王星贤、张芥尘等点校：《颜元集·评答陕西安抚使范龙图辞辟命书》，中华书局1987年版，第48页。

世之间的复杂矛盾。他认为，朱子之所以闻警大哭，就是因为其治学只终日著述静坐，"喜文字"而"忠愤"，却未能在关键时刻为国家发一兵一卒，出现这一情况的原因就是因为朱子的空谈学术，这样的学术是误国之术。不仅仅于此，颜元不仅对道学异端陈亮的思想加以赞许，同时他还对曾经坚持变法而置己身之安危于外的王安石打抱不平，认为安石之举正是经世致用的外王之业，是为了实学而奋力请命的。由此看出，颜元之学的确倾向于向外王的事功之学的回归。其实，道德与事功之间的紧张关系，自宋明以来，从宋初三先生之一的胡瑗开始倡导"明体达用"之学以来，这一问题便成了宋明理学家学术内部固已有之的问题，理学家治学一直是以致力于此为主的。那么，作为二曲，其学术思想主张是否是颜元批判的对象之一？我们都知道，二曲及其弟子治学皆以道德而非事功而显名于当世，那么二曲学的这一特质除了当时特殊的时代原因（如因为民族大义的缘故，二曲不愿意出仕，显其气节精神），是否还有其学术本身的内在原因？根据材料的记载，二曲后学有转投颜元门下学习者，他们的这一举止行为是否表明二曲和颜元在思想方面有相似的气质？他们是否想通过这一方式来对二曲思想予以矫正？要想梳理清楚这些问题，就必须对二曲和颜元的思想进行详细的梳理。作为二曲，一直主张"理学、经济，原相表里，进呈理学书而不进呈经济之书，则有体而无用，有里而无表，非所以明体适用，内圣外王也。经济书，《大学衍义》而外，莫切于吕氏《实政录》，言言痛切，字字吃紧，……然是《录》止可以饬外吏，而非所以端治本，绛州辛复元所著《横门芹》一书，卷首治本三纲，实探本至论，致治良画"（卷十七《书二·答许学宪第四书》，第176页），在二曲看来，理学与经济之间并不冲突，两者"原相表里"，不可偏废一方，如果只关注理学之书而忽略经济之书，则是一种有体而无用的读书方式，这一方式是有里而无表，并不是明体适用之学，这是二曲一贯的思想主张，在二曲这里，他认为吕氏即指吕新吾。在二曲所开出的《体用大全》书目中，二曲专门列出了"适用"类书目：《大学衍义》、《衍义补》、《文献通考》、《吕氏实政录》、《横门芹》、《经世石画》、《经世挈要》、《武备志》、《经世八编》、《通鉴大全》、《大明会典》、《历代名臣奏议》、《律令》、《农政全书》、《水利全书》、《泰西水法》、《地理险要》，并指出，"然读书易，变通难，赵括能读父书，究竟何补实际？神而明之，存乎其人，识时务者，在于俊杰，夫岂古板书生所能办哉！"（卷七《体用全学·适用类》，第54页）。能看出，二曲的确对适用类书目很重视，他之所以记录如此详细的书目，目的是想通过这些适用类书目凸显外王事功的实用性和可操作性。二曲的这一主张与一些理学家所提出的以纯粹的道德来救世的观点截然不同，二曲更关注道德与适用事功的合一，正因为如此，所以他所列出的书目中包括军事、农业、水利、地理以及吏制等方面的广泛具体内容。由此可见，二曲学具有经世性、实践性和可操作性的适用特征。从这个角度来看，颜元似乎并没有对二曲构成很严峻的挑战。

这里值得注意的是，在二曲这里，他要求学人为学，不仅要具有德性修养，同时还应具备经世致用的外王功业，需要注意的是，尽管二曲的"体用全学"强调体用统一，但是他并没有说明体用二者统一的基础，更没有点明如何由明体而致适用，其心性道德之"体"与经世之"用"之间无法得到真正的统一而被分为两撅。也就是说，二曲的"明体适用"之说在理论上仍未能超越传统儒家内圣外王的模式，没有彻底解决传统儒家内圣与外王结合出现的难题。

我们再来看看颜元对体用关系的辨析与二曲有何不同。

颜元指出，宋明理学家崇尚心性空谈，鄙弃实事实功，这是一种超功利主义的态度，颜元认为理学家这种不办生民实事的治学之法离用为体，是一种舍本求末的做法，由此，他认为理学家形成了崇尚空疏的学术风气，"但见料理边疆，便指为多事；见理财，便指为聚敛；见心计财武，便憎恶，斥为小人"[①]，颜元对理学家的治学态度持排斥态度，他认为正是因为理学家的这一错误的价值观念，造就了社会上"无事袖手谈心性，临危一死报君王"的腐儒的产生，这些腐儒体用皆无，更无为生民办实事的适用之功。正是为了扭转这种空疏学风，颜元提出了其"体用一致"的为学原则。针对宋明理学离用为体的流弊，颜元指出，"从来无无用之体，既为无用之体，则理亦

---

① （清）颜元著，王星贤、张芥尘等点校：《颜元集·颜习斋先生年谱》，中华书局1987年版，第46页。

虚理"①，颜元认为在体用二者之中，从来无无用之体，如果为无用之体，则此体亦为虚体、虚理。可以看出，颜元更强调"用"的一面。颜元还进一步指出，"德性以用而见其醇驳，口笔之醇者不足恃；学问以用而见其得失，口笔之得者不足恃"②，他认为德性与经世济民的实事实功相联系，它并非虚无缥缈之物，只有通过实事实功之"用"才能见其醇驳，而虚体虚说只是空洞抽象之理。在颜元这里，他提出了一种新的道德价值标准，那就是，通过对个体实际事功的考察来进行道德评价。颜元的这一在事功的完成中体现德性的价值观，其实质是一种功利主义的道德价值观。

由此可以看出，作为颜元，其实学思想特色就在于：强调"实体实用"，他力图以"用"作为基础来对体用进行研究，以求得体用关系的真正统一，"吾儒起手便与禅异者，正在彻始彻终，总是体用一致耳"③，颜元认为儒者之学从一开始，其基本特征就是"体用一致"、经世致用，由此而带有了实学特色。

在颜元《寄关中李复元处士》书信中有相关的记载：

> 贵地邻邑有李道丈名顒字中孚者，专讲阳明学，便中求转寄仆之拙著，与兹上道丈书一致意。倘肯舍尊信王子者而尊周公、孔子，实学二圣之学，行二圣之道，则此道庶期复明；生民世道，庶沐宏庥矣。④

二曲提出，"道学即儒学"（卷十四《周至答问》，第120页），他认为宋明理学只是儒学发展的一个新阶段，需要进行传承式的扬弃。二曲认为盲目地拒斥是不合适的，其结果最终带来的是见解认识的倒退。在颜元五十八岁时，他对二曲所主张的"吾儒之学，以经世为宗"进行评论："见确如此，乃膺抚台尊礼，集多士景从，亦只讲书说话而已，何不举古人三事、三物之

---

① （清）颜元著，王星贤、张芥尘等点校：《颜元集·朱子语类评》，中华书局1987年版，第53页。

② 同上，《颜习斋先生年谱》，第21页。

③ 同上，《存学编》卷二，第52页。

④ 同上，《习斋记余》卷三，第16页。

经世者，与人习行哉！后儒之口笔，见之非，无用；见之是，亦无用，此所
以吾心益伤也"①，作为颜元，尽管他同意二曲之观点，但是他认为二曲缺乏
"三事、三物"的"习行"之用，只是理论上的"讲书说话"而已。即使颜
元在六十八岁高龄时，他仍然认为"宋儒之学……西误李中孚"②，颜元力责
二曲，认为其学术之失在于无关乎经济事功之道，颜元劝导二曲，应该放弃
对王学的追求而尊崇周公，以有益于生民世道为学而学尊孔孟之淑世之学。
基于这种认识，颜元大力强调以经世的外王事业来对人才进行考察，由此，
颜元提出了新的人才标准，他说，"人必能斡旋乾坤、利济苍生，方是圣
贤"③，不同于以往传统关于圣贤的定位标准，即圣贤之才作为儒家对理想人
格的具体规定，它是指个人道德修养的提升和"高明"境界，传统上更偏重
于个体内在德性修养的提升，而疏于对事功的要求，也就是说，传统儒学更
注重个体的"内圣"，而对事功有所忽略。作为颜元，他认为，圣贤人才的
基本前提必须是能"斡旋乾坤"、利济苍生者，而非单一的"内圣"者。颜
元以是否有用于当世，是否取得实际的外王事功来作为衡量和选拔圣贤之才
的重要标准，他力求跳出传统儒学"内圣外王"的模式而独辟其实学。颜元
更注重通过经世致用来体现个体之德性，强调以"用"为基点来在心性道德
之体和经世济民之用之间融合、统一体用关系。当然，颜元"体用一致"之
说是在重实用的基础上来展开的。由此可以看出，颜元在体用关系的问题上
注重实体实用，与二曲关于体用的看法的确相差甚远。

（二）关于经世致用之学之异

在二曲看来，自先秦以来，儒者之学就是积极的经世之学，如果学者坠
入性理空疏，或者流于辞章训诂之中而不务经世济民之业，那么就背离了为
学的根本宗旨。由此，二曲主张必须"戒空谈，敦实行"，他倡导经世致用

---

① （清）颜元著，王星贤、张芥尘等点校：《颜元集·颜习斋先生年谱》，中华书局
1987年版，第773页。
② 同上，第789页。
③ 同上，《颜习斋先生言行录》，第45页。

的淑世之学，试图经过自己的切身体证去拨乱反正、补偏救弊，以突出儒学一直以来的经世责任。他说，"德合三才之谓儒。……士顶天履地而为人，贵有以经纶万物。果能明体适用而经纶万物，则与天地生育之德矣，命之曰'儒'，不亦宜乎！"（卷十四《周至答问》，第120页）二曲认为，需要明体而适用，才能经纶万物而与天地之生合育德。二曲以明体适用之学强调了儒者的经世责任。不仅仅于此，二曲还说，"今其（佛道）所虽未尽熄，要之不至生心害政；其生心害政，惟吾儒中之异端为然。盖吾儒之学，其端肇自孔子，思孟阐绎，程朱表章，载之《四书》者备矣，无非欲人全其固有之良，成己成物，济世而安民也。吾人读之，果是体是遵，全其固有之良乎？果人已兼成、康济民生乎？否则止以荣肥为计，其发端起念，炯异乎此，与《四书》所载，判然不同，非吾儒中之异端而何？生于其心，害于其事，发于其事，害于其政，吾不知其于洪水猛兽何如也？程子以佛、老之害甚于杨墨，其言有云：'昔之害近而易知，今之害深而难辨'。余亦云：儒外异端之害浅而易辟，儒中异端之害深而难距"（卷三十一《四书反身录·论语上·为政篇》，第436页），二曲认为，自己所传承的儒学来自于孔子，由思孟学派进一步演绎，程朱深化立本而载之于《四书》。同时他指出，四书的宗旨是以成己成物、济世安民为宗旨的。作为二曲，他认为自己所遵所学并非与儒家的康济民生之旨、与《四书》所指判然不同，相反，他认为自己一直是按照原儒的教化宗旨来做务实之事，正如他所说，"吾人读之，果是体是遵"。同时，二曲又强调，异端存在于儒学内、外，并不仅仅儒学之外才有异端。何谓儒学之异端？二曲认为，儒学之异端不仅不能"全其固有之良"以成己成物，同时也不能成己以"立体"，成物以"济世安民"。也就是说，二曲认为，在功夫践履中，只要稍有不备，则即"沦落"为儒学之异端，但是，需要注意的是，二曲指出，儒中之异端因为其害心害事而害政，所以儒中之异端危害"深而难距"，而儒外之异端因为对世法予以蔑弃而不与"世事"，所以二曲认为儒外之异端危害不大，即使会产生一定危害，也是"浅而易辟"。

关于经世致用，二曲也有自己的一套理论和说法。他认为，"穷理致知，反之于内，则识心悟性，实修实证；达之于外，则开物成务，康济群生，夫是之谓明体适用"（卷十四《周至答问》，第120页），可以看出，二曲的明体适用之学包括了向内明体与向外达用两个方面。其所谓"体",是指人的内在的心性道德,"用"则是指外在的经世济民的功业,即"明道存心以为体,经世载物以为用"(卷十六《答顾宁人先生》,第 149 页)。在二曲看来,体用二者是应该统一而不可或缺的,"道德而不见之经济,则有体无用,迂阔而远于事情;经济而不见之道德,则有用无体,苟且而杂夫功利。各居一偏,终非全儒"(卷三十二《四书反身录·论语上·里仁篇》,第 443 页)。"明体而不达于用,便是腐儒;适用而不明本体,便是霸儒"(卷二十九《四书反身录·大学》,第 401 页)。在二曲这里,他认为,作为一个真正的儒者,向内必须具有识心悟性的认知能力,这样才能通过切身的实修实证体验本原(即本体);向外必须具有开物成务、康济群生的外务能力,通过接触事功才可以表现为适用的外王之业。只有体用兼赅,如此方能"全体大用",才能至于外王事业。二曲这里的认识正是基于对当世时弊的了解和认识,以及对宋明理学家重体轻用的思维倾向而提出的达用设想。

(三) 关于为学之方之异

在为学之方上,二曲与颜元也有着治学方法上的差异。二曲倡导"明体适用"之学,认为明体和适用二者不可或缺,然而,二曲在治学上往往将明体一系置于优先之位,同时,二曲还反复强调明心见体的重要性,认为心性道德修养是明体之要务。正是因为二曲的这一思想主张,二曲采取的为学基本方法是静坐(默坐澄心)与读书讲学。

二曲默坐澄心的静坐方法,是与其"悔过自新"说相联系的。二曲以其"悔过自新"说作为学者为学之宗旨,强调"从起心动念处潜体密验",由此,二曲非常推崇宋明理学家于静中涵养的主敬、主静之功,"静坐一着,乃古人下工之始基,是故程子见人静坐,便以为善学。何者?天地之理,不翕聚则不能发散;吾人之学,不静极则不能起悟"(卷十六《书一·答王天如》,第 164 页),二曲认为静坐是为学的基础,一切学问都始于静坐观心。这就要求治学必须通过屏缘息虑,以心观心的静坐工夫,才能知己之过,从而悔过自新而达致对个人心性的认识和把握,于静中涵咏体认。正因为如此,二曲要求学生于每日昧爽、中午、戌亥时各焚香一柱，通过斋戒静坐，以达致虚明寂定之境，二曲认为这才是为学的真工夫："一时如此，便是一时的圣人，……终其身常常如此，缉熙不断，则全是圣人，与天为一矣"（卷二《学髓》，第21页），只有通过时时如此、常常如此的静坐斋戒功夫，二曲认为才能涵养心性本体以体认、践履修为工夫，其实二曲的这一涵咏之功与诸多宋明理学家的为学之功有很大的相似之处。

不仅仅于此，二曲还特别强调读书讲学的感化和渗透作用。二曲对于宋明理学家空谈心性空疏学风，尤其是理学末流束书不观、游谈无根的学风是有所认识和了解的，二曲意图通过读书讲学之业的进行来对此加以补救。在二曲看来，明体适用的基本途径与方法，除了默坐澄心，还须通过读书、讲学来实现。他认为，"立人达人，全在讲学；移风易俗，全在讲学；拨乱反正，全在讲学；旋转乾坤，全在讲学；为上为德，为下为民，莫不由此"，不管是成己还是成人，抑或是纠正当时社会风气，二曲都认为必须通过讲学来实现，同时，他提出，"体非书无以明，用非书无以适，欲为明体适用之学，须读明体适用之书，否则纵诚笃虚明，终不济事"，二曲认为，明体也罢，适用也罢，都需要讲学的功夫来进行。二曲认为，只有通过读书，通过讲学，才可以增长人的知识学养，提升人的道德涵养，才可以通过成己、修己而成人成物并安人，由此而起到纠正时弊、转移社会风气的良好作用，从而才能成为明体适用的旷世人才。正是应于这样的考虑，二曲从明体和适用两个角度，为学人开列了非常详细的读书书目单，其中明体类书目主要包括《象山集》、《阳明集》、《二程全书》、《朱子语类大全》等与个体的心性修养有关的理学家的相关文集；适用类书目则主要集中在《文献通考》、《经世挈要》、《武备志》、《经世八编》、《农政全书》、《水利全书》、《泰西水法》、《地理险要》等与经世致用、国计民生有密切关系的书目上。二曲希望以明体适用之书来培养既明体，又注重实用的全体大用之才，从而纠正宋明理学家流于空疏的弊端，从二曲所列出的书单内容来看，二曲关于适用类的书目主要集中在政治、经济、军事、农业、水利等经世济世的淑世之学方面，其内容之广泛可见一斑，二曲的这一读书倾向明显地体现了其倾向于经世济世实学的趋向和趋势。这一趋势和倾向正是二曲融摄并超越理学而对其进行的及时回应。然而，我们不得不注意的是，二曲并没有认识到，其主张的静坐方法与读书讲学的为学途径在某种意义上，其实是对宋明理学家为学方法的承袭，其倡导的全体大用的经世致用之实学与其主张静坐的悟道方法之间似乎有一定的矛盾，二曲似乎倾向于对宋明理学空疏学风进行排斥和融摄的同时，又竭力地吸收宋明理学家重视读书讲学的思想倾向，这一倾向似乎更注重个体的心性和德性涵养，重视个体的心性悟功，因为这个缘故，二曲的全体大用思想有忽略习性实践的倾向，而更偏重于功夫的内在悟功。也就是说，二曲的为学功夫实际上还是未能摆脱宋明理学家心性悟功工夫论的影响，由此，二曲思想在明末清初成为了颜元等实学家攻击的对象也就在所难免了。

颜元作为明末清初的实学家之一，他力斥二曲思想，在对宋明理学的为学之方进行大力批判的基础上，明确提出了"习动习行"的为学方法。颜元将理学一壁推倒的最有力的证据就在于，在他早年钻研于陆王思想的探究中时，颜元为了体验和领会陆王的为学方法，曾经亲习静坐，以试体验之境，结果让颜元大为失望，他力斥朱陆为学之方，提出自己独到的见解：

> 洞照万象，昔人形容其妙，曰镜花水月。宋明儒者所谓悟道，亦大率类此。吾……正谓其洞明者，无用之水境，其万象，皆无用之花月也……今使辣起静坐，不扰以事为，不杂以旁念，敏者数十日，钝者三五年，皆能洞照万象，如镜花水月。做功至此，快然自喜，以为得之矣。或预祝未来，或邪妄相感，人物小有微应，愈隐怪惊人，转相推服，以为有道矣。予戊申三十四岁前，亦尝从宋儒用静坐功，颇尝此味，故身历而知其为妄，不足据也……今玩镜里花、水里月，信足以娱人心目；若去镜、水，则花、月无有矣；即对镜、水一生，徒自欺一生而已……故空静之理，愈谈愈惑，空静之功，愈妙愈妄。①

---

① （清）颜元著，王星贤、张芥尘等点校：《二曲集·四存编·存人编》，中华书局1987年版，第129页。

由上述可以看出，颜元认为宋明理学家所主张的于敬、静中养性的为学之方就如同镜花水月一样，它是一种无用之水境的虚妄之学，而宋明儒者所谓的悟道貌似洞照万象，其实只是一种以"竦起静坐"、"不扰以事为"和不杂以旁念为依托的虚妄空静之功。鉴于此，颜元还说，"静中了悟，乃释氏镜花水月幻学，毫无与于性分之真体，位育之实功也"①，颜元认为理学家的静中了悟之功类似于佛教的"镜花水月"之幻学，它其实于心性之体毫无关联，并非实功。颜元又说，"终日兀坐书斋，萎惰人精神，使人筋骨皆疲软，以至天下无不弱之书生，无不病之书生。生民之祸，未有甚于此者也"②，在颜元看来，理学家教人终日"兀坐"于书斋，实乃为萎惰人之精神之举措，长此以往，会使人筋骨疲软而成为文弱之书生。如此的话，实为生民之灾祸。由此，颜元主张"习动"之法，他认为一方面，"习动"可以治心，"用力农事，不遑食寝，邪妄之念，亦自不起"③；另一方面，"习动"可以养身，可以锻炼人之意志，强健人之体魄，"养身莫善于习动，夙兴夜寐，振起精神，寻事去做，行之有常，并不困疲，日益精壮"④。正因为如此，颜元力倡习动之法，"一身动则一身强，一家动则一家强，一国动则一国强，天下动则天下强"⑤，他认为，自三皇五帝乃至周孔以来，无不是"教天下以动"，正是"动"才"造成世道"，正是"动"才能培养成具有雄才大略而经世济民的有用之才。

不仅仅于此，颜元在主张"习动"之方的前提条件下，还强调通过事上磨练来躬行实践。颜元认为，"心中醒，口中说，纸上作，不从身上习过，皆无用也"，在他看来，如果治学只停留于纸上谈兵或者口中空谈的话，并不说明个体已经掌握了明体之知，唯有个人身体力行，动手实做、切身体证，才能求得真知，否则此学即为无用之学。在颜元这里，他认为获得真正

---

① （清）颜元著，王星贤、张芥尘等点校：《颜元集·颜习斋先生年谱》，中华书局1987年版，第20页。

② 同上，《颜元集·存学编·性理评》，第66页。

③ 同上，《颜习斋先生言行录》，第18页。

④ 同上，《颜习斋先生年谱》，第18页。

⑤ 同上，第20页。

知识、学问的途径和手段即为"习行"。由此，颜元对《大学》中"格物致知"的思想重新予以诠释以阐发其独到的见解，"'格物'之格，王门训'正'，朱门训'至'，汉儒训'来'，似皆未稳。……元谓当如史书'严格猛兽'之'格'，'严格杀'之'格'，乃犯手捶打搓弄之义"①，颜元认为，"格物"并非王门训"格"为"正"，朱门训"格"为"至"，亦非汉儒训"格"为"来"，它要求个体在社会生活中要躬行实践而切身体证，从而获得知识，也就是说，其最重要的实质内容即为"犯手捶打搓弄"而实作其事。颜元还进一步指出，"凡从静坐讲书中讨来识见议论，便如望梅画饼，靠之饥食渴饮不得"②，他认为，如果为学仅局限于通过静坐讲学或者议论来获得，那么便如同望梅止渴或者画饼充饥般，不得为学之要领，这种治学方式，其所得是虚妄的、靠不住的。由此，颜元主张，"习行"是为学过程中的决定性环节，缺乏这一环节，则所闻、所得成为虚空的妄学。在颜元这里，他主张通过切身的躬行践履而进行实践，提倡"习行"、"实行"之方，从而由事上历练培养出具有真正既明体又适用的实用之才。

当然，需要留意的是，在颜元的思想体系中，他强调以"习动习行"的方法来培养实用之才，其出发点是以用见体，要求通过实事实功的实践来对道德进行实用性的评价。由此，在谈及宋明理学家的读书方法时，颜元指出，"朱子论学，只是读书"③，"且欲人读天下许多书，是将道全看在书上，将学全看在读上"④，颜元认为，理学家的这一读书方法实际上是以读书为为学之途径而忽略了"习行"之工，在颜元看来，读书并非穷理见性而见道、得道的良好途径，必须在实用中去体味个体道德，颜元认为理学家的这一为学方法与其"习行"观是处于对立面的，"读书能损人神智气力，不能逸人才德"，"人之精神岁月有限，诵说中度一日，便习行中错一日"⑤，颜元的这

---

① （清）颜元著，王星贤、张芥尘等点校：《颜元集·习斋记余》，中华书局1987年版，第78页。

② （清）颜元著，王星贤、张芥尘等点校：《颜元集·存学编》卷二，中华书局1987年版，第54页。

③ 同上，《存学编》，第51页。

④ 同上，《存学编》，第58页。

⑤ （清）颜元著，王星贤、张芥尘等点校：《颜元集·颜习斋先生言行录》，第67页。

些批判，在某些方面的确有失偏颇，其偏激之处就在于，反对读书论，这是一种失之片面的错误观点。颜元的"习行"点是一种重实践、重实证的为学观，他与二曲主张静坐与读书讲学的方法有所不同，颜元更注重"习动"、"习行"的功夫，由此，二者在为学之方上形成了各自不同的治学方法，从而拉开了差距而形成对立。

二曲和颜元都倡导儒家实学思想，但是二者在为学之方上却产生并拉开了差距，形成了鲜明的对比。如果我们客观地来评价颜元的"习行"观，我们会发现颜元"实文"、"实行"、"实体"以及"实用"的思想主张，对纠正明末清初以来的王学末流空疏学风的清谈之风起到了很大的遏制作用，从这个角度来说，颜元主张"实用"的实学思想，的确不失为当世经世致用的实学思潮中的表率。但是就儒家内圣外王之学的整体把握来说，颜元似乎对更注重心性和明性见道的宋明理学有矫枉过正之嫌，他过于偏激地排斥理学思想，由此而力斥二曲。在当时的实学思潮中，二曲由明性见道的"明体"开出外王的"适用"思想不能不说是对颜元重用轻体思想的有效补足。

二、李二曲与顾炎武

在明末清初实学之风盛行之时，形成了一股对峙的学术思潮，即为：理学与实学（经世之学）的对峙及其相结合的特殊形态①。号称为清代学术开山祖师的顾炎武（学者称之为顾亭林先生），他是汉学考据派的奠定人，但二曲却对考据学不以为然，也就是说，二曲似乎对当时盛行的考据学不太感兴趣。我们从亭林与二曲的密切交往中即可发现二者的思想大异其趣。

亭林与二曲建立学术友人关系是基于偶然的一个机遇，一次在亭林五十一岁时，遇到二曲族弟李因笃，于是与李因笃定交，两人关系极为密切。亭林通过李因笃而遂知二曲，由此专门慕名拜访二曲，可以说，这一机

---

① 吴占江：《李颙与关学》，《西北大学学报（哲学社会科学版）》1998年第1期，第33页。

缘是亭林和二曲二人关系的开始，由此而延续十余年。

二曲与亭林"平生只得三度晤面"①，二人主要是通过书信往来交流其学术见解的。这些书信往来其中就有二曲《答顾亭林先生书》、《第二书》、《第三书》等书信，由书信往来的内容可以看出二人思想的分歧之所在。

亭林致书信于二曲，尽述其对二曲为人及其学术品格的仰慕推崇：

> 先生龙德而隐，确乎不拔，真吾道所倚为长城，同人所望为山斗者也。今讲学之士，其笃信而深造者，唯先生，异日九畴之话，丹书之受，必有可以赞后王，而垂来者。侧闻卜居频阳，管幼安复见于兹，弟将策蹇渭上，一歧阔宗有。②

亭林认为二曲人品高贵，但如此品格之士却依然愿意做隐退之士，由此而赞美二曲乃同仁"所倚为长城"、"所望为山斗者"之榜样。亭林认为只有二曲当属当世讲学之士中学术功底深厚、堪称学人楷模之例。

亭林和二曲二人就体用关系进行讨论：

> 今无论出于佛书、儒书，但论其何体何用，如明道存心以为体，经世载物以为用，则体为真体，用为实用，此二字出于儒书固可，即出于佛书，亦无不可。（卷十六《答顾宁人先生书》，第149页）

可以看出，亭林与二曲学术分歧的焦点主要是围绕着"体用"二字的源出而展开讨论的。在二曲看来，"体用"二字皆出于佛书，其连用其实是从六祖惠能对于《金刚经》的诠释开始的。二曲认为儒家言体用一开始"未尝兼举并称"，而惠能解《金刚经》以"金者性之体，刚者性之用"，所以儒家体用关系的并用是始于佛教惠能的，由此而为后世宋明理学家所借用。二曲

---

① 陈祖武：《关于李颙研究中的几个问题》，《中国社会科学院研究生院学报》1987年第2期，第73页。

② （清）吴怀清著，陈俊民点校：《关中三李年谱·二曲先生年谱》，中华书局1997年版，第38页。

还指出，"……天地间道理，有前圣之所未言，而后贤始言之者；吾儒之所未言，而异学偶言之者"，在二曲这里，他坚定地认为"此二字（指'体用'）出于儒书固可，即出于佛书亦无不可"。对此，亭林则持异议，他辩驳二曲，"经传之文，言体用者多矣"，亭林认为"体用"二字皆出于儒家经传之书。体用二字的并称连用并不始于惠能的金刚经解，相反，二字的并称连用是始于魏伯阳参同契之首章中，其中有"春夏据内体，秋冬当外用"，此后才有惠能的借鉴使用。亭林还强调，理学大儒朱子，在他少时对《参同契》进行注解时也是对魏伯阳参同契之首章的沿袭。

从二人的争论中我们可以注意到，亭林主要关心的是体用二字最原始的文字考据出处，而二曲则与其反之，他所关心的主要问题是体用二字的实质内涵及其对身心修养的作用。由此，二曲关于体用内涵是以明体适用之学来进行诠释。他说明道存心以为体，经世载物以为用，做到如此则体为真体，用为实用，所以执著于体用二字之出处似乎无关紧要。也就是说，二曲并不认为讨论或者追究体用二字之出处有多大意义："辩乎其所不必辩"。二曲还进一步指出，"假令辩尽古今疑误字句，究与自己身心有何干涉，程子有言曰：'学也者，使人求于本也，不求于本而求于末，非圣人之学也'。何谓求于末？考详略，采异同是也"（卷十六《答顾宁人先生书》，第 152 页），从这里我们可以看出，二曲的确对当时流行的考据学很排斥，他认为即便辩尽古今疑误之字句，那么它也与个我之身心无甚关联，二曲更进一步强调，学习的最高境界就是求之于本。如果不求于本而求于末的话，就成为了一种舍本求末的行为，这一行为非圣人之学。二曲的辨析的确精当，他的如此解说凸显了他对当世学人注重考据学学风的批判。不仅仅于此，二曲又进一步指出，"区区年逾知命，所急实不在此，因长者赐教，谊不容默，悚甚愧甚"（同上，第 149 页），他认为学人之急务不在申辩其来源出处，而在于其是否明体适用，是否对个我的身心修养有切实的效用。

当然，亭林之所以针对体用二字的来源出处反复与二曲进行讨论，是因为自宋明理学构建以来，体用二字在宋明理学家的思想体系中出现的频率非常高，从理学家的心性本体，到心性的发用流行乃至两者的有机融合等无不围绕着体用关系展开。在理学家这里，体为本体，用为适用，是工夫。然

179

而，需要注意的是，随着晚明王学的分化，王学产生了诸多流弊：学者多遗用而"奢靡"于言体，王学坠入虚寂之境，由此而被惯于"禅学后劲"。

随着明末清初实学思潮的到来，学人激于社会风气之日下，大兴鼎革之变，力倡经济适用之学，故而清初诸儒都围绕着适用之学来展开讨论。实学家的探讨有一个共同的特点，诸儒之言实学，对于理学的态度即为，不论宗程朱抑或是陆王，都倾向于两者学术思想的折衷融合，其目的无非于两者体用关系的合一以使体用兼备。也就是说，清初实学家对理学持不废弃的态度：言理学则体用兼济，以补救晚明空疏之风，言理学同时又力倡经世致用，以便于实学与理学的相须并济，主要的代表有孙夏峰、李二曲、黄宗羲等学人，其思想皆出自阳明，但是他们并不是一味地机械照搬阳明的思想，都对阳明思想有所修正和折中。他们学宗阳明，或以日用伦常为实际或重工夫而不"奢靡"于言本体，抑或是兼宗程朱陆王，自己进行研究，我们会发现这些举措都是为了使阳明之学通过践履而趋从于实用，从而使本体、工夫相辅相成而经世致用。

体用二字于当世受到学界士人的重视程度可想而知！

由此，我们可以作出论断，明末清初的实学家之所以如此治学要法，其目的都是为了与当世当时代的发展相一致，都是为了于体用并重中实现适用之学的理想，从而扭转乾坤，使得社会风气得到扭转。

前面已经谈到，亭林对二曲大为赞赏，但是需要留意的是，亭林对二曲的赞赏仅限于其对二曲高贵的人品及其苦学出身而坚卓的评价上。亭林对二曲处于生活的困境而能孜孜不倦淹没于博览群书之中，从而献身于学术而"挺拔而出"极为赞赏，但是亭林并不苟同于二曲早期的学术思想趋向及其治学方法，对此，亭林对二曲多有批评。然而，亭林对二曲早期博览群书的赞美正是二曲后来治学中之所深悔处，亭林的批评，正是二曲对自己早期学术生活的一个检讨。

二曲的这一悔悟在二曲《年谱》中曾有相关的记载：

先生与之从容盘桓，上下古今，靡不辩订。既而叹曰："尧舜之知，而不便物，急先务也。吾人当务之急，原自有在，若舍而不务，惟鹜精

神于上下古今之间，正昔人所谓'抛却自家无尽藏，沿门持钵效贫儿'
也。顾为之怃然。"（附录三《年谱·二曲先生年谱》，第 641 页）

从上述可以看出，二曲的确对自己早期"上下古今，靡不辩订"的做法
深为悔悟。

亭林和二曲在治学的方法、路径以及思想方面拉开了差距。亭林对宋明
理学家善于引用"活泼泼地"、"鞭辟近里"等说法极为排斥，他认为此种说
法"语不雅驯，后学必不可用"。二曲则不然，他认为"活泼泼地"之说法
是理学宗师程明道对体的形容修饰，即为"偶举禅语，形容道体"之说，如
此修饰并不为过。然而，二曲指出，如果就"鞭辟近里"大为诘难则有点吹
毛求疵之嫌。他认为"鞭辟近里"是就学人治学的一项基本要求，通过该功
能逐步沉淀内心，其旨在"导人敛华就实，似无甚害"，二曲指出该修行之
法是学人之"顶门针、对症药"。所以，亭林的批判不妥，不可弃之不用，
"且宜揭之左右，出入观省；书之于绅，触目惊心"。

当然，亭林与二曲关于"私一姚江"的学术思想取向也有所不同。亭林
对阳明的"良知"之学进行了激烈的批判，"以一人而易天下，其流风至于
百有余年之久者，古有之矣。王夷甫之清谈，王介甫之新说，其在于今，则
王伯安之良知是也"[1]，他指出，王学之流风遗俗影响当世百余年之久，必须
进行"清理"。亭林又说：

君子为学，贵博不贵杂，洞修己治人之机，达开务成物之略，如古
之伊、傅、周、召、宋之韩、范、富、马，推其有足以辅世而泽民，而
其流风余韵，犹师范来哲于无穷，此博学也。名物象数无一不探，典故
源流谶微必察，如晋之张华、陆澄，明之升庵、翁山，扣之而不竭，测
之而益深，见闻虽富，致远则乖，此杂学也。（卷十五《富平答问》，第
125—126 页）

---

[1] （清）顾炎武著，周苏平等点注：《日知录》卷十八，甘肃民族出版社 1997 年版，
第 78 页。

亭林对宋明理学家的实修实证工夫反感至此，他指出，"世人皆以阳明兼具三不朽之功论之，殊不知明之灭亡不亡于流寇，而亡于学术"。亭林以此归罪于阳明。

> 时有作书极诋阳明者，先生恫之。以为阳明实兼三不朽……论者谓明之灭亡，不亡于流寇，而亡于学术。意以此归罪阳明。嗟夫，诚使明季臣工，以"致良知"之说，互相提撕警戒，则必不敢招权纳贿，必不敢防贤虐忠，必不敢纵盗残民。识者方恨阳明之道不行，不图诬底者，颠倒黑白，逞戈矛，弄簧鼓，一至斯极也。①

明室之亡本属于明政权自身的原因而导致，作为学术思想，其传承在流传既久的情况下必定会产生派别纷争与分歧乃至流弊。需要注意的是，这一流弊并非阳明学本身所导致，也非阳明个人所概负。但是，亭林深痛于明室之亡，并据此而对王学末流之说进行激烈的抨击，并进而对阳明之学进行攻击。亭林又说：

> 孔门未有专心于内之说也，用心于内，近世禅学之说耳。②
> ……心有所主，非虚空以治之也……至于斋心服形之老，庄，一变而为坐脱立忘之禅学，乃始瞑目静坐，日夜仇视其心而禁治之……后世之所谓存心者，摄此心于空虚之境也。③

由上述可以看出，亭林的确非常反感理学家的修养工夫，他认为理学家所主张的"静坐以存心、用心于内"的工夫类似于老庄、禅学的空寂之境，这样则容易流于禅学。亭林的这一阐述在某种意义上来说，有暗示排斥二曲静坐工夫之嫌。

作为二曲，他则主要吸收了阳明关于体和用的理解与说法。他说，理学

---

① 《国朝先正事略》卷三十。
② 同上，卷十八。
③ 同上，卷一。

以体用对心性本体进行论述，又以躬行践履对体进行体证。二曲在阳明思想的基础上，以理学为本，同时以经世为体用，通过"明体中之明体"及"明体中之工夫"的阐述，将理学分为体用两大端，又以"明道存心"为体，"经世载物"为用，将体、用分别用于经世致用的实学中，以达致体用的有机融合。

二曲在表述自己的学术思想中，同时也表明了自己对训诂的态度：

> 圣贤立言觉世之苦心，支离于繁说，埋没于训诂，其来非一日矣，是六经四书不厄于嬴秦之烈火，实厄于俗学之口耳。（卷十五《富平答问》，第 125 页）

可以看出，二曲排斥训诂，认为治学如果仅仅局限于"埋没于训诂"、"支离于繁说"，那么不免流于俗学。二曲还曾不指名道姓地批评亭林：

> 友人有以"日知"为学者，每日凡有见闻，必随手札记，考据颇称精详。余尝谓之曰："知"者，无不知也。当务之为急。……若舍却自己身心切务，不求先知，而惟致察于名物训诂之末，岂所谓急先务乎？假令考尽古今名物，辨尽古今疑误，究于自己身心有何干涉！诚欲"日知"，须日知乎内外本末之分，先内而后外，由本以及末，则得矣。（卷四十《四书反身录·论语下·子张篇》，第 508 页）

二曲认为亭林所谓精详的考据是以每日凡有见闻，必随手札记作为标志，其治学之失误处在于舍却自己的身心修养，不求先知，而以致察于名物训诂之末作为急务，导致自己"辨尽古今疑误"所付出的努力于己身心无甚关联。二曲指出，如果亭林能通过日知而区分清楚内外本末之位，并由此而先内后外、由本及末，那么亭林己身一定会有所得。由此可以看出，二曲力倡明体适用之学，弘扬修己之道及经世之略，终其一生，二曲以全体大用之学作为其治学的最终宗旨指向，他无意于训诂之学。正是因为这一缘故，二曲认为训诂之学是"没有用之精神，亲无用之琐务，内不足以明道存心，外不足以经世载物，亦只见其徒劳而已矣"。由此可见二曲治学的坚定性和稳定性，他并不因时代潮流而改变自己治学初衷。然而，后来的社会历史发展并没有如二曲所预料的那样，在明末清初的实学思潮之风的笼罩下，经学盛行，考据学日盛，而亭林之学正是基于这样的时代思潮而展现出其"以辨证为通经之论，又以通经为经世之资"的学术特征，亭林之学博大而精深，由此，他与二曲的书信往来及其交流，多集中于关于辨伪考证方面的探讨，在二曲排斥考据学的氛围中，二曲和亭林的学术指向分歧日益凸显。

二曲与亭林在关于佛道方面也观点不一，各执一端。作为亭林，他公开声称自己"生平不读佛书"，认为"彼之窃我，非我之籍彼也"，由此，亭林表现出强烈的排斥佛老的态度。与亭林相比，二曲似乎以更开放的方式来对待佛老之道。他指出：

> 一士酷好内典，细质所疑，先生一一响答，凡《楞严》、《圆觉》、《心经》、《坛经》、《涅磐》、《止观》、《广录》、《宗镜录》、《大慧》、《中峰》诸语录要旨，及三藏中"真似是非之辩"，咸为拈出。（卷九《东行述》，第 69 页）

从上述可以看出，二曲对佛道方面的典籍著作非常熟悉，从《楞严》、《圆觉》、《心经》、《坛经》到《涅磐》、《止观》、《广录》以及《宗镜录》等诸语录要旨，二曲都有所涉猎。与考据派重经典的实学不同，二曲不强调基本的经典，甚或把实修实悟的实际结果作为最高的标准。这种教法虽没有表达很明朗，但它在理论上却暗含着从一个重记重文传统向个人实证的权威转换[1]。二曲折衷二氏之是非，以道德心性的体认为目标，由此而释典、玄藏等一一过目。由此，我们可以看出：二曲与亭林都以经世为主，都为了要经世致用，故而，亭林与二曲之学自有其相通之处；此外，二曲还非常重视人心的涵养和社会风俗的改变，在这方面亭林似乎与其一致。亭林认为"目击

---

① Anne D. Birdwhistel, *Li Yong and Epistemological Dimensions of Confucian Philosophy*, 129，177. Standford U. P. 1996.

世趋，方知治乱之端，必在人心风俗，而所以转移人心，整顿风俗，则教化纪纲为不可确实"，这与二曲在《匡时要务》中所倡导的"天下之治乱，由人心之邪正"以及"非大有为之君子，以担当世道，主持名教为己任，则学术何由而明，心害何自而拯"的观点有异曲同工之妙。由此可见，二人对社会风气和社会的教化方面一致，不同的是，亭林主张以清议、礼教、名节来对当世当时之俗进行救弊，而二曲则主张通过讲学来补偏救弊以纠正时俗，整顿人心。

尽管亭林和二曲治学有诸多不同之处，但是亭林终生以"行己有耻"而贯彻于其社会实践之中，的确可以称得上是当之无愧的实学家和社会活动家，亭林治学自有其独到的贡献，其"经学即理学"主张既开辟了整个清代学术，同时又为实学提供了新的发展方向。但是，不可不提的是，亭林在关于心性本体的认识方面却似乎有所忽略，他认为"明心见性"之说是空言，"修己治人"才是实学①，由此而否定了心性本体。

三、李二曲与黄宗羲

在与明末清初实学家的交往中，二曲与顾炎武等学人交往甚密，但是，在历史典籍的记载中似乎很少看到二曲与黄宗羲（世称梨洲先生）交往的明确记录，如果有的话，也只是字里行间中彼此相知对方学问的零星记载。

在《明儒学案》卷五十八中，曾有零星提及东林学派对清初有影响力的学人的评价："数十年来，勇者燔妻子，弱者埋土室，忠义之盛，度越前代，犹是东林之流风余韵也"②，从这些字里行间之中，似乎能读出东林学派对二曲人格的赞美之意。在思想路径上，黄宗羲与颜元、顾炎武等人的治学趋向大异其趣而截然不同。梨洲曾授业于刘蕺山（即刘宗周），以传承阳明学作

---

① （清）顾炎武著，（清）黄汝成集释，秦克诚点校：《日知录集释》卷七《日知录》（全一册），岳麓书社1994年版，第298页。

② （清）黄宗羲著，沈芝盈点校：《明儒学案·东林学案》卷五十八，中华书局1985年版，第306页。

为己任,他是明末清初秉承王学的一个实力派代表。然而,我们需要注意的是,梨洲所传承并倡导的王学与王学本身已有所不同,与二曲所主张的王学也大相径庭。

我们先来看看梨洲如何对阳明学作出自己的解释:

> 先生承绝学于词章训诂之后,一反求诸其心,而得其所性之觉曰良知,因示人以求端用力之要曰致良知。良知为知,见知不囿于闻见;致良知为行,见行不滞于方隅。即知即行,即心即物,即动即静,既体即用,即工夫即本体,即下即上,无之不一,以救学者支离眩骛,而绝根之病。可谓震霆启寐,烈耀破迷,自孔孟以来,未有若此之深切著明者也……即象山本心之说,其为良知之所自来,而求本心于良知,指点更为亲切;合致知于格物,工夫确有循持。较之象山混人道一心,即本心而求悟者,不犹有毫厘之辩乎?①

在此,梨洲主要意在阐释陆王哲学之异同以及阳明"致良知"思想与象山"本心"思想的差别。梨洲认为,阳明反对词章训诂之学,他反求诸心,将其所觉之性成为"良知",并以人之"求端用力之要"之功而名之为"致良知",由此,梨洲指出,阳明之良知不囿于闻见,以"不滞于方隅"的致良知为行,由此而即知即行、即心即物、即动即静、既体即用,并即工夫即本体,阳明的目的就是为了以救学者于支离破碎之中,以此以绝社会弊病。梨洲强调指出,阳明的这一学术指向是自孔孟以来前所未有的。而象山本心之说,梨洲认为其侧重点主要在于强调良知的"自来"性,象山求本心于良知,似乎其论述和指向更为"亲切",致知于格物而使得工夫的确有所循持。也就是说,梨洲认为象山之本心混人道于一心,即本心而求悟,与阳明既体即用、即工夫即本体的本体工夫论有所不同,阳明侧重于体用的合一,知行的合一,而象山似更注重于体的悟功。作为梨洲,他对阳明良知学的探索自

---

① (清)黄宗羲著,沈芝盈点校:《明儒学案》卷首《师说》,中华书局1985年版,第121页。

然有其心得，在对阳明和象山的思想进行区别的基础上，他将阳明的良知划分为现成良知、本体良知及发用良知三方面。梨洲认为发用良知（又叫应用良知）是阳明良知思想在现成良知、本体良知的基础上渐显成熟之阶段，这一阶段的基本特征展现为"既体即用，即工夫即本体"，达致的境界是"天地万物一体之仁"，这是儒家所描述的思想境界巅峰。然而，需要注意的是，梨洲认为阳明所理解的"良知"是一种"反求诸其心，而得其性之所觉"的良知，这一解说似有笼统含糊之嫌。对象山思想的理解，梨洲似乎也并没有深入，他认为象山之学与阳明从朱子的格物治学路线"转手"是有所不同的，象山学由孟子而来，其所见之本原是"本心"，也就是说，象山更注重个体内在心性的体证工夫。梨洲指出，象山与阳明对所见本体之"良知"称谓有异，实质指向亦有所不同。然而，在二曲这里，二曲认为二者的学术实质是相同的。作为梨洲，他对象山本心之学的认识有失偏颇，他并没有认识到象山"动静如一"、"物各付物"及"过化存神"阶段的工夫进路，充其量，梨洲只是对象山"发明本心"、"复其本心"的思想予以表面的结证，而对于象山后来的功夫并没有进行深入的研究。由此看来，梨洲对象山学的排斥似有不妥，在某种意义上来说，梨洲似乎是为了王学而特意作出的解词。

同时，我们也需要留意的是，梨洲所弘扬的王学思想与王学思想本身的最大不同处在于："识到不如行到"的差别。也就是说，与阳明立足于切身的实证体验工夫不同，梨洲注重于从文字言说的角度来谈理论工夫，从而对阳明思想进行进一步的理解。这点正是二曲所倡导的传承阳明学的方法。尽管《明儒学案》中对心学思想有多处吸收和相应的点评，但梨洲的这一方法在实际应用的意义上来说，似有无真实受用之嫌。对此，梁启超曾说：

> 他一生无日不做事，无日不读书，独于静坐参悟一类工夫，绝不提倡。他这种解释，是否符合阳明本意，另为一问题，总之和王门所传有点不同了。所以我说梨洲不是王学的革命家，也不是王学的承继人，他

是王学的修正者。①

在梁启超看来，梨洲治学无日不做事，无日不读书，但惟独在静坐参悟这类工夫上，梨洲持排斥态度，梁启超认为梨洲的这一态度和方法并不符合阳明学的本意，他貌似独辟一径，但实际上梨洲既非王学的革命家，也非王学的传承人。充其量，梨洲只是王学的修正者而已。从梁启超的评论可以看出，梨洲其实和二曲在为学方法上大有不同。

一直以来，梨洲自诩为蕺山之入室弟子，然而，他所笃信的蕺山之学与蕺山学本身仍然有着"识到不如行到"的思想差别，蕺山之学以儒家《中庸》中的"慎独"观念为其宗旨来展开其思想的论说，其所关注和强调的慎独观念与阳明的致良知、二曲的灵明光体之说似同出一辙。

> 先师之学在慎独。……先儒曰，意者，心之所发，师以为心之所存。……心则虚灵而善变，意有定向而中涵。意是心之主宰，以其寂然不动之处，单单有个不虑而知之灵体，自作主张，自裁生化，故举而名之曰独。师以为指性情言性，非因情见性也；即心言性，非离心言善也。……必若求之恻隐、羞恶、辞让、是非之前，几何而不心行路绝，言语道断。所谓有物先天地者，不为二氏之归乎？又言性学不明，只为将此理另作一物看。……夫盈天地间，止有气质之性，更无义理之性。谓有义理之性不落于气质者，臧三耳之说也……。②

梨洲指出，其师蕺山以顽强的卫道精神，从心性的形上学角度入手，以梳理清楚儒、道、佛三家的思想区别和界限，由此，蕺山之学从慎独入手，通过"意者，心之所发"、意是心之主宰来体现心体的寂然不动，心体的这种寂然不动类似于不虑而知之灵体，梨洲认为如果以恻隐、羞恶、辞让、是非之心来进行言语上的论断的话，似有性学不明之嫌。在梨洲看来，天地

---

① 梁启超：《中国近三百年学术史》，东方出版社1996年版，第54页。
② 转引自钱穆：《中国近三百年学术史》，商务印书馆1997年版，第25页。

间只有气质之性而无义理之性。梨洲认为老师蕺山的说法有点类似于高景逸"心如太虚，本无生死"之说，然而，在蕺山这里，蕺山认为略显禅味之重，所以，蕺山主张从"只见一义，不见生死"的角度来改造儒家的心性思想。从这里能够看出，蕺山主要是从个人的意念修为和存养上来论述灵明光体的，他把灵明光体的这一特性称之为"独"。也就是说，蕺山对宋明理学的主要贡献就是关注入门路径，通过"慎独"更能鞭辟入微，易于下手，较前人的界定和说法更加贴切一些，由此而自有其独特的思想价值。梨洲以孟子"不虑而知"的良知来阐释其师蕺山的"独"，似有把两者混为一谈之嫌，这一点是梨洲的失误处。

在二曲这里，他对儒、道、佛三家进行比较，认为儒释道三家都以自性本体为根基，以心性为形上学的本体，这一点三家达成一致。但是，二曲指出，儒释道三家在政治、伦理、道德等方面的建树却有着天壤之别，相比于儒家，道、佛两家在这方面有为所能及之偏。梨洲继承其师蕺山，意图从形上学入手来对儒释道三家的界限进行梳理，似有难行之嫌。后来梨洲的思想主张恰好说明了这一点。

在继承其师蕺山的思想前提下，梨洲倡导本体与功夫的合一。梨洲于宋明理学主要继承的是阳明心学一脉，阳明在对自己的学术进行总结时，以四句话来概括其学术宗旨："无善无恶心之体，有善有恶意之动，知善知恶是良知，为善去恶是格物"①，这就是阳明著名的"四句教"。在阳明看来，本体与工夫是统一的，良知具有本体的意义，而致良知则为后天的工夫。正如阳明所说，"合着本体的，是工夫；做得功夫的，方识本体"②，阳明既强调本体之事，又强调工夫之事；既说以本体为工夫，也说以工夫为本体；既强调"去蔽"的"心上功夫"，也强调"着实"的"事上功夫"，这便加大了本体与工夫之间的张力。阳明去世之后，其门人弟子围绕对"四句教"的不同理解引发了本体与工夫之间的紧张关系，从而分成本体和工夫两大系统。

阳明本体与工夫之辨一直延续到明末清初，梨洲继承其师刘宗周的学

---

①　（清）黄宗羲：《黄宗羲全集》（第七册），浙江古籍出版社1992年版，第242页。

②　（明）王阳明撰，吴光等编校：《王阳明全集·传习录拾遗》，上海古籍出版社1992年版，第1167页。

说，肯定本体与工夫的合一。他说，"先生（刘宗周）宗旨为慎独，始从主敬入门，中年专用慎独工夫。慎则敬，敬则诚。晚年愈精密、愈平实。本体只是些子，工夫只是些子。仍不分此为本体，彼为工夫"①，在这里，梨洲通过刘宗周所主张的慎、敬、诚，论证了了"不分此为本体，彼为工夫"。所谓慎、敬、诚，即思想意识和言论行动上对道德原则的自觉遵守。如果能在慎、敬、诚上做工夫，慎、敬、诚就在这种工夫中，即在个体的道德修养中，它是通向"天地完人"的途径。梨洲在肯定了本体与工夫合一的同时，便努力增加工夫的分量。他强调本体是随"工夫积久"而展开的过程，并提出了"心无本体，工夫所至即其本体"的新思想命题。这一思想新命题出自梨洲最重要的代表作《明儒学案》的自序中：

> 盈天地皆心也。变化不测，不能不万殊。心无本体，工夫所至即其本体。故穷理者，穷此心之万殊，非穷万物之万殊也。是以古之君子，宁凿五丁之间道，不假邯郸之野马。故其途亦不得不殊。奈何今之君子，必欲出于一途，使美厥灵根者，化为焦芽绝港。夫先儒之语录，人人不同，只是印我之心体，变动不居。若执定成局，终是受用不得。此无他，修德而后可讲学。今讲学而不修德，又何怪其举一而废百乎？……②

从心学的演进进程来看，梨洲思想中较为值得注意的方面是关于工夫与本体关系的阐释和规定。在对"心"做规定时，梨洲指出："心不可见，见之于事。"此所谓心，泛指道德本体（心体）；而"事"则指事亲事兄之事，即为道德领域的践履工夫。也就是说，因事而见心，其内在的意蕴则便是本体离不开工夫。梨洲对真本体与想象的本体做了细密的区别，他认为工夫之外的本体只具有想象的意义："无工夫而言本体，只是想象卜度而已，非

---

① （清）黄宗羲著：《黄宗羲全集》（第一册），浙江古籍出版社1992年版，第250页。
② （清）黄宗羲著，沈芝盈点校：《明儒学案》卷首《师说》，中华书局1985年版，第3页。

真本体也"①，"学问思辨行，正是虚灵用处，舍学问思辨行，亦无以为虚灵矣"②。阳明曾以先天本体与后天工夫之分作为"致良知"学说的前提，两者相较之下，梨洲似乎更强调无工夫即无真本体，他把工夫理解为本体所以可能的必备前提。在梨洲这里，"由此，本体工夫论，便朝着实践化、单纯化，亦即一体的思考的方向，走到了逻辑的终点。从而宣告了本体工夫论的终结"③。由上述可以看出，梨洲不仅以功夫代替了本体，而且赋予功夫以新的内容。

当然，需要注意的是，梨洲和二曲在明末清初的经世致用思潮中都提出了"大用"思想。我们来看看梨洲的说法：

> 儒者之学，经纬天地，而后世乃以语录为究竟，仅附答问一二条于伊、洛门下，便厕儒者之列，假其名以欺世。治财赋者，则目为聚敛；开阃捍边者，则目为粗材；读书作文者，则目为玩物丧志；留心政事者，则目为俗吏。徒以生民立极，天地立心，万世开太平阔论，铃束天下。一旦有大夫之忧，当报国之日，则蒙然张口，如坐云雾。世道以是潦倒，遂使尚论者以为立功建业别是法门，而非儒者之所与也。④

梨洲认为，儒家学说主要就经纬天地来作出论说，然而后世竟然有学人以儒家思想之语录作为探究儒家的经世致用之说，这种治学方法及其做法有似假借儒家之名以欺世盗名之嫌，更有甚者，梨洲还进一步指出，尤其是那些把治财赋者视为聚敛、"开阃捍边者"视作是"粗材"、读书作文者视作是玩物丧志、留心政事者则视作是俗吏的学人，他们的思想学说表面看来是以为生民立极，为天地立心，为万世开太平而高谈阔论，而一旦需要为国家出

---

① （清）黄宗羲著，沈芝盈点校：《明儒学案》（卷60），中华书局1985年版，第1473页。

② （清）黄宗羲著，沈芝盈点校：《明儒学案》（卷52），中华书局1985年版，第1227页。

③ 杨国荣：《本体与工夫：从王阳明到黄宗羲》，《浙江学刊》2000年第5期。

④ 《南雷文定·弁玉吴君墓志铭》，转引自（清）黄宗羲著：《黄宗羲全集》（第一册），浙江古籍出版社1992年版，第28页。

力报效之时，则其空口图说如坐云雾一般无济于世。梨洲如此排斥态度，真可谓是淋漓尽致，但是似有太过之嫌。作为二曲，他也不甘示弱。二曲指出，"德合三才之谓儒。……士顶天履地而为人，贵有以经纶万物。果能明体适用而经纶万物，则与天地生育之德矣，命之曰'儒'，不亦宜乎"（卷十四《周至答问》，第120页），二曲这里也以果断的界定形式强调了儒者的经世责任，他认为，所谓的儒者必须是德合三才，同时要以经纶万物作为儒者的指向，以顶天履地作为儒者追求的目标。在二曲这里，他认为只有真正做到了明体适用才能经纶万物。然而，与梨洲的思想相比，二曲还是成为了梨洲的挑战对象之一。梨洲在《明夷待访录》中指出，"有生之初，人各自私也，人各自利也，天下有公利而莫或兴之，有公害而莫或除之。……夫以千万倍之勤劳而已又不享其利，必非天下之人情所欲居也。……岂古之人有所异哉？好逸恶劳，亦犹夫人之情也"[1]，作为梨洲，他似乎并不否认性善，但是他更重视人与生所具有的"人各自私也，人各自利也"的本性，他认为这种在社会生活中展现出来的人之本性，在天下有公利时而"莫或兴之"，天下有公害时而"莫或除之"，由此，梨洲非常强调对人的改造性。与梨洲相比，二曲更重视人之"性善"的一面，所以，二曲主张通过"悔过自新"而对人进行道德自救，正是因为这一缘故，二曲对"以有过待人"大为不满，他强调对人应施以"君子"和"圣贤"的眼光而去"望"人，由此而教化人之"过"。梨洲则不赞成二曲这一观点，他认为，如果仅仅局限于通过"悔过自新"对人进行教化，在人之"过"为人之"情"的发用时，"自新"也就失去了其教化意义。

也就是说，梨洲强调事功、适用与心性道德的统一，然而，梨洲所论更偏重于"事功本于仁义，仁义达之事功"[2]的思想倾向，他把阳明学发展成为王学化的史学，从而将知识以及事功之用的因素渗透到了王学思想领域体系内，从某种意义上来说，在明末清初经世致用的实学思潮中，梨洲的贡献的确功不可没。将二曲与梨洲进行对比的话，我们可以发现，尽管二曲强调

---

① 转引自黄宗羲著：《黄宗羲全集》（第一册），浙江古籍出版社1992年版，第2页。

② 转引自李明友：《一本万殊——黄宗羲的哲学与哲学史观》，人民出版社1994年版，第122页。

全体大用之学，重视经世之本，要求学人必须从明体、适用类书籍的阅读入手，但他对于经验知识、事功实用等见闻之知的重视略显不足，二曲忽略了经验知识在下学中的实用作用，甚至公开主张，"著述愈多，去道愈远"（卷三十四《四书反身录·论语上》，第 454 页）。由此可以看出，作为二曲，他似乎在偏重于道德心性的同时，把个体的心性修养与著述、事功置于对立的两端。由于二曲不愿出仕做官，所以他并没有将"性无不善"而"有私常情"的思想贯彻到政治、事功之中，他只是通过自己学术思想的研究将自己寄人以善望的愿望以及"悔过自新"的道德思想贯彻于社会生活之中。也就是说，二曲并不大关注当时的政治制度建构。实际上，在二曲身上所表现出来的这一特点，宋明理学家中似乎都存在，尤其二曲更具有典型的代表性特征。作为梨洲，由于他对封建专制制度所存在的缺陷具有自己独特的视角和敏锐的洞察力，所以梨洲在其相关的著作中，如《原君》、《原法》等中，力图以实用性的事功观点来对对象进行经验意义上的研究，由此而淋漓尽致地将附着在制度表象的道德"外衣"以批判的形式进行鞭笞，梨洲如此之做法使得他提出了很多有价值意义的政治主张。也正是因为这个缘故，梨洲在明末清初的实学思潮中对同时代学人提出了严峻的挑战，二曲也是被挑战的学人之一，由此，梨洲在同时代学人中脱颖而出而声名显赫一时。

　　一般地来说，我们后人对前贤思想的了解，多通过阅读典籍来进行了解。作为对二曲思想的了解也不例外。通过阅读二曲典籍著作，我们发现，二曲在暗修治学之余，并非荆扉反锁而述而不作；相反，在明末清初的实学思潮中，二曲据理力争，试图为世风的扭转贡献自己的力量。尽管他留给我们的只是篇幅极其有限的《二曲集》，但是，这并不影响我们对其学术思想的价值和影响及其意义的把握。

四、李二曲与王夫之

　　王夫之（世人又称之为船山先生）与顾炎武一般，他亲自目睹了明末清初王学末流所带来的空疏弊端，所以，作为船山，他与其他实学家一样，对王学末流以及流弊予以严厉地抨击和斥责，他对王学的清算甚至还进一步归咎于陆九渊，大有"时有创见，义趣宏深"以及思想上的"别开生面"之举。船山辟蹊径而独树一帜，为清初实学家之冠。

学人多认为，按照船山的家学渊源，船山之学应与阳明学关联密切。然而，如果我们对船山家学方面的资料进行研究的话，我们会发现船山家学对其思想似乎没有多大的影响。

> 王氏之学，一传而为王畿，再传而为李贽，无忌惮之教立，而廉耻丧，道贼兴，皆惟惮于明伦察物，而求逸获。故君父可以不恤，名义可以不顾，陆子静出而宋亡，其流祸一也。[①]

从上述材料可以看出，船山把南宋之亡归咎于象山，由此而力斥阳明之学，认为阳明之学再传而至李贽之时，无忌惮之风盛行，礼仪廉耻丧失，社会风俗败坏，而这些现象的出现都是因为阳明学忽略了明伦察物而追求安逸享受的缘故所导致的。船山的这一批判着实偏激，象山一直以强调人品与事功而著称，他以人品与事功作为根基弘扬其本心之学。然而船山对象山的这些突出特点似乎有所忽略（也可能是因为船山未对象山作深入考察的缘故吧）。

在明末清初的实学思潮中，船山己身亲历亡国之痛，所以，他以"陆子静出而宋亡"的错误判断来给象山下结论可以理解，但船山的这一论断似乎也同样隐含着以隐晦的方式来对阳明之学进行批判论断。实际上，在某种意义上来说，船山对陆王心学一直是持反对态度的。且看船山的说法：

> 人之所以为人，不能离君民亲友以为道，则亦不能舍人伦物曲以尽道，其固然也。今使绝物而始静焉，舍天下之恶而不取天下之善。堕其志，息其意，外其身。于是而洞洞焉，晃晃焉，若有一澄澈之境，置吾心而偷以安。又使解析万物，求物之始而不可得。穷测意念，求吾心之

---

① （清）王夫之著：《张子正蒙注》卷九，中华书局 1975 年版，第 345 页。

所据而不可得。于是弃其本有，疑其本无，则有如去重而轻，去拘而旷，将与无形之虚同体，而可以自矜其大。斯二者，乍若有所睹，而可谓之觉。则庄周、瞿坛氏之所谓知，尽此矣。然而求之于身，身无当也；求之于天下，天下无当也，行焉而不得，处焉而不宜，则固然矣。①

在上述论述中可以看出，船山似乎是在批判道、佛，而实则隐射陆王之学，他认为象山、阳明教人以"主敬"的工夫（其中含有"主静"的意义）解析万物并求物之始而最终不可得，两人的这一做法，船山认为是穷测意念，"求吾心之所据而不可得"的行为。由此可见，船山的确是对陆王之学持严厉批评态度的。他认为人的真正本质在于，不能离君民亲友以为道，更不能舍人伦物曲以为道，船山认为陆王主张主静的认识方法有问题，表面看来呈现一澄澈之境，然而，实质上是"置吾心而偷以安"，是苟且偷生的做法，所以，船山认为陆王的主静这一认知方法会使人堕其志、息其意而外其身，犹如去重而就轻。

然而，船山却忽略了象山、阳明功夫的指物性，不管是象山的"及物工夫"，还是阳明的"事上磨练"功夫，两者都是将读书之事与外王事功之事，如日用常为事以及政治事功等事凝结在一起做工夫，正因为如此，阳明才倡导：心与物同体，物不能离开心而存在，心也不能离开物存在。离却灵明的心，便没有天地鬼神之万物；离却天地鬼神万物，也没有灵明的心。二人的"绝物始静之功"只是为了便于初学之学人暂时的权宜入门之法。也就是说，阳明的治学之功不是仅仅局限于主静、主敬之功，船山所谓的"洞洞焉，晃晃焉，若有一澄澈之境"的误解只是他对二人"今使绝物而始静焉"的偏激之说。船山只是从基本的经验知识入手对二人的学术进行探究，忽略了二人"澄澈之境"的呈现是触物中的意境展现，当年的阳明在"龙场悟道"中描述得非常清楚；船山还攻击阳明的"良知"之说，认为阳明所描述的"澄澈之境"是"……空洞而以虚实触物之影为良知"②，船山的这种臆测误解了阳

---

①　转引自钱穆：《中国近三百年学术史》，商务印书馆1997年版，第122、123页。
②　（清）王夫之撰：《船山思问录·内篇》，上海古籍出版社2000年版，第126页。

明关于"良知"的理解，作为其学术思想的核心概念，阳明正是通过良知来展现其晚年思想的意境的："无善无恶心之体，有善有恶意之动，知善知恶是良知，为善去恶是格物"①，此四句为阳明对其大半生学术思想的概括性论述，他认为心的本体晶莹纯洁、无善无恶，但意念一经产生，善恶也随之而来，而人能区分善恶的这种能力就是"良知"。格物的功夫就是在"为善去恶"中展现出来的"事上磨练"的功夫。

当然，船山作为明末清初实学家之冠，当他对象山、阳明等学术思想进行批判的同时，也提出了其独到的学术思想而独有其价值。船山通过阅读儒家经典《中庸》和《通书》而奠定以"诚"为基础的思想，他指出，"尽天地，只是个诚"，"通天曰诚"②，在船山这里，他认为所谓"诚"就是指"实有"，指与天地之间万物间的接触而展现出来实有就是诚，"夫诚者，实有也"③。船山又指出，"太虚，一实有也，故曰诚者，天之道也。用者，皆其体也，故曰诚之者，人之道也"④，从上述可以看出，船山关于"实有"的论说实质上是通过否定陆王心学派心性的形上实体为前提的。他仅在"思"的层面保留了心性实体的抽象性，作为实有，船山主要是从名言的角度来进行定义，实际上，船山所表达的理境是玄虚、落空的，此实有观念只是一个"虚理"。船山似乎试图从形下的实有观念向上推演，再由此将形上推演至形下，从而武断地将一切精神性的，抑或是物质性的现象定性为"实有"。从这个角度来讲，船山思想的形上思辨性很强⑤，它并非如宋明理学家，如二曲所主张的心性本体那样具有可操作性和体证性，由此而具有实证性的特质。船山的这一思想主旨与宋明理学家，乃至二曲关于心性本体的理解和界定有天壤之别而大异其趣。

---

① （明）王阳明撰，吴光等编校：《王阳明全集》，上海古籍出版社 1992 年版，第 1306 页。

② （清）王夫之著，王新春等译注：《思问录·内篇》，山东友谊出版社 2001 年版，第 29 页。

③ 《尚书引义》卷二。

④ （清）王夫之著，王新春等译注：《思问录·内篇》，山东友谊出版社 2001 年版，第 31 页。

⑤ 参见胡发贵：《王夫之与中国文化》，贵州人民出版社 2000 年版，第 319、320 页。

　　船山如此独特的实有观念决定了其关于道器的观点与宋明理学家相差甚远，与二曲之主张更有诸多不同：

　　　　天下惟器而已矣。道者，器之道；器者，不可谓之道之器也。……无其器，则无其道，人鲜能言之，而固其诚然者也……故无其器，则无其道，诚然之言也，而人特未之察耳。①

　　在道器问题上，船山主张道器合一论。他的这一观点与明理学家关于道器的看法一致。然而，需要留意的是，船山这里所强调的道器论中之道器是指形下物质世界中"气"或者"器"，也就是说，船山关注的是具体、现实的实际物的存在，正因为如此，他才有所谓"道者，器之道"之说，他还特意强调，器并非道之器，反之，道则是器之道，无其器，则无其道。船山所倡导的道器论的确与理学家的道器论有很大的思想差异。如象山通过"道外无事，事外无道"而主张道事合一、道器合一。两者并非两回事，象山这里的"道"主要特指理学家所津津乐道的"活泼泼"的心灵本体，即为二曲经常讨论的形上的灵明光体，该光体因其具有可体证性而具有可实证性的特征。象山主要是从形上的角度来讲道器，而船山主要是从形下的角度来讲道器（作为宋明理学家之一，二曲的观点与象山类似）。二曲关于道事的观点具有思辨的思想色彩。可以说，在船山的思想格局中，"惟器论"观点是其思想格局所使然。

　　不仅仅提出道器论，船山还在道器论的基础上，对体用方面的问题予以阐释立论。关于体用关系的讨论，船山是以其实有观念为基础的。船山强调体用合一论，主张"不废用以立体"②。他在《周易外传》中说：

　　　　天下之用，皆其有者也。吾从其用而知其体之有，岂待疑哉？用有以为功效，体有以为性情。岂待疑哉？体用胥有而相需以实。……故善

----

　　①　（清）王夫之著：《船山全书·周易外传》卷五《系辞上传》（第一册），岳麓书社1988年版，第230页。

　　②　（清）王夫之撰：《船山思问录·内篇》，上海古籍出版社2000年版，第112页。

言道者，由用以得体；不善言道者，妄立一体而消用以从之……。①

由上述可看出，船山对体用问题的看法，仍然注重于"用"的一面，实际上船山偏重于对某一种事物所具有的某种功用的考察，船山认为，通过这样的考察可以搞清楚该事物所具有的性质、结构或者特征、功用等方面的功能，由此而"天下之用，皆其有者也"②。

船山关于体用关系及其作用的理论的确别开生面，独树一帜。他试图通过对体用问题的研究来建构其"实有"哲学观，然而，船山"皆立体而废用；用既废，则体亦无矣"的论断导致他走向偏激一途，也正因为如此，船山大力批判二曲"体立用行"、"立体达用"之说，认为二曲关于体用关系的这一言说所包蕴的境界性、存在性这两种体用关系乃至其最终提出的"全体大用"之说都是错误的。船山竭力弘扬"救人道于乱世"之说，但是他并没有把"明人道以为实学"当作急务，未免走入了偏激一途。

船山否定二曲关于形上自性本体的解说，认为形而下之实用与形而上之自性本体之间即便能贯通，也是精神上的贯通，而非实际功用的贯通。由上述可以看出，船山是打算将二曲之流一壁推倒，这正凸显了清初以船山为代表的实学家的大胆革新路线，但此种偏激之举未免有迁过之嫌。

当然，也正是因为船山"惟器论"以及实有哲学等观念的提出，中国哲学发展到清初时期似乎向近乎思辨的严密系统过渡，由此而出现了中国人文思想向科学领域的逐步过渡。

---

① （清）王夫之著：《船山全书·周易外传》卷二《大有》（第一册），中华书局1998年版，第245页。

② （清）王夫之著，王新春等译注：《思问录·内篇》，山东友谊出版社2001年版，第123页。

第八章

李二曲哲学的价值评判

终其一生，二曲以致力于治学讲学为乐，至其晚年，二曲闭门不出，并多次以身体之疾"辞荐"，正因为如此，当年的康熙皇帝为之感动，于是曾赐二曲匾额曰之"关中大儒"。二曲与容城孙奇逢、余姚黄宗羲齐名，并被誉为三大名儒。那么，今天我们研究二曲理学思想，应该给予二曲的学术思想以怎样的历史评价与历史定位？这是我们应当关注的问题。

一、李二曲哲学的历史定位

二曲与明末清初的黄宗羲、陈确、顾炎武、唐甄、王夫之、方以智、颜元等学人共同组成了当时对宋明理学进行审思和批判的时代思潮。然而，需要关注的是，总结批判并不是这个时代的实学思潮仅有的价值意义，黄宗羲、顾炎武、方以智等学人对清代的史学、朴学及"质测之学"所展现出来实学开新也当在其意义之中。陈寅恪先生曾点评，"自昔大师巨子，其关系于民族盛衰学术兴废者，不仅在能承继先哲将附之业，为期托命之人，而尤在能开拓学术之区域，补前修所未逮，故其著作可以转移一时之风气，而示来者以轨则也"①。

---

① 陈寅恪著：《金明馆丛稿二编·王静安先生遗书序》，上海古籍出版社 1980 年版，第 4 页。

不仅仅于此，梁启超先生也说："今之恒言，曰'时代思潮'。此其语形容最妙。凡文化发展之国，其国民于一时期中，因环境之变迁，与夫心理之感召，不期而思想之进路同趋于一方向，于是相与呼应汹涌如潮然。……凡'思'非皆能成'潮'，能成'潮'者，则其'思'必有相当之价值，而又适合于其时代之要求者有。凡'时代'非皆有'思潮'；有'思潮'之时代，必文化昂进之时代也。其在我国，自秦以后，确能成为经思潮者，则汉之经学，隋唐之佛学，宋及明之理学，清之考证学，四者而已"①。在梁先生看来，"时代思潮"的发生是因环境之变迁，时人心理之感召而不期然而然的结果，它不一定就是提前预测或者计划好的有组织行为。在实学的反思思潮中，不管是黄宗羲、陈确、顾炎武，还是王夫之、方以智、颜元以及李二曲，他们都一致地在此反思思潮中对理学末流进行反思和批判，这种治学行为与当时的社会发展现实状况直接相关，在某种意义上来说，确实起到了"转移一时之风气，而示来者以轨则"的巨大影响作用。我们这里需要注意的是，二曲的思想是如何体现了明清时期的时代问题，并进而对后代以及后学产生了重要的影响？我们应该如何给二曲学进行合适的历史定位？

（一）关学学风的传承

清代学者全祖望曾经评价说："关学自横渠而后，三原（马理）、泾野（吕楠）、少墟（冯从吾）累作累替，至先生（李二曲）而复盛"（《鲒埼亭集》卷十二），全老认为，从此以后，关学自横渠开创之后，至马理、吕楠、冯从吾等学人，基本上是"累作累替"，发展到二曲这里，关学出现了复盛之势，由此，凸显了一个需要关注的问题，即为："关学"何时衰颓的问题。侯外庐先生认为"关学当时与洛学、署学相鼎峙，但北宋亡后，关学就渐归衰熄"②，从表象意思看来，以上两位先生的定论似乎有所不同，由此便有了"关学何时衰亡"的质疑和争论，从而也就涉及了关于二曲学术如何进行历

---

① 梁启超：《清代学术概论》，东方出版社1996年版，第1页。

② 侯外庐主编：《中国思想通史》（第四卷上），人民出版社1959年版，第545页。

史定位的问题。

关于这个问题，最主要的问题是，应该首先搞清楚"关学"概念的规定和使用问题①。"关学"在北宋，或者两宋时期，主要是与周敦颐的濂学、二程的洛学、邵雍的象数学以及后来朱熹的闽学并起或者先后相继的理学思潮或者学派。作为宋代理学的关学学派在当时具有双重文化内涵：一种是，指作为理学的关学文化内涵，这一理解是因为关学由张载开创并作为代表人物往后发展；另外一种是，从关学的地域特征谈起，因为开创者张载长期在关中进行治学、讲学活动并创立了关学学派，由此我们将其所创立的学派称之为关学（这一称谓犹如洛学、闽学与濂学的称谓一样），这是从特定的时空背景来说的。正是由于关学的双重文化内涵，随着历史的发展演变，学术界又衍化出狭义的关学与广义的关学两个"关学"概念。我们把强调第一种文化内涵的关学称之为狭义的关学，强调第二种文化内涵的关学称之为广义的关学。如果我们从狭义的关学概念着眼的话，那么认为在"北宋亡后，关学就渐归衰熄"的定论是有一定的历史根据的。但是，如果我们从广义的概念入手，那么认为"关学自横渠而后，……至先生（李颙）而复盛"的论断也是有一定的逻辑和历史前提以及可行性的。不管怎样，需要留意的是，到二曲这里，他复兴的是关中的理学，关中的学术，在某种意义上来说，当然也逻辑地继承了北宋张载开创的关学的某些传统、学风，包括二曲学的礼学学风等传统，但是，如果断论二曲全面继承并复兴了北宋以来张载所开创的关学的话，未免有独断论之倾向。理解二曲与关学的关系必须注意到这一点。有学者认为"二曲在王门中是一位博学的人，所谓继承关学六百年之统者，其实二曲与横渠无共同处。因为二曲不斥佛老"②。这一断论未免失之片面。从《二曲集》中，我们可以找出许多与横渠思想相似或相同以及不同之处。二曲尽管不斥佛老，但是并不代表着二曲就一定对佛老之道默受，一般来说，二曲是不斥佛老的，但在某些具体问题上，二曲对佛老亦有所批评，如《四书反身录·论语》中"子罕篇"记载有弟子问孔子"空空如也"之说与

---

① 赵吉惠：《李二曲〈四书反身录〉对传统儒学的反省与阐释》，《中国哲学史》1998年第1期，第78页。

② 杨向奎：《清儒学案新编》（第一卷），齐鲁书社1985年版，第266页。

佛家谈"空"之说有何区别时，二曲回答对方，"夫'空'之处于释者固可辟，而处于夫子之口者则不可辟。'空苦'、'空幻'、'真空'、'无相空'、'无所空'之说可辟，而'空空'、'屡空'之说不可辟。彼释氏空其必而并空其理，吾儒则空其心而未尝空其理；释氏纲纪伦常一切皆空，吾儒则纲纪伦常一切皆实，得失判若霄壤，岂可因噎废食？"二曲的这一解说很明显，他对佛教"空其必而并空其理"之说持排斥态度，而对儒家"空其心而未尝空其理"持赞同态度，二曲认为在佛教那里纲纪伦常一切皆空，很显然，这是对佛教"一切皆空"的思想理论的批评。二曲对佛老并不是不斥，而是在吸收中持排斥态度。二曲吸收了佛老之道的静坐方式，并欣然试之，张载在"出入于佛老，返于六经"的探索中对佛老持以批判中吸收的态度，二人吸收的程度不同，接收的内容在某些方面也有所不同，但是，二曲有许多与横渠思想相似或相同的地方，诸如二曲重实用的关学学风等，都是传承张载的思想。所以，认为"二曲与横渠无共同处"的说法有失偏颇。

（二）相资互补的治学精神

二曲毕生治学，以"修己"、"正心"作为治学之宗旨，他以"心"为本体，因而又有人评价"二曲之学乃彻头彻尾阳明"[1]，还有人说二曲之学"仍是援朱以入王，以王解朱而非朱"[2]。这一说法也值得思考和商榷。虽然二曲学术有明显的王学趋势，但二曲并没有忽视或者放弃朱学。二曲在《富平答问》中说得很清楚："姚江当学术支离蔽固之余，倡致良知，直指人心一念独知之微，以为是王霸义利人鬼关也。当几觌体直下，令人洞悟本性，简易痛快，大有公于世教。而末流多玩，实致者鲜，往往舍下学而希上达。其弊不失之空疏独撰鲜实用，则失之恍惚虚寂杂于禅，故需救之以考亭。然世之从考亭者，多辟姚江而竟至讳言上达，惟以闻见渊博，辨订精密为学问之极，则又矫枉失直，老罔一生而究无关乎性灵，亦非所以善学考亭也。即有稍知

---

① 梁启超：《中国近三百年学术史》，东方出版社 1996 年版，第 51 页。

② 杨向奎：《清儒学案新编》，齐鲁书社 1985 年版，第 265 页。

向里者，又只以克伐怨欲不行为究竟，大本大原类多茫然。必也以致良知为本体，以主敬穷理存养省察为工夫，由一念之微致慎，从视听言动加修，庶内外兼尽，姚江考亭之旨，不至偏废，下学上达，一以贯之矣。故学问两相资则两相成，两相辟则两相病"，由此可以看出，二曲并不是一味追随王学，二曲的总体治学精神是朱学与王学相资互补，并各取所长。二曲对程朱、陆王两派采取审视的相融态度，他反对把二者对立起来而相辟相病，主张明体从陆王入手，而适用则从程朱入手，前述所讲述到的二曲对后学所要求的阅读书目就是很好的例证。二曲要求后学"内外兼尽"、"下学上达"而"一以贯之"，他主张既直探本性，又注重实用。二曲"全体大用"的治学精神和方向一直如此。

（三）道学即儒学，回归孔孟元典精神

先秦孔孟原始儒学本来是以修己、修德为宗旨的淑世之学，它以"极高明而道中庸"作为学人治学追求的境界指向。然而到了两汉时期，由于统治者"罢黜百家，独尊儒术"的学术主张，儒学被正式地推到了正统的官方地位，由此出现了儒学的政治化、官学化以及世俗化，儒家思想成为贵族文化，并上升为统治阶级的思想工具，同时，儒学的发展在学风上也逐渐出现了空谈心性玄理倾向，儒学本身固有的心性色彩渐失，儒学成为僵死、机械的教条，其内在的生命力也因此而逐渐丧失。明末清初的实学之风盛行之时，黄宗羲、顾炎武等人展开了对理学的批判，尽管也包括程朱，但主要矛头指向了陆王。如，王夫之斥责阳明学为"阳儒阴释、诬圣之邪说"[1]；顾炎武则指责王学为"摄此心归于空寂之境"[2]。明清实学家之所以对陆王进行如此激烈的批判，主要是激于明亡的惨痛教训，他们认为陆王之学（确切地说，是陆王末流之学）是导致明亡的学术原因。从这里可以看出来，实学家对王学的批判在某种意义上具有门户之见之嫌疑。这些实学家经过努力，重先奠

定了清代儒学"经世致用"的儒学基调。然而，与前述几位实学家有所不同，二曲深恶于门户之见，他以"求真是真非之所"为最终的治学理想和依归。二曲平心论程朱、陆王之学，认为两者各有所偏，这一偏执犹如一车之有两轮而缺一不可，不能妄指一方。

需要说明的是，二曲的这种治学趋向不仅仅是学术思想倾向的问题，它更是一种治学的胸怀和气度，当然，这也不仅仅是一种治学的态度。二曲对程朱、陆王两派思想的研究，并非拘泥于表面上的折中，二曲是以全新的态度和视角来审思和吸收程朱、陆王之学，他提出"道学即儒学"的思想，由此也能看出，二曲的确通过其学说的阐扬使得自己超出了理学的局限范围而走向回归孔孟元典思想的正途和大道。二曲指出，"儒者之学，明体适用之学也。秦汉以来，此学不明，醇厚者梏于章句，俊爽者流于浮词，独洛、闽诸大老，始慨然以明体适用为倡，遂有道学、俗学之别。其实道学即儒学，非于儒学之外别有所谓道学也"（卷十四《周至答问》，第 120 页）。二曲以切身的功夫深入四书进行研究和讲论，他通过讲论四书的元典精神来揭示儒学的淑世特质，认为儒学即是"全体大用"之学。二曲的这一观点使儒学重新走向"康济群生"、"匡正时弊"而经世致用的淑世之学，其"悔过自新"思想更体现了儒家的心性之功。二曲正是通过这一努力褪去了"官学"的贵族外衣，他使儒学的主导方向从贵族化、世俗化、官学化回归为平民儒学[①]。本来，孔、孟二者都是平民学人，儒学发展到董仲舒、王阳明等人那儿，便成为了官僚儒学，到二曲这里，又因为二曲的传承，儒学重新展现为平民儒学。二曲一生身体力行，孜孜不倦，他通过个人的切身体验而在日用常为事上躬行践履以阐明正学。

总之，二曲作为明清之际具有强烈民族气节的思想家，他面临着宋明以来儒学"经世致用"传统的渐趋淡化，而代之以功利习气，训诂章句之风的日盛之风。由此，二曲起自孤根，独树一帜，他以重建、复兴儒学作为己任，重振儒家"经世致用"的传统学风，以复归孔孟之元典精神。二曲治学

---

① 赵吉惠：《论李二曲坚持实学方向，重建清代儒学》，《开封大学学报》1998 年第 4 期，第 70 页。

以"修己"、"治平"、"性命"之学为理论基础重构了传统儒学的思想体系，开创了"全体大用"之学。二曲的"明体适用"、"修己"、"性命"之学相互贯通，通向儒家的"极高明而道中庸"境界，重新复兴了传统儒学的气脉和命脉，回归至孔孟原典之精神指向。二曲的这一切努力无非是为了"明学术，正人心"，通过弘扬学术思想而康济群生、匡正时弊，从而关怀个我生活与人生。

当然，不得不注意的是，自宋明末期以来，尽管理学在宇宙、性命、心性等方面对儒学进行了哲学思辨水平的升华，但是暴露了其致命的弱点，理学末流空谈心性，流于空疏，游谈无根的浮夸之风，使得理学日趋式微而走下坡路。此时的儒学已经出现了严重的思想危机，传统儒学受到了空前未有的挑战。作为二曲，其一生的治学，最重要的学术贡献就在于：正当理学末流在明末清初之际受到了质疑和挑战的时候，二曲一马当先，挺身而出，直指孔孟原典，挖掘其经世致用的淑世之学，提出"全体大用"的适用思想以重建清代儒学。

可以说，二曲重建和复兴了原始儒学"经世致用"的淑世传统，他通过自己的努力将贵族化、世俗化的儒学转化为平民化的儒学，把空谈心性的儒学转化为康济群生、全体大用的儒学。二曲的这一举措，在中国传统文化史上，中国传统儒学史上都是空前绝后，堪称一绝的！

二、李二曲哲学的现代价值意义

二曲个人及其学术思想、学术成果在某种意义上来说，都是历史的产物，它打上了当世时代的烙印。二曲学既有其思想精华，又有其历史的局限性甚至思想的糟粕。作为关注芸芸众生现实生活的我们，对于面临着太多的二难处境的我们，在对人类自我发展的前景深感困惑乃至恐惧的我们，又如何关注和面对二曲思想的积极成果，从而实现二曲思想的创造性转化？这一问题显得迫切而紧要。

二曲学强调重实践、重实用，反对空谈的务实学风。二曲在《体用全学》

"适用类"书目中介绍《历代名臣奏议》一书时说:"学人贵识时务,《奏议》皆识一时之务者也。……右自《衍义》以至《奏议》等书,皆实用之书也。噫!道不虚谈,学贵实效,学而不足以开物成务,康济时坚,真用衾之妇女耳,亦可羞已!"二曲认为实用的内容与目的即是为了实现"开物成务"、"康济时坚"。二曲力倡性命之学,但他又坚决反对坐而论道的空谈心性之风。他在《四书反身录·论语》中说得更加明确具体:"行步要脚踏实地,慎忽凭虚蹈空,若低视言行而高谈性命,便是凭空蹈虚,究非实际",这一主张是二曲"明体适用"思想在学风方面的具体展现,同时,这一学风也反映了二曲的学术个性与独特风格,成为二曲学术思想的突出特征。二曲学的这一思想特质对我们当今的经济、文化建设具有很重要的借鉴作用。

二曲学强调道德自觉、修己自律,提倡悔过自新的良好品德。儒学是道德自律之学,同时也是修己自律之学。清初闽中学者郑重曾在为《二曲集》所撰的《序》中说,"周至李先生以理学倡关中,以躬行实践为先务,自人伦日用、语默动静,无一不轨于圣贤中正之说,而尤以'悔过自新'一语,为学者入德之门,建瓴挈纲,发蒙起瞶。学者或亲受业于先生,或闻先生之绪馀而私淑向往者,几遍天下也",由此可见,二曲在当时的影响不仅仅局限于关中,二曲学早已冲破了关中而遍及于天下,可以说,有风靡全国之势。二曲治学或者讲学,皆以"悔过自新"开始,他认为"悔过自新"是为学入德之门,个我的立身之道以及安身立命之基。儒家孔子之学《易》,颜回之"克己复礼",宋明理学家之"革欲复理"等,其实质都无非是为了"无大过矣"(又称之为"无二过"),当阳明提出"满街都是圣人"的时候,其实就是满街圣人具备了君子人格而能"悔过自新"的品质,只有如此,才能达致"致中和"的和谐境界,也只有如此,才能实现"天下为公"的大同理想。正因为如此,二曲认为只有"悔过自新"才能概括儒家《四书》、《六经》之微言大义,"经书垂训,实具修齐治平之理,岂专为一身一心,悔过自新而已乎?"能够看出来,二曲把修己、悔过自新之理提升到了修齐治平的高度,认为悔过自新之说与经书之垂训宗旨一致,都是为了修齐治平事业的顺利开展。二曲的这一思想特质在培养当今现代人的道德意识和道德修养方面具有重要的价值意义。自古以来,在儒家的治学史上不乏学人,但是学林之中像二曲这样切身体证并"躬行实践"、"身体力行"之学人，实属寥寥无几。当然，在二曲学中，二曲把道德属性（即道德意识）看作人的本质属性，把道德关系看作人与生俱有的关系，同时，二曲把道德意识和道德行为看作是人生命本能的直接要求和反应，这一点违背了现代科学发展观中"人性是对客观规范的被动遵循"这一定性准则。尽管二曲的这一对人本质的理解有失偏颇，但亦不乏精辟之处。二曲认为如此就能使人达到更高层次的精神需求，实属合理之说。一个丧失了道德意识的人，一个道德意识淡漠的文明社会，将会呈现怎样的一幅情景？在当下社会世风日下，金钱至上，享乐成风，追求名利且损人利己、腐化堕落的丑恶社会现象中，尽管我们的社会一直在提倡健全法治，尽管这些丑象并不是我们社会的主流现象，但是这些丑象的涉及面之广，影响力之大，渗透力之强，绝不容忽视。导致这些丑恶的社会现象出现的原因是多方面的，其中最主要的一点就是，尽管文明的法治在健全，但是文化发生了严重断层以后，时下人们的道德意识也随之呈现"盲化"和淡漠趋势，人们缺乏行为自律，在浮夸和物质诱惑之风日益盛行的当下，人们丧失了修身养性的文化本质，忽略了人之为人最起码的道德前提。在当今社会，重新重视二曲学，以唤起人们的道德"良知"，促使人们的心性、善性得以发扬光大，从而加强道德修养和道德意识，为我们建设社会主义精神文明提供有益的文化与精神动力支持。

二曲学安贫乐道，独善其身而阐明"正学"的素养和品质。清初学者高嵩侣在《二曲集·序》中曾经这样评价二曲的为人与为学，"先生生长西陲，崛起于荒崖寂寞之间，不由师资，毅然以正学学术，绍微言为己任。其为学也，身体力行，由下学以渐几乎上达，笃志潜修，不求闻誉。当路大臣访知其学行，疏荐于朝，屡敕严催，坚卧不起。其高风峻节，尘视轩冕，屹然有凤翔千仞之概，迹其道高身隐，雅不欲以著述自鸣"。二曲清贫一生，曾经过着穷困潦倒的窘迫生活，但是，尽管如此，二曲并不以穷困而自羞，相反，他积极致力于经世致用的淑世之学的研究与讲学传播之中，于窘迫中安贫乐道，二曲以阐明"正学"、传道授业作为毕生奋斗之正途。二曲的这一治学精神体现了他追求真、善、美的人文价值取向，他以治学、做人、行教三者的完满结合作为一生的奋斗目标。可以说，二曲是古典社会时期的学界典范，同时也是当今社会乃至学术界的治学典范。在当今商品经济大潮之风猛烈冲击人们的生活时，学术界的治学研究也随之出现了各种价值观的扭曲和转向，学术腐败之风盛行，沽名钓誉的倾向日益凸显，曾经象牙塔里的"至师"在金钱至上、文化贬值的大潮中也跟着走下坡路。二曲的这一治学精神对我们当今的学术研究仍然具有现实的教育启迪意义。

二曲刚直不阿的高尚人格。二曲治学、讲学一生，他非常强调个体独立与为人的刚直不阿。二曲提倡"明学术，正人心"的学术精神和宗旨，鼓励发扬"富贵不能淫，贫贱不能移，威武不能屈"的主体人格精神和道德自觉意识。拘泥于民族大义的踌躇，在二曲的生活过程中，他多次拒绝他人的荐举与皇帝的召见，二曲默默无闻地讲学于民间，试图通过讲学之风的盛行来推广自己的"全体大用"学术思想（实际上，的确取得了很好的社会效果）。二曲此举是其高尚人格品质的展现，也是其学术精神的展现，他给中华民族留下了宝贵的精神文化遗产，这既是"二曲精神"的重要内容，也是今天社会急需的精神元素，它将有助于社会风气的扭转和年轻人正确价值观的树立和人格品质的重塑。

二曲学强调"为己之学"与"全体大用"。自古以来，个体与集体的紧张从来就是一种现实的社会存在。现存的各种社会伦理思想和道德精神元素，大致可分为个体取向与社会取向两种。儒学在古典社会发展时期就已经开始思考如何让此二者的关系处于和谐状态。儒家思想经世致用的淑世价值取向，以及儒学在汉代正式成为意识形态的正统地位决定了社会取向这一极在儒学的价值视野中，从来就是不可或缺的组成部分，当然，此时，人们关注更多的是社会与个体之间的关系均衡。到了宋明理学时期，由于受佛道思想元素的影响，宋明理学从北宋五子的周敦颐开始，就已经通过关注"颜子之乐"，而对人的存在问题表示强烈的关注。但是，需要注意的是，这种关注从一开始就凸显出浓厚的理学义趣与道德意识的倾向，即：在个体取向与社会取向中，倾向于社会取向，也就是说，理学忽略了个我的欲望并对其加以强烈排拒，而更多的是重视社会取向，由此，个体取向与社会取向的协调关系成了一面倒的单方发展方向，而宋明理学时期的体用关系的论证在一定程度上反映了理学对个我与社会关系的处理。作为二曲也不例外，他强调

"为己之学"与"全体大用"之学，目的就是想将个体与社会之间的关系进行有机协调，按照二曲自己的说法，"阐寻乐之旨，并及尧、舜、伊尹，方体用兼赅，不坠一偏。合之以敬，庶学者知所从事，而致乐有由，痛快的确，发昔人所未发。乃天地间大文字、大议论……实学术之幸也"（卷十六《书一·答杨雪臣隐君》，第 154 页）。二曲认为，"寻乐"是对个体精神存在的关注，而"并及尧、舜、伊尹，方体用兼赅，不坠一偏"则是对社会或者群体一极的关注，的确，二曲通过其"全体大用"之学的弘扬，既关注到了个我的自我修养，同时也顾及了社会的利益发展。二曲对体与用在价值上的关系持有同样的关注度，他认为无体之用，或者无用之体皆为不完备之状，治学当同时并重，二者兼顾。由此，我们可以看出，二曲学的确是以致力于个体与集体之间关系的协调为基准的。

二曲学重视讲学之风，关注经世致用之学与道德教育的进行。明末清初以后，实学之风盛行，在这一思潮中，整个社会普遍将实用性、应用性的事务置于压倒一切的地位并予以突出强调，精神性的、文化性的东西被暂时搁置，这样的倾向在当世的时代思潮中的确具有其合理性和紧迫性。但是，这一实用性的主张和倾向却忽略了精神性的一面，其忽视了本心的重要作用，把明性见道的心理倾向置于被忽略的位置，可以这么说，如果我们把问题置入更为广阔的文化背景中去进行慎思的话，我们一定会发现这一单纯实用化的倾向和强调又存在着很大的片面性和独断性。陈寅恪先生认为，中国文化的弊病在于"惟重实用，不究虚理"[1]。此处"虚理"即指本体之理。本体作为"虚理"之"虚"的涵义，不是指与"实"相对之"虚"，而是指人类的自我超越性，指超出一切现实有用性、相对性的绝对性。从这个意义上来说，本体即"表示最普遍的道，最根本的道"[2]，它能够为人类的生活提供神圣的意义世界和价值系统。片面地主张文化的实用化趋向忽略了最重要的一点，那就是：任何实用性的事物并不能规定其本身的价值。有了本体论和价值论作为整个文化发展的基础，我们的生活才有可能救治

---

[1]　吴学昭：《吴宓与陈寅恪》，清华大学出版社 1992 年版，第 10 页。

[2]　金岳霖：《论道》，商务印书馆 1985 年版，第 13 页。

由于道德生活"失基"、精神生活"缺源"、超越性思考消失、意义和价值
与日常生活相脱钩以及人类"自我中心症"恶化等造成的道德信心沦丧、
急功近利的心态膨胀、庸俗文化的意识弥漫、人的存在根基的动摇以及社
会责任感的冷漠和自然生态的严重失衡等严重的社会病症。假若我们将中
国文化中本就薄弱的形上本体部分扫荡一空而完全倒向实用化一途,那么
中国文化的发展前景将会如何?中国教育的发展又将出现何种变化?后果
真的是不堪想象!正因为如此,当时的二曲强调,经世致用必须以精神文
化的发展作为根基,必须重视形而上的超越本体对实用化的外王事业的影
响和指导作用,作为文化"根基"的"精神学问",主要指以终极性的价值
观为核心的本体论思想,作为二曲,最为凸显的就是这方面的思想。二曲
的这一理念对当今的中华民族现代化建设事业的顺利开展具有重要的警醒
和启迪作用。陈寅恪曾说,"救国经世,尤必以精神之学问为根基"[①],这一
说法与二曲的思想主张不谋而合,同出一辙。瑞士19世纪的著名教育家裴
斯泰洛齐(J.H.Pestalozzi)曾提出,社会复兴应当以教育为中心。他认为,
一切真正持久的改革绝不能开始于环境,而必须开始于个人,只有在个人
产生了力量和德行之后,外部世界和环境才可能发生变化,良好的国家源
始于良好的国民[②]。裴氏之言与二曲之学不谋而合,足见二曲学的前瞻后顾
性。值得留意的是,抵制将传统经世致用思想观念倒向唯实用主义一途,
决不是,也绝对不是以反对一切实用性事业和活动来作为前提和交换的,
相反,关注形而上的超越本体的主张和做法,正是为实用主义思潮输入且
赋予人文的价值理念,并为其提供良性发展的精神伦理动源和正确的发展
方向。这样的思维维度为当今思想伦理道德滑坡,价值严重失衡等现象的
调治以及指引具有重要的引导作用。

在文化形式日趋多样化的今天,在中国进行现代化建设的当今,寻求建
立一个能被多数社会成员所认同的相对持续稳定的社会文化价值系统势在必
行,而二曲关于建立"体用全学"的社会文化价值系统的主张和思想是非常

---

① 转引自吴学昭:《吴宓与陈寅恪》,清华大学出版社1992年版,第8页。

② [美] S.E. 佛罗斯特(S.E.Frost):《西方教育的历史和哲学基础》,华夏出版社
1987年版,分别见自第417、418页。

实用的。与此同时，尽快发展经济和科学等急务，也是极为迫切的问题。所以，我们应当尽量汲取古今、中外文化思想中有关体与用、价值理性与实用理性两个层面的有益资源，创造一个"新体"与"新用"兼备的中国文化价值新系统，引导中华民族以健全的心态和务实的作风去完成社会主义现代化的宏伟大业，从而实现特色社会主义的"中国梦"！

当然，这并非意味着二曲的下学上达的明体适用思想不需要转换就可以直接适应并应用于现时代社会。二曲思想因为其产生的时代的局限性，所以其思想难免带有传统"内圣外王"观固有的局限性。二曲"内圣"的修养方法与境界指向的模糊性、直觉性乃至神秘性仍然很凸显，与当今人们科学的理性化思维方式有不协调之处；二曲"外王"的观点主要注重的是社会人伦的道德修养关系，这一倾向并没有，也未能在自然、社会以及人事方面建立清晰明确的联系。由此可见，这种建立在古代农业文明基础上，并倾向于关注个体本身在日用常为事上进行躬行践履的实修实证或者自修自悟的体证方式，对于我们当前的工业文明来讲，还远远不能满足人们身心健康发展的需要。这一点是需要我们注意的，但是二曲关于建立"体用全学"的社会文化价值系统的主张又是非常适用和珍贵的文化资源，二曲"明体适用"的思想理论与实学学风以及不务空谈的务实学风、悔过自新、道德自觉自律的高尚品德、独善其身、安贫乐道、不慕名利、阐明正学的素养以及独立自得、刚正不阿、与民同心的伟大人格，追求"真我"的人生理想等思想，都对于我们当今发展特色的社会主义新型文化具有重要的借鉴意义和现代价值，它对于矫正时下人们心无所适，或"放于利，放于声色"，或"放于博弈，放于闲谈"等浮躁心态，不无现实意义。也正是这一点，在今天却具有最直接的现实指导价值，它足以给我们继承传统以方法论的启示。我们继承传统必须做到还传统于传统，但更要做到传可传之传统。21世纪以来，由于科学发展、技术统治、工业化的革命，特别是两次世界大战的灾难，彻底地改变了人类的生活，也深深创痛了人类的心理与精神系统，全人类都不同程度地面临价值困惑、意义迷失、身心冲突和精神危机，存在主义、宗教神学、种种非理性主义思潮此兴彼落。但困扰人类的安身立命，终极关怀的难题依然悬而未决，没有得到很好的解决。反思近现代人类文明史，我们难免要问：我们的文明是真正的文明吗？它到底有多少人性基础？现代人应该怎样解决精神健康的问题？在当下，哲学、心理诊疗学、人本主义心理学的发展为我们科学地解决安身立命问题提供了一线希望。

在解决问题的过程中，西方可以借鉴东方，今人可以借鉴古人，同样地，二曲学有值得我们当今借鉴的重要文化资源！

主要参考文献

一、著作类

（一）主要阅读书目

1. （清）李颙撰，陈俊民点校：《二曲集》，中华书局1996年版。

2. （宋）朱熹撰，金良年今译：《四书章句集注》，上海古籍出版社1996年版。

3. （宋）张载：《张载集》，中华书局1978年版。

4. （宋）程颢、程颐著，王孝鱼点校：《二程集》（全四册），中华书局1981年版。

5. （宋）黎靖德编，王星贤点校：《朱子语类》（全八册），中华书局1986年版。

6. （宋）陆九渊著，钟哲点校：《陆九渊集》，中华书局1980年版。

7. （明）王守仁撰，吴光、钱明等编校：《王阳明全集》（上、下卷），上海古籍出版社1992年版。

8. （明）吕楠著，赵瑞民点校：《泾野子内篇》，中华书局1992年版。

9. （明）冯从吾撰，陈俊民、徐兴海点校：《关学编（附续编）》，中华书局1987年版。

10. （明）冯从吾：《少墟集》(四库明人文集丛刊)，上海古籍出版社1993年版。

11. （清）张廷玉等撰：《明史》卷二八二，中华书局1974年版。

12. （清）颜元著，王星贤、张芥尘等点校：《颜元集》（全二册），中华书局1987年版。

13. （清）顾炎武著，（清）黄汝成集释：《日知录集释》（全一册），中州古籍出版社 1990 年版。

14.（清）黄宗羲原著，（清）全祖望补修、陈金生、梁运华点校：《宋元学案》（全四册），中华书局 1986 年版。

15.（清）黄宗羲撰，沈芝盈点校：《明儒学案》（全二册），中华书局 1985 年版。

16.（清）王夫之著，船山全书编辑委员会编校：《船山全书》（第十二册），岳麓书社 1992 年版。

17.（清）王夫之撰，严涛澄导读：《船山思问录》，上海古籍出版社 2000 年版。

18.（清）吴怀清编著，陈俊民校注：《关中三李年谱》，陕西师范大学出版社 1992 年版。

19.（清）江藩：《汉学师承记·宋学渊源记》，上海书店 1983 年版。

20.（清）任肇新纂，庞文中修：《周至县志》卷六，西安艺林印书社 1925 年代印本。

21.（清）赵尔巽等撰：《清史稿》卷四百八十，中华书局 1977 年版。

（二）主要参考书目

1. 林继平：《李二曲研究》，台湾商务印书馆 1999 年版。

2. 谢国桢：《孙夏峰李二曲学谱》，商务印书馆 1980 年版。

3. [美] Anne D.Birdwhistell，"*Li Yong(1627—1705) and Epistemological Dimensions of Confucian Philosophy*"，Standford U·P·1996。

4. 侯外庐主编：《中国思想通史》（第四卷上册），人民出版社 1959 年版。

5. 侯外庐：《中国思想通史》（第五卷），人民出版社 1963 年版。

6. 张岂之等主编：《陕西通史》（思想卷），陕西师范大学出版社 1997 年版。

7. 辛冠洁主编：《中国古代著名哲学家评传》续编四（明清部分），齐鲁书社 1982 年版。

8. 王蘧常主编：《中国历代思想家传记汇诠》（南宋—近代分册），复旦大学出版社 1993 年版。

9. 蒋维乔等编：《中国近三百年哲学史》，台湾中华书局 1978 年版。

10. 梁启超：《中国近三百年学术史》，东方出版社 1996 年版。

11. 钱穆：《中国近三百年学术史》（上册），商务印书馆 1997 年版。

12. 葛荣晋主编：《中国实学思想史》（上、中、下卷），首都师范大学出版社 1994 年版。

13. 苗润田：《中国儒学史》（明清卷），广东教育出版社 1998 年版。

14. 刘蔚华、赵宗正主编:《中国儒家学术思想史》,山东教育出版社 1996 年版。

15. 钱穆:《国学概论》,商务印书馆 1997 年版。

16. 陈俊民:《张载哲学思想及关学学派》,人民出版社 1986 年版。

17. 侯外庐等主编:《宋明理学史》(上、下卷),人民出版社 1997 年版。

18. 容肇祖:《明代思想史》,齐鲁书社 1992 年版。

19. 张学智:《明代哲学史》,北京大学出版社 2000 年版。

20. 梁启超:《清代学术概论》,东方出版社 1996 年版。

21. 杨向奎:《清儒学案新编》(第一卷),齐鲁书社 1985 年版。

22. 陈祖武:《清初学术思辨录》,中国社会科学出版社 1992 年版。

23. 张舜徽:《清儒学记》,齐鲁书社 1991 年版。

24. 王茂、蒋国保等著:《清代哲学》,安徽人民出版社 1992 年版。

25. 谢国桢:《明末清初的学风》,人民出版社 1982 年版。

26. 萧萐父、许苏民:《明清启蒙学术流变》,辽宁教育出版社 1995 年版。

27. 陈鼓应等主编:《明清实学思潮史》(全三卷),齐鲁书社 1989 年版。

28. 朱义禄:《逝去的启蒙——明清之际启蒙学者的文化心态》,河南人民出版社 1995 年版。

29. 吴雁南主编:《心学与中国社会》,中央民族学院出版社 1994 年版。

30. 李天纲:《中国礼仪之争——历史·文献和意义》,上海古籍出版社 1998 年版。

31. 冯友兰:《中国哲学史》(下册),华东师范大学出版社 2000 年版。

32. 冯友兰:《中国哲学史新编》(下卷·第五册),人民出版社 1999 年版。

33. 张岱年:《中国哲学大纲》,中国社会科学出版社 1983 年版。

34. 冯契:《中国古代哲学的逻辑发展》(下),上海人民出版社 1985 年版。

35. 萧萐父、李锦全主编:《中国哲学史》(下卷),人民出版社 1983 年版。

36. 张立文主编:《心》(中国哲学范畴精粹丛书),中国人民大学出版社 1993 年版。

37. 张立文主编:《性》(中国哲学范畴精粹丛书),中国人民大学出版社 1996 年版。

38. 张立文:《中国哲学范畴发展史》(人道篇),中国人民大学出版社 1995 年版。

39. 葛荣晋:《中国哲学范畴通论》,首都师范大学出版社 2001 年版。

40. 中国哲学编辑部:《中国哲学》(第五辑),生活·读书·新知三联书店 1981 年版。

41. 庞朴主编:《中国儒学》(第一卷),东方出版中心 1997 年版。

42. 赵吉惠、郭厚安:《中国儒学史》,中州古籍出版社 1991 年版。

43. 葛荣晋等主编：《张载关学与实学》，西安地图出版社 2000 年版。

44. 张立文：《走向心学之路——陆象山思想的足迹》，中华书局 1992 年版。

45. 牟宗三：《从陆象山到刘蕺山》，台湾学生书局 1984 年版。

46. 杨晓塘主编：《程朱思想新论》，人民出版社 1999 年版。

47. 陈来：《有无之境：王阳明哲学的精神》，人民出版社 1991 年版。

48. 杨国荣：《王学通论——从王阳明到熊十力》，上海三联书店 1999 年版。

49. 左东岭：《王学与中晚明士人心态》，人民文学出版社 2000 年版。

50. 刘宗贤：《陆王心学研究》，山东人民出版社 1997 年版。

51. 张立文：《宋明理学研究》，中国人民大学出版社 1985 年版。

52. 陈来：《宋明理学》，辽宁教育出版社 1991 年版。

53. 何冠彪：《明末清初学术思想研究》，台湾学生书局 1991 年版。

54. 陈祖武：《清初学术拾零》，湖南人民出版社 1999 年版。

55. 詹海云：《清初学术论文集》，文津出版社 1992 年版。

56. 吕思勉：《理学纲要》，东方出版社 1996 年版。

57. 蒙培元：《理学范畴系统》，人民出版社 1989 年版。

58. 姜广辉：《理学与中国文化》，上海人民出版社 1994 年版。

59. 张岂之：《儒学·理学·实学·新学》，陕西人民出版社 1991 年版。

60. 崔大华：《儒学引论》，人民出版社 2001 年版。

61. 李锦全：《李锦全自选集》，中国文联出版社 2000 年版。

62. 李锦全：《李锦全自选二集》，中国文联出版社 2000 年版。

63. 李锦全：《人文精神的承传与重建》，广东人民出版社 1995 年版。

64. 萧萐父：《吹沙集》，巴蜀书社 1991 年版。

65. 萧萐父：《吹沙二集》，巴蜀书社 1999 年版。

66. 俞宣孟：《本体论研究》，上海人民出版社 1999 年版。

67. 牟宗三：《心体与性体》（全三册），上海古籍出版社 1999 年版。

68. 牟宗三：《中西哲学之会通十四讲》，上海古籍出版社 1997 年版。

69. 郝侠君等主编：《中西五百年比较》，中国工人出版社 1996 年版。

70. 熊十力：《体用论》，中华书局 1994 年版。

71. 马一浮：《复性书院讲录》，山东人民出版社 1998 年版。

72. 严正：《儒学本体论研究》，天津人民出版社 1997 年版。

73. 宁新昌：《本体与境界》，陕西人民出版社 1999 年版。

74. 徐仪明：《性理与岐黄》（中国社会科学博士论文文库），中国社会科学出版社 1997 年版。

75. 蒙培元：《心灵超越与境界》，人民出版社 1998 年版。

76. 杨国荣：《善的历程——儒家价值体系的历史衍化及其现代转换》，上海人民出版社 1994 年版。

77. [日] 冈田武彦著，吴光等译：《王阳明和明末儒学》，上海古籍出版社 2000 年版。

78. [美] 列文森著，郑大华等译：《儒教中国及其现代命运》，中国社会科学出版社 2000 年版。

二、论文类

1. 王庸：《李二曲学述》，《学衡》1922 年第 11 期，第 1—37 页。

2. 林继平：《从李二曲成学经历看内圣学的形成》，《鹅湖月刊》1981 年第 2 期，第 592—606 页。

3. 田文棠：《清初启蒙思想家李二曲》，《陕西教育》1982 年第 1 期，第 38 页。

4. 丛小平：《李颙"悔过自新说"刍议》，载中国哲学史学会、浙江省社会科学研究所编：《论中国哲学史》（宋明理学讨论会论文集），浙江人民出版社 1983 年版，第 272—283 页。

5. 刘文力：《论李颙的唯物论思想》，《青海师范大学学报（哲学社会科学版）》1984 年第 1 期，第 62—66 页。

6. 王士伟：《关中的最后一代儒宗——李颙》，《西北政法学院学报》1985 年第 2 期，第 81—87 页。

7. 王士伟：《明清之际进步思潮中别具一格的重要思想家》，《人文杂志》1985 年第 4 期，第 31—36 页。

8. 邱汉生：《关中大儒李颙思想再探》（上），《西北大学学报（哲学社会科学版）》1987 年第 1 期，第 10—16、22 页。

9. 邱汉生：《关中大儒李颙思想再探》（下），《西北大学学报（哲学社会科学版）》1987 年第 2 期，第 17—26 页。

10. 陈祖武：《关于李颙研究中的几个问题》，《中国社会科学院研究生院学报》1987 年第 2 期，第 71—75 页。

11. 郭祖仪：《李二曲教育思想述评》，《陕西师范大学学报（哲学社会科学版）》1988 年第 1 期，第 117—123 页。

12. 陈俊民：《李颙其人其学及其书》，《河北师范学院学报》1989 年第 1 期，第 43—49 页。

13. 田文棠：《李二曲和他的"明体适用"之学》，《唐都学刊》1989 年第 3 期，第 61—65 页。

14. 史介：《浅谈李二曲的理学思想》，《宝鸡师范学院学报（哲学社会科学版）》1991 年第 1 期，第 89—90、77 页。

15. 张克伟：《论李颙及其理学的思想特色》，载中国哲学编辑部：《中国哲学》（第 16 辑），第 402—413 页，岳麓书社 1993 年版。

16. 赵馥洁：《论李二曲建立价值主体的思想》，《人文杂志》1997 年第 1 期，第 24—29 页。

17. 陈俊民：《关学研究与古籍整理：写在〈二曲集〉出版之后》，《书品》1997 年第 1 期，第 41—49 页。

18. 黄钊：《论李二曲"悔过自新"的德育方法及其现实价值》，《郑州大学学报》1997 年第 2 期，第 82—86 页。

19. 刘学智：《心学义趣，关学学风——李二曲思想特征略析》，《孔子研究》1997 年第 2 期，第 99—103、114 页。

20. 孔令兴：《李二曲的思想及其现代价值》，《唐都学刊》1997 年第 4 期，第 68—72 页。

21. 赵吉惠：《李二曲〈四书反身录〉对传统儒学的反省与阐释》，《中国哲学史》1998 年第 1 期，第 71—80 页。

22. 武占江：《李颙和关学》，《西北大学学报（哲学社会科学版）》1998 年第 1 期，第 31—35 页。

23. 杨菊芹：《李颙和清初山林儒学》，《中国社会科学院研究生院学报》1998 年第 2 期，第 52—56 页。

24. 龚杰：《简论实学家李颙》，《西北大学学报（哲学社会科学版）》1998 年第 2 期，第 29—32 页。

25. 赵吉惠：《论李二曲坚持实学方向，重建清代儒学》，《开封大学学报》1998 年第 4 期，第 65—70 页。

26. 田文棠：《李二曲"明体适用"的文化认知结构取向》，载田文棠：《中国文化的整合与认知》第十七章，陕西人民教育出版社 1998 年版，第 273—281 页。

27. 李泽鹭、李育生：《论李颙对认识论和知识论的贡献》，《青海师范专科学校学报》1999 年第 1 期，第 13—17 页。

28. 肖永明：《论李颙与颜元体用思想之差异》，《广西大学学报》1999 年第 2 期，第 11—14 页。

29. 朱银全：《李二曲教育思想述略》，《西安石油学院学报》1999 年第 4 期，第

78—80 页。

30. 李锦全：《下学上达，坐言起行——兼论李二曲学术思想的历史地位》，《河北学刊》1999 年第 5 期，第 18—19 页。

31. 林乐昌：《李二曲的经世观念与讲学实践》，《中国哲学史》2000 年第 1 期，第 115—122 页。

32. 朱康有：《李二曲心性实学发微》，《晋阳学刊》2000 年第 1 期，第 30—36 页。

33. 谢阳举：《李二曲安身立命思想述评》，《中国哲学史》2000 年第 1 期，第 123—128 页。

34. 姜国柱：《李二曲的人身修养论》，《咸阳师范专科学校学报》2000 年第 4 期，第 48—53 页。

35. 谢丰泰：《试论李二曲哲学思想的特色和基本精神》，《天水师范学院学报》2000 年第 4 期，第 34—38 页。

36. 谢丰泰：《李二曲与天水学者的交往与影响》，《天水师范学院学报》2000 年第 4 期，第 42—43 页。

37. 姜国柱：《李二曲的淑世思想》，《咸阳师范专科学校学报》2000 年第 5 期，第 40—45 页。

38. [新加坡] 王昌伟：《李二曲调和朱子和陆王的方法》，《孔子研究》2000 年第 6 期，第 87—97 页。

39. 赵秉忠：《李颙政治思想评估》，《辽宁大学学报（哲学社会科学版）》2000 年第 9 期，第 87—90 页。

40. 姜国柱：《李二曲的哲学思想》，《咸阳师范专科学校学报》2001 年第 1 期，第 45—48 页。

41. 朱康有：《李二曲"心性实体"范畴论》，《中国哲学史》2001 年第 2 期，第 68—74 页。

42. 孙萌：《李二曲"悔过自新"的基本内涵》，《兰州大学学报（社会科学版）》2001 年第 3 期，第 20—25 页。

43. 刘学智：《关学宗风：躬行礼教，崇尚气节——从关中"三李"谈起》，《陕西师范大学继续教育学院学报》2001 年第 6 期，第 35—37 页。

44. 陈俊民：《关学思想流变》，载中国哲学史学会、浙江省社会科学研究所编：《论宋明理学》（宋明理学讨论会论文集），浙江人民出版社 1983 年版，第 107—123 页。

45. 步近智、张安奇：《明清实学思潮史中的两个问题》，《光明日报》1985 年 2 月 21 日。

46. 步近智：《明万历年间理学内部的一场论辩》，《孔子研究》1987 年第 1 期，第 74—82 页。

47. 葛荣晋：《明清实学简论》，《社会科学战线》1989 年第 1 期，第 67—74 页。

48. 干春松：《明清实学研究概观》，《哲学动态》1990 年第 1 期，第 33—34 页。

49. 李元庆：《论明清实学思潮与理学》，《孔子研究》1990 年第 4 期，第 103—107 页。

50. 丁冠之：《论明清实学的早期启蒙思想》，《山东大学学报（哲学社会科学版）》1991 年第 3 期，第 72—82 页。

51. 林乐昌：《实学观念的历史考察和现代诠释——兼评明清思想史研究中的实用化价值取向》，《哲学与文化》1993 年第 2 期，第 209—219 页。

52. 刘辉平：《王阳明心学与明清之际早期启蒙思潮》，《中州学刊》1994 年第 2 期，第 70—74 页。

53. 晋圣斌：《明清实学：崇实黜虚，经世致用》，《学习》1994 年第 10 期，第 89—93 页。

54. 葛荣晋：《明清实学对宋明理学伦理观念的影响》，《中国文化研究》1995 年第 7 期，第 12—18 页。

55. 何佑森：《清代经世思潮》，《孔子研究》1996 年第 1 期，第 53—60 页。

56. 刘学智：《三教合一的义理趋向》，《人文杂志》1996 年第 2 期，第 58—62 页。

57. 屠承先：《论本体功夫思想的理论渊源》，《杭州大学学报（哲学社会科学版）》1997 年第 1 期，第 12—17 页。

58. 张辅麟：《晚明文化思潮述论》，《社会科学辑刊》1997 年第 5 期，第 101—106 页。

59. 段超：《晚明"学风空疏"考辨》，《社会科学战线》1998 年第 1 期，第 164—171 页。

60. 李锦全：《从孔、孟到程朱——兼论儒学发展历程中的双重价值效应》，《孔子研究》1998 年第 2 期，第 24—31 页。

61. 梁工：《基督教与明清之际的中西文化交流》，《北京图书馆馆刊》1998 年第 3 期，第 63—69 页。

62. 丁应通：《经世致用、内圣外王与中体西用》，《广东社会科学》1998 年第 4 期，第 79—82 页。

63. 邓建华：《明清之际"西学中源"说考析》，《河南社会科学》1998 年第 5 期，第 63—68 页。

64. 邓建华：《民族历史文化传统的冲突——明清之际正统儒生对基督教神学的

反应》，《湖北大学学报（哲学社会科学版）》1998 年第 5 期，第 77—81 页。

65. 李承贵：《明清之际中国传统道德之走向》，《学术月刊》1998 年第 10 期，第 18—23 页。

66. 何兆武：《明末清初西学之再评价》，《学术月刊》1999 年第 1 期，第 24—35 页。

67. 乔凌霄：《明清之际的文化心态与西学传播效应》，《安徽史学》1999 年第 2 期，第 25—29 页。

68. 庞天佑：《论明清之际三大学者治学经世致用的特点》，《史学月刊》1999 年第 4 期，第 35—40 页。

69. 刘振东、吴海勇：《从悔过观看佛教文化对宋明理学的影响》，《孔子研究》1999 年第 4 期，第 81—90、22 页。

70. 石军：《关学与实学研究的反思与突破》，《孔子研究》2000 年第 1 期，第 122—125 页。

71. 蔡德贵：《关学的独尊儒术特征》，《陕西师范大学学报（哲学社会科学版）》2000 年第 2 期，第 23—28 页。

72. 唐凯麟：《中国明清时期伦理思潮的早期启蒙性质论纲》，《道德与文明》2000 年第 2 期，第 24—26 页。

73. 步近智、张安奇：《略论明清实学思潮及其现实意义》，《学术月刊》2001 年第 1 期，第 68—73 页。

74. 彭永捷：《论儒家道统及宋代理学的道统之争》，《文史哲》2001 年第 2 期，第 36—42 页。

75. 王杰：《论明清之际的经世实学思潮》，《文史哲》2001 年第 4 期，第 44—50 页。

76. 屠承先：《明末清初本体功夫论的融合与终结》，《哲学研究》2001 年第 5 期，第 60—65 页。

77. 刘学智：《心性论与当代伦理实践》，《陕西师范大学学报（哲学社会科学版）》2002 年第 1 期，第 5—11 页。

78. 武才娃：《清初儒道德思想发微》，《孔子研究》2002 年第 1 期，第 103—109 页。

附录

文献综述

一、关于李二曲思想的研究状况述评

李二曲（1627—1705），名颙，号二曲先生，是明清之际重要的思想家、教育家。但是，由于种种原因，在中国学术思想史上，二曲思想的研究一直是一个不太被学术界重视的领域。20世纪中期以后，情况有所改善，但是，研究成果还是寥寥无几。迄今为止，仅有两部关于二曲思想的研究性专著，如林继平著的《李二曲研究》、Anne D.Birdwhistell 著的 *Li Yong(1627—1705) and Epistemological Dimensions of Confucian Philosophy*。除此之外，现今关于二曲的研究成果主要有两类：一是在较大部头的中国哲学史、思想史或断代哲学史等著作中作为一章或一节出现，如：侯外庐五十年代所著的《中国思想通史》（第五卷）、侯外庐八十年代主编的《宋明理学史》（下卷）、近年辛冠洁等主编的《中国古代著名哲学家评传》（续编四）、陈俊民著的《张载哲学思想及关学学派》、陈鼓应等主编的《明清实学思潮史》（中卷）等；二是研究性论文，近年来总共只有四十几篇，涉及二曲思想的基本特征、学术宗旨、思想内涵、与其他学派的关系以及历史定位和现代意义等。总之，有关二曲思想研究状况的特点是：近年来呈上升趋势，成果数量不多。现将学术界的有关研究成果分专题择要综述如下。

二、关于李二曲的思想特征和学术宗旨

（一）思想特征

关于二曲的思想特征，大体有以下四种观点：

第一，"陆王"心学说。这是学术界较为普遍的看法。如，王庸指出，二曲力主调和程朱、陆王两派，但如果"就学术之本体而言，则实偏于陆王之说，而只是在功用上力调二者"[1]。蒋维乔指出，二曲思想"亦如奇逢，取陆王程朱之长，不偏于一面，但倾向则趋于陆王"[2]。梁启超指出，二曲是"为旧学（理学）坚守残垒"，"其学风已由宋明而渐返于宋"[3]，并力斥二曲学为"极结实的王学家"、"说他是王学后劲，可以当之无愧"[4]。林继平认为，"人的理学真实诣境，应相去不远，惜乎除二曲外，其余的则……足见清初陆王派的实践学风之一斑，……也只有二曲了。"[5]邱汉生亦指出，二曲在其开出的"明体适用"类书单中，把陆九渊、杨简、陈白沙、王阳明的著作看成是"明体中之明体"，而二程、朱熹、吴与弼、薛瑄等的著作，则只能算是"明体中之功夫"，反映了他倾心于"心学"的理学思想本质[6]。杨向奎同意王庸的观点，指出二曲是"上达从王而下学从朱"，但他指出，"二曲实在没有合朱王为一，仍是援朱以入王，以王解朱而朱非王"，所以"但为下学上达合二为一之说者，止是援朱入王而辟朱"[7]。刘学智、吴雁南认为，二曲学宗陆王，以"灵原"为本体[8]。

第二，"程朱"理学说。持这种观点者寥寥无几，代表人物是王昌伟。他指出，乍看之下，二曲似乎把各家的学说融合在一个体系中，实际上，这不过是表面现象，象山与朱子之差异是本质上的差异，不是用调和的方法解决得了的，二曲学"简单地说，就是披着陆王学外衣的朱子学"[9]。

第三，兼采"程朱"、"陆王"说。持这种观点的学者主要有钱穆、李锦全、陈祖武、赵吉惠等。钱穆认为，二曲"不偏立宗主，各采所长以为调和之意"，"力主调和朱王"[10]。李锦全亦指出，从朱陆异同之辩到后学互相论难，彼此门户之见甚深。而二曲对两家的评论，不带任何成见，而是对双方的优劣得失，做了中肯的分析，并提出自己的见解。这不是和事佬，而是矛盾融合、承传与创新[11]。陈祖武认为，二曲会通朱陆而自成一家[12]。赵

223

吉惠则指出，二曲是"谨慎地调和王学和朱学"，以折中朱王，欲使王学与朱学相资互补[13]。

第四，"王学"、"庄"学说。王茂、蒋国保等则提出了其独到的见解，认为二曲学不仅是"彻底的王学"，而且还有向庄学复归的倾向。又指出，二曲学原本为庄学，其在理论出发点上是阳明心学，而其归宿正在于庄周的无对和两忘。还指出，二曲为老庄辩解，自是为自己留下地步，此正证明二曲与庄学之间的不解之缘[14]。

二曲学到底倾向于哪家？这一直是学术界争论的其中一个专题，上述持"陆王"心学说者主要是从二曲"见道"前的思想特征——"明体"，来作出这一定论；持"朱"学说者则主要是二曲学"见道"后的"达用"思想来作定论；而持第三种观点者则从二曲"上学下达"的角度来分析；持第四种观点者则是从二曲学的理论出发点以及最终归宿上来作出这一定论的。如何来对二曲思想特征来进行定位？笔者认为，王茂等的观点无疑给我们提供了一个新的思路。二曲学主孔颜之乐，孔颜之乐与庄子之乐所追求的精神境界是甚为相似的，作为向先秦心性儒学回归的二曲学，其所追求的"作世间快活大自在人"的境界与庄子之乐的追求不谋而合。

（二）学术宗旨

王士伟指出，二曲是以"经世为宗、强调适用"为其学术旨归的，他重在适用方面[15]。与此不同的是，邱汉生、张克伟、吴开流认为二曲学是以"悔过自新"的心性修养论为标宗的[16]。赵馥洁指出，二曲学说的宗旨在于价值主体的建立，他的全部思想都是围绕着这一宗旨展开的，其目的是使知识分子成为"为天地立心，为生民立命，为往圣继绝学，为万世开太平"的价值承担者[17]。林乐昌亦同意赵馥洁的这一观点，认为二曲的学术首先以"救正人心"为根本目标，主要体现了一种建立"明体适用"的社会文化价值系统的努力[18]。

上述学者没有揭示二曲前期与后期思想的关系，而只是概略地进行了解释，或把二曲思想分块进行分析，或将二曲思想进行笼统归纳，而没有从二曲"见道"时的思想入手来分析。这是今后我们需要关注的问题。

三、关于李二曲的思想内涵与思想特色

关于二曲思想内涵以及特色的研究，学术界主要是从以下几方面来探讨：

（一）"悔过自新"说

关于二曲的"悔过自新"说研究，主要是从 20 世纪 50 年代开始的。

1."悔过自新"说形成的依据和时代特征

对于"悔过自新"说提出的依据，学者们以不同的角度进行了分析。吴开流指出，二曲认为人的本性，本是至善无恶、至粹无瑕的，只是由于受气质所蔽，情欲所牵，受外界习俗和时势的影响，"旋失厥初"，使人们对至善无恶的本性认识不清了。他又指出，这种观点显然是认为二曲"悔过自新"说的理论依据就是孟子的"性善论"[19]。丛小平指出，从产生的思想背景来看，"悔过自新"说是二曲在明末"社稷沦亡、天下陆沉"、"世风空疏"、"学术蛊坏"的现实中，形成了其以"倡导救世"、"反身躬行"为思想特色的学说，这超出了二曲所承袭的陆王"改过迁善"的思想，从而显示出时代特征[20]。陈祖武认为，二曲"悔过自新"说是对明清更迭进行历史反思的产物，是批判和继承传统儒学思想的结果[21]。张岂之等认为二曲的"悔过自新"说，理论根据在于儒家传统的性善论"人皆有过"[22]。

2."悔过自新"说提出的时间在这个问题上分歧比较大

吴开流认为，二曲在提出"悔过自新"说的同时，提出了"明体适用"说[23]。丛小平认为，二曲最富有时代特征的思想是前期的"明体适用"说，而成熟时期的"悔过自新"说则是二曲"明体适用"思想的发展和继续，二曲将其"明体适用"的经世思想掩藏在其"悔过自新"说中，从而进一步阐发了"明体适用"、"反之于内"、"识心悟性"、"实修实证"的思想[24]。陈祖武则认为，"悔过自新"说是二曲三十岁时提出的，他又指出，随着社会环境和学术环境的变迁，二曲"悔过自新"说经历了一个不断深化和演变的过程，也就是说，二曲"明体适用"说是其"悔过自新"说已经趋于成熟演变的时期才提出的[25]。刘蔚华同意陈祖武的观点，认为"悔过自新"说是二曲前期理学思想的主要内容[26]。Anne D.Birdwhistell 亦持有同陈祖武一致的意见，认为二曲是在其三十岁以后提出这一学说的[27]。

3."悔过自新"说的基本内涵

吴开流认为，二曲"悔过自新"说的基本论点在于以认识能力的高低为标准，把人们分为上跟、中材之人，这一划分异于以社会地位的高低所做的划分，无疑是有进步意义的。又指出，应从以下几点来把握这一学说：从二曲思想发展的全过程去把握二曲提出这一学说的着眼点；二曲注重于对社会治乱根源的研究，然而他没有、也不可能从社会经济制度方面去研究，而是从人心方面去研究；既然社会治乱的根源在于人心，而人心有正与不正，所以就需要"悔过自新"，"存心复性"；为了实现这一理想，二曲寄希望于"中材之人"[28]。陈祖武持有与吴开流同样的观点，陈祖武又指出，二曲"悔过自新"说主要是道德修持、立身旨趣，"它游离于社会现实的"。还指出，随着社会环境和学术环境的变迁，二曲"悔过自新"说经历了一个不断深化和演变的过程，沿两条不同的路时分时合，交错而去：从专意讲求"反己自认"的"自新之功"最终走向"存心复性"；提出"明体适用"的为学主张，这便显示了"悔过自新"不可或缺的中间环节的重要地位[29]。侯外庐在其主编的《宋明理学史》中对二曲"悔过自新"说进行了比其50年代的分析更具体的见解。他指出，二曲的"悔过"是一心性修养论。又指出，二曲主张应在读书人"同志者"之中讲究"悔过自新"之学，在"起心动念处潜体密验"，使念虑端正、内心上省察和修养；在"未尝学问之人"中，也要"悔过自新"，"先检身过，次检心过，悔其前非，断其后续"，这比对读书人"同志者"的要求更高一些，而到最后，也还是希望做到"无一念之不纯，无一息之稍懈"[30]。张岂之等认为二曲的"悔过自新"说，从表面看，好像是指道德修养的反省，但其意义超出了道德范围，且含有批判精神；至于如何"悔过自新"，张岂之与侯外庐观点一致。值得强调的是，张岂之认为二曲"悔过自新"说的提出，是二曲"先觉倡道，皆随时补救"，将学术的发展与社会的变化联系起来[31]。Anne D.Birdwhistell指出，二曲主张应以"反观默识"来"涵养本原"[32]。对二曲的"悔过自新"学说进行详细论证的要算林继平了。他指出，"悔过自新"说是二曲成学前所提出的，也是二曲的"见道"，而要搞清楚它究竟是一套什么哲学，就必须从二曲成学全部历程的穷究入手。林继平从四个方面进行了阐述：（1）"悔过自新"说是以默坐澄心为功夫。由此而"一味切己自反"，始能"自然而然"地呈露"虚明洞彻"的境界，这一境界即是天理的体现，良心的泉源。（2）"悔过自新"说是以虚明灵觉为本体。二曲认为，在达到"虚明洞彻"的境界以后，也就"静极明生"，呈露出一片光明之境界了，而此境界又绝非死寂般的，它是富于灵性的、浑化无迹的，即"撤首撤尾，本身光明"。此即为"见道"，悟此，则谓之"悟性"。（3）完人理想之初步实现。二曲认为见道与悟性，名别而义指无殊。由此见道、闻道而入"圣城"，初步实现完人之理想。（4）天人合一的诠释。林继平认为，中国人文思想里有关天人合一的问题，亦须在见道后才能作确切的解释。由此，在"见道"以后，人之相继不断的种种思维活动（凡是意识心、援攀心、主观的情感、意欲与乎客观的限制、刺激等）在虚明洞彻的本体呈露时，都消解于无形。此时心理上的种种障蔽被清除，从而，虚灵不昧之本体才能时时呈露出来。故二曲认为这实质是"心化在舞，理俱融"的天人合一之境界[33]。

4."悔过自新"说实现的具体方式

关于"悔过自新"实现的具体方式，研究观点不一，分歧很大。陈祖武认为，二曲反对"闭门安坐，盘恒步行"，号召全社会的人们去虚就实，从自身的"极浅极近处做起"，以道德上的"最大修能"，去讲求现实生活中的"最上道理"[34]。而侯外庐则指出，二曲认为"悔过"的工夫即为静坐，心无旁骛，而这一心性修养非普通人所能做到的[35]。持有同样观点的还有邱汉生、张克伟等。邱汉生指出，二曲的"悔过自新"说，功夫在于静坐，完全是内心的省察和修养，脱离行为贱履，是难以从客观上检验的[36]。张克伟亦指出，"悔过自新"的修养方法在于静坐以收摄身心、消煎心内虑念以使方寸间不留"纤微之过"[37]。由于这两种不同的观点，导致了对二曲"悔过自新"说评价不一。陈祖武认为，二曲的"悔过自新"说并不是狭隘的人身修持道德论，而是立足现实的"倡导救世"学说[38]。赵馥洁指出，从直观意义上讲，这是一个道德修养问题，然而从建立价值主体的高度来看，则是要通过"悔过自新"的反思路径确立"立身之基"，掌握人生和社会的"最上道理"[39]。邱汉生则指出，二曲的"悔过自新"说是唯心主义的心性修养论，没有实际的贱履意义[40]。侯外庐指出，李颙的学术是以"悔过自新"

四字来标宗的，这"骤然看来好像是常识，实则在浅易平实的道理中含有欧洲启蒙学者的'再生'的意义"[41]。陈俊民认为，二曲的"悔过自新"说是在总结了关学和理学"倡导救世"、"明体适用"的不同宗旨的基础上提出来的，它是"明道"的唯一途径，是掌握"理"的认识论和方法论。又指出，二曲为了恢复先天具有的善性，即"理"，要求人们做"悔过自新"的工夫，而这种工夫就是一种"复故"、"反本"的工夫[42]。

关于"悔过自新"说的研究，学界在思想渊源、内涵等方面，基本上持一致观点，但是在提出的时间以及如何贱履的具体方式上分歧较大。实际上，二曲是在其三十岁"见道"时提出这一思想的，所以丛小平、张克伟等的定论是失之偏颇的。值得注意的是，在思想内涵方面，学者大多只注意到它是一道德修养论观，却没有对它深入展开探讨，没有注意到二曲提出"悔过自新"说是与他欲"孝"而不能"孝"的深厚"忠孝"感情没有实现密切相关的；没有梳理与二曲后来提出的"明体适用"说的关系。

（二）"明体适用"说

同二曲的"悔过自新"说一样，这一专题也是近年来被关注的专题之一。

1."明体适用"说提出的时间

关于这一学说形成于何时的问题，学界的看法是有分歧的。吴开流认为，"明体适用"说是二曲在提出"悔过自新"说的同时就提出来的，即顺治十二年即他三十岁的时候提出[43]。丛小平则认为，二曲最富有时代特征的思想是前期的"明体适用"说，而成熟时期的"悔过自新"说则是二曲"明体适用"思想的发展和继续[44]。与吴氏、丛氏不同的是，陈祖武则认为，二曲"明体适用"说是其"悔过自新"说已经趋于成熟演变的时期才提出的，即二曲于康熙九年末讲学于江南的时候[45]。

2."明体适用"说的内涵与特征

陈祖武指出，"识心悟性，实修实证"与"开物成务，康济群生"分别组成了"明体"与"适用"，这两个方面浑然一体，不可分割。还指出，二曲认为"明体适用"应当从读"明体适用"之书开始，但二曲反对做"古板书生"，认为只有如此，才能达到"开物成务，康济时坚"的目的。持有此种观点的还有刘蔚华、苗润田等。陈祖武又指出，"为天地立心，为生民力命，为往圣继绝学，为天下后世开太平"则成为二曲"明体适用"说的基本特征[46]。侯外庐指出，二曲的"明体适用"学说中，所谓"体"指道德心性的修养，所谓"用"指治国平天下及其有关的政治、律令、农田以及水利的应用等；"明体"即为明明德、尊德性，即为立大本、致良知，而"适用"则指齐家、治国、平天下等[47]。持有此种观点的还有张岂之、赵吉惠等。但与侯氏不同的是，张岂之认为，所谓"体"即指圣人的经典，另一方面就是学者自己的独立思考，即学者读了书又必须化为自己的见解。张岂之还指出，二曲的"明体适用"说有明确的现实批判精神（而侯、丛氏则认为"悔过自新"说有现实的批判精神）[48]。对二曲"明体适用"说进行详细考察的要算林继平了。他指出，二曲的"明体适用"说即在于：明性见道；虚明寂定；经纶参赞；无声无臭；到头学力。（1）明性见道。林继平指出，"明性见道"是二曲成学的开始，亦是二曲成学后的第一阶段，即：默坐澄心的工夫。在功力深厚的时候，则豁然开朗，光明灵体，此谓之"见道"。（2）虚明寂定。林继平又指出，在"明性见道"之后，则做"静存洞察"的保任工夫，使灵体"惺惺不昧"，屏除万缘，"扩善端以纯其内"，如此则常觉常明、湛然无适。持久则呈现"虚、明、寂、定"之本体。（3）经纶参赞。林继平还指出，在"明道存心"（这是一种极高度的存省工夫）之后，道德主体便确立了，随之即显发为道德的功能与作用，与广博的经济之学相结合，在外在条件的许可下，即可展现为道德化的事功，此为二曲之"适用"主张。（4）无声无臭。林继平认为二曲思想发展到经纶参赞时，应是建功立业的时候，但这一"明体适用"之后，最要紧的是须"化"字的工夫。盖经世实务，不免横亘胸次，故"须化而又化，令胸中空空洞洞"，如此才能持续回到"虚、明、寂、定"的状态，回到无声无臭之真体。（5）到头学力。林继平指出，这一思想极诣之谓，其实就是二曲思想发展的巅峰，即"心如太虚，本无生死，尚何幻质之足变乎"的完人境界[49]。林继平基本上从五个精神境界层次，比较全面地对二曲的"明体适用"说进行了详细的论证，这也是对二曲思想研究的进一步深化。赵馥洁认为，所谓"明体"，是以对宇宙规律的认识作为指导，去深刻体验人的本性、本心；所谓"适用"，则是以对宇宙法则和人的本性的认识为指导，去变革事物、治理社会、经世济民；"明体"

和"适用"两个方面是统一的[50]。

3."明体适用"说的实修

在如何讲求"明体适用"方面，学者们基本上持一致观点，认为，在二曲看来，要达到"明体适用"之学，首先应当从读"明体适用"之书开始。为了便于求"明体适用"之学的人读书，二曲还把多种书籍照"明体"、"适用"加以分类。同时还强调"读书易，变通难"，强调要善于读书，反对做"古板书生"。

4."明体适用"说的历史价值

学者们从不同的侧面论述了"明体适用"说的价值。陈祖武认为，这一学说是一积极的经世学说，是二曲全部实学体系中最有价值的部分。它反对空洞的道德说教，强调儒学的经世传统，顺应了历史发展的要求；二曲"体用兼赅"的主张，对宋明理学家重体轻用的思想进行了鞭笞；二曲主张从"实修实证"入手，讲求"经济实学"，以期达到"开物成务，康济群生"，这对明初实学学风的形成起了积极的推动作用[51]。持有同一观点的还有吴开流。赵馥洁指出，如果"悔过自新"是二曲建立价值主体的奠基工程的话，那么"明体适用"则是建立价值主体的综合工程[52]。

上述学者在"明体适用"说的思想内涵、具体实践等方面基本上持有一致的观点，但是在提出的时间上存在分歧。二曲是一个志存经世的学者，在倡导"明学术、正人心"的具体实践中，他将"悔过自新"与经世时务的讲求合而为一，从而在其中晚年的时候提出"明体适用"的为学主张。对于这点，我们应该给予必要的重视。

（三）教育哲学思想

对这个专题的研究分歧不大。

二曲毕生以讲学为务，当时的讲学，即是针对年龄不同的阶层所实施的一种机会教育，而学术倡导，自在其中。

侯外庐指出，二曲主张讲学自由，认为讲学和社会教化活动必须借助于学校或书院；讲学之风应该大大提倡，以建立士风士节[53]。在《宋明理学史》中侯外庐又指出，二曲主张讲学就要聚会，就要集会结社，反对独居独学[54]。持有同样观点的还有 Anne D.Birdwhistell、林继平、郭祖仪、朱银全等。Anne D.Birdwhistell 又指出，二曲经常是以先秦儒家的一些词汇"明学术"、"为己"、"全体达用"等来表达其教育思想的[55]。

与上述学者不同的是，对二曲的教育哲学思想，林继平又从五个方面进行了详尽而广泛的分析。(1)讲学精神。林继平认为，二曲毕生讲学，其唯一鹄的在于宏扬"理想人"之实现，这其实就是《大学》明明德、亲民、止于至善等的应用和延伸。也正是由于此，"二曲视'教育为第一等大事'"。(2)教育宗旨。林继平又指出，二曲所倡导的讲学精神其实就是中国人文思想中的政治目标，也是中国的教育宗旨或教育目的，它含有道德和知识两方面的意义，由此两方面意义的结合，期以塑造一完人、一理想人，这就是二曲的教育宗旨。(3)教育内容。林继平接着指出，二曲是从"明体"之学和"适用"两方面来阐述和推行其教育思想的，即义理、词章、经济三门学问，这是铸造通才的教育内容。(4)教育类别与功能。林继平还指出，由于问学对象、年龄之不同，所以二曲将教育对象分为三类，一般年轻人的教育；中年以下的人的教育；老年人的教育。对第一类主要注重在哲、史、文三方面的配合；对第二类即教以"明体"、"适用"之学，使道德与知识融成一片，立德、立功并归一路，这类人的教育是二曲最为重视的；对第三类人则施以特殊的教育措施，二曲认为关键就在于要找得"安身立命"之所，从而达至"心如太虚"、"无声无臭"的境界，以此作为人生的慰托，这样才能真正解决老年人的人生问题。(5)教育方式。林继平认为二曲主要采取的是启发式的教育方式，除此之外，二曲还有最特殊的三种教育法：孔子的"无言"教法；象山的"六经注我"教法的变通和运用；禅门师祖"而今问我者是谁"的反诘语教法[56]。

由上述分析看来，二曲在教育方面，的确有一套完整的构想与设计。

林继平对二曲的教育思想进行了比较完善的研究并提出了自己的见解，但是他忽略了一点：二曲的教育思想并不仅仅体现在其"明体适用"学中，还体现在其"悔过自新"说中。

田文棠指出，二曲非常看重学校教育，主张以学术研究来补救人心，不断扩大学校的职能[57]。

可以看出，大多数学者对二曲的讲学学风基本上持一致见解，却忽略了二曲思想所包容的广泛内容（只有个别学者注意到这方面），而且，上述学者都忽略了二曲教育思想在其"悔过自新"说中的体现，亦忽略了它对现代的启迪意义。

四、关于李二曲思想中的时代精华思想：启蒙思想和经世致用思想

这作为二曲思想学说中能够反映时代思潮的思想精华部分，近年来似引起了大多数学者的关注。

（一）启蒙思想

学者们在研究中一致认为，二曲思想中表彰出身卑贱的学者的观点、主张讲学、集会结社的观点等，具有启蒙思想的性质。如，早在20世纪80年代，侯外庐指出，二曲"悔过自新"说实在浅易平实的道理中含有如欧洲启蒙学者的"再生"的意义；另外，二曲打破"侪类"（即阶级）的界限的思想，意味着"二曲温和学风里含有新锐的锋刺"。又指出，二曲主张自立、立会讲学等有关平等自由的思想，是中国近代启蒙思想[58]。在20世纪80年代主编的《宋明理学史》中，侯外庐看法似乎有点牵强，他说，二曲表彰出身卑贱的学者、主张讲学自由等观点，"就多少具有启蒙思想的性格"[59]。邱汉生持有同侯外庐一致的观点。邱汉生还指出，二曲的平等自由等思想"是当时学术界的一声春雷，惊蛰启潜，不同凡响"，就这点来说，二曲思想为同时代人所不能及[60]。

李锦全认为，二曲一方面用实学来纠正宋明的空虚学风，另一方面主张学术普及民间，不论地位高低，只要能躬行实践，即可以有所成就，这就"带有学术平等和思想解放的意义"，在明清之际的"早期启蒙思想史上亦当占有一席之地"[61]。龚杰与李锦全见解一致，认为二曲不分出身、等级、贵贱，在人格上主张平等，这体现了一种打破等级限制的要求，"是近代人格、人权平等的一种萌芽状态"，这含有近代个性解放的若干因素。又指出，尽管二曲比张载关学走得更远，但是他对张载以来关学社会改革思想的继承，却具有近代启蒙思想的性质。从而，二曲是一位深受关学影响的、"具有近代启蒙思想的实学学者"[62]。

由上述看来，学界在二曲思想的启蒙作用方面观点一致，这为我们进一步理解二曲思想提供了契机。但是，学者们却忽略了二曲对待佛道思想和西方文化问题上的学术平等和解放意识。二曲一直主张，佛道之书不可不读，反对对"异域"之书、"异学"之说盲目弃绝和讳言，这实际上是要求学术要从中世纪的儒学独断中解放出来。对于这一问题，对于这样一个处于新旧思潮转折点上的人物，我们是不是需要对其进行重新审视与沉思？

（二）经世致用思想

这一专题近年来备受关注。

陈祖武指出，李颙是一个志存经世的学者，明清之际的社会大动荡是二曲讲求经世实学的开始[63]。侯外庐指出，二曲在其生活的前期侧重于经世致用，经济之学，其所列《帝学宏纲》、《时务急著》等书，都偏于致用[64]。丛小平与侯氏见解一致，还指出，二曲关心国政民生，提出了"明体适用"的学术主张，这是他"倡导救世"思想最明确的表达[65]。龚杰指出，二曲"经世载物"的思想是以"戒空谈，敦实行"为中心内容的；所谓"戒空谈"，是反对那些不务实际、只知辞章记诵的"俗儒"；所谓"敦实行"，是指关注农业生产、水利建设和"向泰西取法"，学习近代西方的科学技术知识，这表明二曲的"经世载物"之学是随着时代的足迹前进的[66]。林乐昌指出，二曲前期的经世思想是以政治、军事为重要内容的，而后期则以"明学术"、"醒人心"的社会教化为中心，其经世的基本实践形式是讲学；在此基础上，林乐昌又指出，二曲经世观念的重要特征是以"明体适用"为实质性意涵，重视经世哲学的根基，即从体、用关系的高度来思考经世问题[67]。

二曲关心国政民生，大多数学者已经注意到这点。这为我们进一步了解二曲在明末清初实学思潮中的历史地位提供了某种保证。

五、关于李二曲的学说与其他学术思潮的关系

自20世纪50年代以来学术界已经开始关注这个专题。主要表现在二曲学与关学的关系、与实学的关系等。现兹分述如下：

（一）与关学的关系

关于李二曲与关学的关系问题，是清人提出的。而对于这个专题的研究，学术界分歧很大。历年来比较流行的观点主要有三派。

一派是以侯外庐为代表。他认为，"关学当时与洛学、蜀学相鼎峙，但北宋亡后，关学就渐归衰熄"[68]；一派是以陈俊民为代表。他认为，关学发展"大体经历了北宋、元明、清初的形成、发展和终结三个主要时期，二曲在总结、批判理学的思潮中，突出表达了关学'精思力行'、'明体适用'的特殊性质，使作为理学的关学转入终结时期，七百年的关学风气，渐成颓势"[69]。持此种观点的还有陈祖武、王士伟等。一派是以赵吉惠为代表，他指出，要辨明二曲与关学的关系问题，首先应该明确"关学"的概念。又指出，历史上存在两个不同又相关的"关学"概念：作为张载理学的"关学"概念；作为关中学术或关中儒学的"关学"概念。而作为前者，在张载去世之后，其弟子离散，或倒向了洛学而师从二程，或信从者寡，这无疑加速了关学的衰熄，所以赵吉惠认为，从学脉上、师承关系上看不出李二曲与张载关学有渊源关系，"故而不宜做出李二曲在清初复盛了作为张载理学的关学的认识"。但是，却可以说李二曲复盛了作为关中学术、关中儒学的关学。关于这个问题，是"值得并可以探讨的"[70]。

对比较流行的这三派观点，Anne D.Birdwhistdll 同意陈俊民的观点，她认为，二曲承袭了张载、吕楠和冯从吾等的观点，是张载关学的继承人[71]。龚杰则从关学就是张载理学的观点出发，指出二曲虽受张载思想的影响，但他却淡化了关学"性与天道"这一大纲要目，他最为关注的是"躬行实践"、"悔过自新"的问题，这表明"二曲已经同关学的哲学理论框架脱钩，而与关学的求变、求实、求新的思路接轨，并以此为基点，把关学引进了实学的领域"[72]。持有此种观点的还有刘学智、吴占江等。刘学智还指出，二曲对张载等"关学"前辈"存理去欲"、"仁民爱物"、"敦民化俗"、"兼善无上"的淑世精神尤为推崇，并在实践中宏扬光大。又指出，除崇尚气节外，还有一种隐逸的思想情趣，这一如张载"心皆有济世之志"，但不愿苟安于世的作风[73]。吴占江直对陈俊民，认为其观点值得商榷。他指出，二曲在继承关学学风的同时，还进一步拓宽了关学的领域，把它发展为理学与实学相结合的形态，使关学达到了一个新的阶段；以后的关学仍然是沿着二曲的方向继续发展的，最后终结关学的应当是近代受新学影响较深的关中学者刘古愚，所以，吴占江认为，陈俊民的这一观点是"应该慎重考虑的"[74]。

这个问题一直是争论很激烈的问题，如何来定位二曲与关学的关系，似乎还尚无定论。但是，从二曲"见道"以后的思想来看，二曲是向孔孟心性学回归的，因此，从这种意义上，笔者认为二曲是力图重建关中儒学，而非张载的关学。当然，这有待于我们进一步展开讨论。

（二）与实学的关系

关于二曲与实学的关系也是讨论得比较多的一个专题。陈祖武从"悔过自新"与"明体适用"两个角度对二曲与实学的关系进行了综合考察。他指出，二曲"悔过自新"说在沿着两条不同的路交错而去时，同经世时务的讲求合而为一，提出了"明体适用"说，从而开辟了其实学道路，赋予了其实学思想以新的生命力。陈祖武还指出，二曲的实学主张以讲求变通，"酌古准今"为特色，较之门户勃溪者的"道统"之争，显然要通达得多，同虚幻的"三代之治"的憧憬相比，亦较少泥古之见[75]。

赵吉惠指出，二曲实学思想的核心是"明体适用"，它是经过对元明空谈性理之学的批判和超越，也是对宋明以来"经世致用"实学传统继承、发挥的结果。又指出，二曲重实学、重实用、重实践，不务空谈的学风形成了其精神方向，对于重建清代儒学"经世致用"优良传统的现代价值是显而易见的[76]。在这个问题上，上述学者基本上达成一致：二曲实学思想是在明末清初的实学思潮中产生的，其"明体适用"学是其实学思想的核心。实学思想是先秦原儒经世致用学说一直主张的，只是后来的发展中失却了其原有的精华思想而导致在宋明时期空疏学风的流行，但是，二曲却在反省宋明理学流弊时还正确地指出了实学思潮中诸生"谈本体而略工夫"的理论过失，并以"明体适用"将"识心见性"以明道德之"体"与"开物成务、康济群生"以明道德之"用"统一起来，纠正了心学末流重体轻用之偏失，从而超拔时儒而独树一帜，其他一些人多表现出一种非本体化倾向，即主要攻乎其"体"而主言其"用"，偏离了中国传统的"体用不二"之旨，忽视了道德形而上对于伦理本体化进程的意义，忽略了心性论对重建道德和价值系统的功能，使原本已缺失的自我超越的道德实践又一次被弱化。在这方面学界的研究深度似乎略显欠缺。

（三）与西方文化（天主教）的关系

持这一观点者人数不多，其代表人物是李天纲。他认为，二曲的学说带有很浓重的佛学与神学色彩，特别是吸取了天主教的许多内涵。李天纲又指出，在二曲的《吁天约》中敬"天"的礼仪形式，与天主教的祷告形式很像，这实际上已经与"吾日三省吾身"的儒家修炼是不同的，二曲把天主教对"上帝"和"神"的信仰，以及像"原罪"、"十诫"、"避静"等纳入了儒家道德实践。但是，二曲以天主教的礼仪拿来补充儒家礼仪，是以儒家为主体，兼纳"西洋教典"，这在逻辑上走到了耶稣会士所行所愿的反面，然而，它却"真的也是'天儒合一'的一种实践"[77]。李氏提出了这一鲜明的见解，无疑给我们研究二曲思想带来了新的思维，但缺憾的是，李天纲对二曲与天主教的关系并没有做深入的研究。实际上，二曲学说中的"悔过自新"和"吁天"，在内容和形式上，都深受明末天主教关于"上帝"、"天"、"天主"、"天儒合一"等观念和教堂礼仪的影响。

六、关于李二曲思想的历史定位及其现代意义

（一）历史定位

Anne D.Birdwhistell 认为，二曲能以儒家的社会教化传统作为其为学之使命，这是同时代学人所不能比及的[78]。侯外庐指出，二曲的"明体适用"之学、"悔过自新"之学，囿于理学家的思想范围，没有什么新意，虽然自成一家，但其思想价值是不高的，其思想中"同民之欲"的观点，表彰出身卑贱的学者的观点以及主张讲学、集会自由等观点，却是十分宝贵的，其"多少具有启蒙思想的性格"[79]。与侯氏略显牵强的观点不同的是，陈祖武指出，以"明体适用"说为核心的二曲实学体系，旨在挽救社会危机的努力，顺应了清初历史发展的客观要求，因此，它无疑有着积极的社会价值，是具有进步意义的学说[80]。李锦全则指出，二曲思想在明清之际的早期启蒙思想史上占有一席之地[81]。

赵吉惠则指出，研究二曲的历史地位，涉及三个学术史上的问题：一是

如何定位二曲在明清之际学术发展史上的地位，一是如何看待二曲与张载关学的关系；一是如何分析二曲与王学（阳明学术）、朱学（朱熹学术）的关系。对于后两个问题，是学术界长期讨论而存异的问题。赵吉惠认为，从第一方面来看，二曲重建清代儒学"经世致用"传统，纠正与克服了游谈无根、凭空蹈虚的不良学风而作出历史性贡献，从这点来看，二曲是仅次于明清之际顾炎武、黄宗羲、王夫之的伟大的思想家，并指出，应该将明清之际三大家（顾、黄、王）改为顾、黄、王、李四大家，而"只有这样，才能公正地评价李二曲的历史地位"。从第二个方面来看，二曲复盛了作为关中学术、关中儒学的关学。从第三个方面来看，赵吉惠认为，二曲"谨慎地调和王学与朱学"，"内外兼尽"、"下学上达，一以贯之"，指明了其"明体适用"思想的精神方向。赵吉惠又指出，二曲的实学学风对于推动清代儒学重建与回归上起着特殊的作用[82]。王士伟认为，二曲作为清初关中的最后一代儒宗，新旧文化的光线在他身上都折射出来了，作为平民学者的独特风格和品质，在古代思想史上是罕见仅有、难能可贵的。对于这样一个处于新旧思潮转折点上的人物，应该予以必要的重视和研究[83]。

值得注意的是，二曲作为明清之际具有强烈民族气节的思想家，在正当理学渐趋衰微之际，大声疾呼"明体适用"，高扬儒学"经世致用"的优良传统，把贵族化儒学转化为平民化儒学，把空谈心性的儒学转化为康济群生、明体适用的儒学，这实质上是向"体用不二"心性学的回归。而大多学者尽管注意到了二曲学的当时代意义，却似乎忽略了其重建儒家"经世致用"学的优良传统，忽视了二曲对儒家人道观的宏扬；更没有把二曲放到同时代顾炎武、黄宗羲、王夫之等的思想比较中去探究应该属于二曲的历史定位。

（二）现代意义

林继平认为，二曲思想对我国现行的民主政治有不可低估的启迪意义；对我们塑造二曲所主张的完满的理想人，实现理想的科学人生、道德人生、艺术人生以及宗教人生有重要的启迪意义[84]。黄钊则认为，二曲"悔过自新"说启迪我们从内心深处认识并自觉改正自己的错误，在道德建设中从"日用常行"、"躬行贱履"上下工夫，从而正确认识思想改造的艰巨性，继承和发扬"慎独"的传统美德[85]。

二曲思想有其历史的局限性和不足之处，从其理论向度和思路方面看，向内深沉，向外局促；从其学风和学术造诣方面看，质朴有余，开拓不足，这些问题只是见仁见智之论，尚须进一步探讨。我们应当站在时代精神的峰巅，努力将二曲重实践、重适用、反对空谈的务实学风，强调道德自觉、修己自律、悔过自新的品德，安贫乐道，独善其身，阐明正学的素养以及刚正不阿的高尚人格力倡开来，这既是"二曲精神"的重要内容，也是今天特别需要提倡的美德，对于我们今天加强精神文明建设、纠正不良的社会风气、推进社会主义现代化建设具有积极意义。

综上所述，虽然20世纪50年代以来二曲思想日益受到关注，国内外陆续有学者对二曲思想进行了考察，然而这些研究都还停留在对二曲思想的宏观把握上，而对二曲思想的理论系统、内在特点以及理论贡献、历史定位等还缺乏系统、深入的探讨。总的说来，二曲思想还有许多领域有待于我们去开拓，这是对二曲思想研究的不足，也是我们研究二曲思想的"机遇"所在，更对现代文化背景中的当代中国人文精神的宏扬与开拓有着重要的学术价值和实践意义。

注释：

[1] 王庸：《李二曲学述》，《学衡》1922年第11期，第11页。

[2] 蒋维乔：《中国近三百年哲学史》，台湾中华书局1978年版，第37页。

[3] 梁启超：《清代学术概论》，东方出版社1996年版，第4—5页。

[4] 梁启超：《中国近三百年学术史》，东方出版社1996年版，第51页。

[5] [59] [49] [33] [84] 林继平：《李二曲研究》，台湾商务印书馆1999年版，第64、140—141、344和346、348、131—132、292—293页。

[6] [36] [40] [64] 邱汉生：《关中大儒李颙思想再探》（下），《西北大学学报（哲学社会科学版）》1987年第2期，第23、23、19、18页。

[7] 杨向奎：《清儒学案新编》，齐鲁书社1985年版，第265—266页。

[8] 刘学智：《心学义趣、关学学风——李二曲思想特征略析》，《孔子研究》1997年第2期，第100页；吴雁南：《心学与中国社会》，中央民族学院出版社1994年版，第150页。

［9］王昌伟：《李二曲调和朱子和陆王的方法》，《孔子研究》2000 年第 6 期，第 97 页。

［10］钱穆：《国学概论》，商务印书馆 1997 年版，第 249 页。

［11］［61］［81］李锦全：《上学下达，坐言起行——兼论李二曲学术思想的历史地位》，《河北学刊》1999 年第 5 期，第 18、19 页。

［12］［21］［25］［29］［51］［38］［45］［47］［75］［63］［80］陈祖武：《清初学术思辨录》，中国社会科学出版社 1992 年版，第 165、156、160—163、156—158 和 163、167—168 和 175、158、160—161、163 和 164、175、168、160 页。

［13］赵吉惠：《论李二曲坚持实学方向，重建清代儒学》，《开封大学学报》1998 年第 4 期，第 70 页。

［14］王茂、蒋国保等：《清代哲学》，安徽人民出版社 1992 年版，第 450—451、456 页。

［15］王士伟：《明清之际进步思潮中别具一格的重要思想家——李二曲》，《人文杂志》1985 年第 4 期，第 33 页。

［16］邱汉生：《关中大儒李颙思想再探》（下），《西北大学学报（哲学社会科学版）》1987 年第 2 期，第 17 页；张克伟：《论李颙及其理学的思想特色》，载《中国哲学》第 16 辑，岳麓书社 1993 年版，第 403 页；辛冠洁主编：《中国古代著名哲学家评传》（续编四），齐鲁书社 1992 年版，第 527 页。

［17］［39］［50］［52］赵馥洁：《论李二曲建立价值主体的思想》，《人文杂志》1997 年第 1 期，第 29、27、28、28 页。

［18］［67］林乐昌：《李二曲的经世观念与讲学实践》，《中国哲学史》2000 年第 1 期，第 115、115—118 页。

［19］［23］［28］［43］辛冠洁主编：《中国古代著名哲学家评传》续编四（明清部分），齐鲁书社 1982 年版，第 528、543、528—536、509—543 页。

［20］［24］［44］［65］丛小平：《李颙“悔过自新”说刍议》，载中国哲学史学会、浙江省社会科学研究所编：《论中国哲学史》（宋明理学讨论会论文集），浙江人民出版社 1993 年版，第 275—276、275、275、275—276 页。

［22］［31］［48］张岂之等主编：《陕西通史》（思想卷），陕西师范大学出版社 1997 年版，第 303、307、297 和 299—300 页。

［26］刘蔚华、赵宗正主编：《中国儒家学术思想史》，山东教育出版社 1996 年版，第 1548 页。

［27］［32］［55］［71］［78］Anne D.Birdwhistell，“*Li Yong(1627–1705)and Epistemological Dimensions of Confucian Philosophy*”，Standford U·P·1996·p.24、

24、31、135、21、25。

[30] [35] [47] [54] [59] [64] [79] 侯外庐主编：《宋明理学史》（下卷），人民出版社 1997 年版，第 839、839、846、850、852、827、852 页。

[34] 陈鼓应等主编：《明清实学思潮史》（中卷），齐鲁书社 1989 年版，第 1263 页。

[37] 张克伟：《论李颙及其理学的思想特色》，载中国哲学编辑部编：《中国哲学》第 16 辑，岳麓书社 1993 年版，第 410 页。

[41] [53] [58] 侯外庐：《中国思想通史》（第五卷），人民出版社 1958 年版，第 296、300、299—300 页。

[42] 陈俊民：《李颙其人其学及其书》，《河北师范学院学报》1989 年第 1 期，第 45—47 页。

[57] 田文棠：《清初启蒙思想家李二曲》，《陕西教育》1982 年第 1 期，第 38 页。

[62] [66] [72] 龚杰：《简论实学家李颙》，《西北大学学报（哲学社会科学版）》1998 年第 2 期，第 30 和 32、31、29 页。

[68] 侯外庐：《中国思想通史》（第四卷），人民出版社 1959 年版，第 545 页。

[69] 陈俊民：《张载哲学思想及关学学派》，人民出版社 1986 年版，第 41 页。

[70] [76] [82] 赵吉惠：《论李二曲坚持实学方向，重建清代儒学》，《开封大学学报》1998 年第 4 期，第 69—70、70、69—70 页。

[73] 刘学智：《关学宗风：躬行礼教，崇尚气节——从关中"三李"谈起》，《陕西师范大学继续教育学报》2001 年第 6 期，第 37 页。

[74] 吴占江：《李颙和关学》，《西北大学学报(哲学社会科学版)》1998 年第 1 期，第 33—35 页。

[77] 李天纲：《中国礼仪之争：历史·文献和意义》，上海古籍出版社 1998 年版，第 318—319 页。

[83] 王士伟：《关中的最后一代儒宗》，《西北政法学院学报》1985 年第 2 期，第 87 页。

[85] 黄钊：《论李二曲"悔过自新"的德育方法及现实价值》，《郑州大学学报》1997 年第 2 期，第 86 页。

后 记

　　著作终于修改定稿了，这是在我博士论文的基础上反复修改、补正和完善的。"如人饮水，冷暖自知"，写作中的甘苦一言难尽，它也许是别人难以想象和理解的……然而，正是这刻骨铭心的经历却成了促进我奋进的财富。

　　十几年以前，我有幸获得了继续深造的机会，于是，义无反顾地南下，直奔我心仪中的"至善园"——中山大学哲学系，学习中国传统哲学。

　　中山大学可以说是中国哲学的研究重镇，这里并没有学术王国的森严和"等级"，相反，给人更多的印象和感受是"田园牧歌"式的学术乐园，这里不仅有儒雅谦逊、淡泊名利的李锦全老前辈，还有学术扎实的后俊冯大文、李宗桂、陈少明等先生，每位先生虽然各有着不同的处世风格和学术性格，但是却都能以儒雅、谦逊的态度对晚辈提出或者质疑的每一个问题进行及时细腻的解答。在学习过程中，接触最多的还是李锦全和李宗桂两位先生，锦全先生的博大、宽厚和"出入诸家，自成体系"的治思要求，宗桂先生的严谨、缜密以及"竭泽而渔"的治学方法都给我留下了深刻的记忆和印象，二位先生的治学态度、方法以及为人处世的博大情怀让我受益至深，终生受用！在中大的三年学习生涯中，经过反反复复的修改、斟酌、思考乃至讨论，我终于完成了对二曲哲学思想的最后写作。这篇研究成果正是在我的博士学位论文基础上进一步剪裁、修改并充实完成的。我知道，这篇成果肯定还有许多不完善之处，但是我将把她作为进一步求索和深究的基石。

　　在我奋笔疾书中，尽管远在外地，但是善良勤勉的母亲经常打电话关心本书写作、修改的进程。母亲操劳一生，任劳任怨，抚育我们兄弟姐妹几个长大成人，受尽了苦，尝尽了辛酸。2003 年，因为一次意外的交通事故，可亲可敬的父亲驾鹤西去，只有在此时，我内心深处才深深地体会到了儒家"树欲静而风不止，子欲养而亲不待"的悲怆……是的，此时此刻，无论我再如何捶胸顿足，呼天喊地，都无济于事，因为生命只有一次，操劳大半生的父亲在我还没有来得及向他老人家回报点滴，尽心尽孝时就撒手西去……作为长期浸淫于中国传统文化与哲学中的我来说，我深知在中国崇尚孝悌之道的感恩文化中养老慎终以及孝悌之道的内蕴意义。然而可敬的父亲却因为操劳，因为家计而出现了让我终悔一生的悲怆。愧怍之情何以堪？报恩之心何时了？我唯有将眼泪和悲伤压在心底……父亲是家里的顶梁柱，没有了顶梁柱，天要塌下来的感觉曾经缠绕在我的家里，家里的每一个人，母亲、哥哥、妹妹和我完全沉浸在失去亲人的悲恸之中……随着时间的推移和岁月的流逝，母亲后来终于战胜了悲恸，战胜了自己，带着我们兄弟姐妹几个一起渡过难关……一直到现在，勤勤恳恳，兢兢业业。母亲的伟大也只有在此时我才更深刻的体会到。谢谢母亲，没有您支撑，没您做顶梁柱，就没有我的今天！我会继续努力！

谨以此书告慰远在天堂的父亲，慰藉操劳一生的伟大的母亲！

本书撰写、修改的过程凝聚了很多人的心血。研究成果能够顺利完成是与许多长辈、同仁、友人的悉心关怀和指导建议分不开的，没有他们的支持与帮助，这篇研究成果是无法顺利完成的。从成果的选题、构思到最终的论证直至完成，都凝聚了他们的无尽帮助，在此，我向各位长辈、学界同仁、友人表示深深的敬意和感激！

感谢我敬重的李锦全先生，他严谨的治学态度、洒脱的生活姿态和儒雅乃至对名利的淡泊都深深地感染了我，研究成果的完成离不开他老人家的精心指导。

感谢李宗桂先生，是他的诲人不倦与谆谆教诲让我打开了思路，在我写作中屡屡困惑而踌躇不决时，是宗桂先生适时地给予我鼓励和支持！感谢陈超英老师对我的关心和帮助！

还要感谢陕西师范大学的林乐昌教授，是他引导我步入了哲学的殿堂。

与林乐昌教授共事的刘学智、丁为祥两位教授在研究成果的构思与撰写方面也给予了诸多指导意见，在此一并表示深深的谢意。

另外，还要感谢在我写作、修改期间，曾经给予我诸多关心和无私帮助的以下诸位老师和同仁、学友，感谢冯达文教授、黎红雷教授、陈少明教授、杨海文教授、陆建华教授、朱人求教授等，是他们对学术的钟爱和热情点燃了我心中的学术之火，是他们在我遇到学术困惑的时候及时地向我伸出了援助之手，对他们的无私与不倦教诲我将永远记在心里，谢谢你们！

这里，我还要感谢台湾辅仁大学哲学系邬昆如教授，台湾东吴大学哲学系的张永儁教授，台湾东海大学哲学系魏元珪教授等，对他们的教导，我会一直铭记在心。

曾经在写作期间，我有幸和台湾台北的李二曲研究专家林继平先生结识。与先生多次的促膝谈心使我受益匪浅，尽管年近八旬，但老人家不远万里数度到大陆讲学，他那种不计报酬、奖掖后学的精神使我依稀重见二曲之风。然而不幸的是，他老人家于2003年2月7日下午3时15分因病不治而在远离大陆的美国匆匆离开了人世。我怀着沉痛的心情，谨以此文告慰已在黄泉之下的老人家。

与大儒"李二曲"相伴的日子尽管很累，但是累中却又不乏充实。在浸淫于二曲理学思想中的一段时间里，我深深地被二曲身上所透显出来的某些精神特质所感染：二曲的特立独行，二曲的才华横溢，二曲的修己自律以及其安贫乐道、独善其身的素养和刚正不阿的高尚人格使我常常情不自禁地想起并向往二曲所在的那个明清之际的"潮流"时代，甚至期望能够结识像二曲那样优秀的思想家。在我的写作修改中，这种理学情感时常在不知不觉中左右着我……

在本书即将付梓出版之际，我还要感谢西北政法大学的赵馥洁教授，德高望重的赵先生曾经多次关心著作的修改、撰写；感谢西北政法大学以及西北政法大学哲社院院长张周志教授为本书的出版提供的学术出版资助，同时，尊敬的张先生曾多次关心著作的修改进度；此外，本书的出版得到了人民出版社的大力支持，法律与国际编辑部的张立女士为本书的编辑和出版给予了多方帮助，并付出了辛劳。谢谢你们！

在此，我还要感谢在我写作过程中给予我关心和帮助的家人。感谢爱人岳东，感谢女儿鹏宇，从事旅游管理忙于业务的爱人和年小懂事的女儿在我写作中承担了家里的大小杂务，正是因为他们的支持才有了这份研究成果的最终"竣工"，谢谢你们对我的呵护和关爱，辛苦了！

俞秀玲

2016 年 3 月 26 日于西安雅境斋

责任编辑：张　立
版式设计：严淑芬
责任校对：陈艳华

图书在版编目（CIP）数据

李二曲理学思想研究/俞秀玲 著 . — 北京：人民出版社，2016.9
ISBN 978－7－01－016744－2

I.①李… II.①俞… III.①李颙（1627—1705）－理学－研究 IV.① B244.05

中国版本图书馆 CIP 数据核字（2016）第 226705 号

李二曲理学思想研究

LIERQU LIXUE SIXIANG YANJIU

俞秀玲 著

人民出版社 出版发行

（100706　北京市东城区隆福寺街 99 号）

北京中科印刷有限公司印刷　新华书店经销

2016 年 9 月第 1 版　2016 年 9 月北京第 1 次印刷
开本：710 毫米 ×1000 毫米 1/16　印张：16
字数：255 千字

ISBN 978－7－01－016744－2　定价：52.00 元

邮购地址 100706　北京市东城区隆福寺街 99 号
人民东方图书销售中心　电话：（010）65250042　65289539

俞秀玲，现任职于西北政法大学，先后获得法学学士、中国哲学硕士、博士学位。近年来主要从事中国传统文化与哲学研究，尤其是宋明理学等方面的文化哲学研究。

曾于 2005 年获得陕西省高考阅卷文综科"优秀教师"称号，并在后来的教研中分别于 2006 年、2015 年获得陕西省哲学学会科研成果一等奖、二等奖等奖项；于 2014 年荣获 2014 年度校级团体"哲学本科专业'一重'、'两型'、'三原典'、'四面向'教学培养模式改革总结"优秀教学成果特等奖，该成果于 2015 年被评为陕西省教育厅优秀教学成果一等奖。2014 年参、编著《中国哲学原典导读》；主持并参与省级、国家级社科项目"和谐社会的道德建设"、"儒家哲学的当代价值研究"、"长安文化与西安人文精神的重建"（该课题获得优秀奖项）等。

责任编辑：张 立

封面设计：姚 菲

生命回归与人格重建

李二曲 理学思想研究

ISBN 978-7-01-016744-2

9 787010 167442 >

定价：52.00元